禪——悟前與悟後

《三版下冊》

平實導師　講述
李嘉榮居士等整理

ISBN 957-97840-0-0

樂序

禪宗一脈，理清路明，心法行者，參看話頭，念頭起處，凝聚疑情，漆桶脱落，慧印心明；故爾向上提撕，指月圓明時節，正慶因緣際會。回顧千古旱澇，泥濘未遇，萬劫崎嶇，信步難逢；是自世尊靈山拈花，摩訶迦葉會意，傳至達摩，禪入中土，法印心傳，至六祖惠能，大放虹光，自此一花開五葉，震伏心魔宮。

考華夏佛法，八宗兼備，五乘共法，本一同源，引歸無別。只嘆衆根分歧，故百家鳴放，説空説有，指路歸覺；唯禪宗心法，以空入空，破相顯宗，直搗無明巢穴，毫不留情。故爾當下了心圓性，業盡情空。實則性亦非空，相亦非有，空有泯滅，性相絶亡，還道於中，中亦不立，強名立相，於真空妙有、不一不異中，方顯究竟。總言一切，皆大戲論，離戲滅趣，實無戲可離，無趣可滅，所以者何？本自圓覺，不從外有，何待修證？更有何法可修？何道可證？本自具足，無失無缺，何待覓失？何處補缺？自是衆盲妄執，還未自覺！「今道一句恁麼生？打破漆桶始性明，三千大千原如是，參透消息拈花迎。」到了此時，還說箇甚麼？「大千含一粟，無明裏亂痲；剝落胡底裏，知途自覺察；落得青山在，秋水繞谷峽；出得牧牛關，免跡浪天涯；見得圓月在，從此心賊殺；繭破蠶自出，寒林百花發；秋殘夕陽照，春曉抽枝芽；宛似千斤鼎，但看心猿馬；從此無於事，拴牛見性家。」

我今如是吟，即是落言詮，我若不是說，心法無著落，但從權便，悟得即了；莫把故紙鑽破，恐怕驢年不得。「不看心，不坐禪，慧心開時定安然，定中性戒不盤桓，空慧入處心乘法，涅槃妙心體無邊。」

悟後起修，不離教下，祖云：「理不廢事，事不昧理。」雙圓互融，悟入絕待。故達摩傳慧可「楞伽」以為「心」，弘忍傳惠能「金剛」以為「印」；以心印心，佛言無妄，方曉一大事因緣就此了脫，永無牽涉。

今有善知識菩薩戒弟子蕭平實大居士，潛心學佛有年，以宿慧根深淳厚，從禪參入，直截了當，得箇入處，故對生徒，大開心筵法席，滔滔不絕，口演心傳，會得歸性，湧現心月，踏峰掃雲，霧去攬晴，弭平浪跡，掃蕩執冥，一旦挽出，親面世尊。今由在家生徒，為其所播心音，錄文成書曰：「禪—悟前與悟後」，數說禪宗梗要，示點心傳妙諦。全書共分三篇七章、三十四節、八十五目、四十三則，都三千法句，付梓達七百餘頁之巨著；可謂洋洋大觀，不同凡響，總約心法，囊括其中，文句嘉言，語隱禪機，擇舉不勝，還須學人自行參悟，較為允當。下手入處，用功方法，通關消息，盡在裏許；蕭君若無真參實學，切身體悟之寶貴經驗，絕難於文字中顯揚灑脫，更難於機鋒間得以自在，是故「功到用時方覺少，水到渠成果自圓」了。

今先略舉一二，以先覽為勝，豈亦美不勝收矣。如在第二篇第一章第二節中，他說：「在還沒有悟前，有個開悟可以追求；等到悟了以後，才知道悟的這個法也是本來空寂。」當然這個過程是修道見性的歷程，這一歷程只不過是個開悟的手段而已。金剛經云：「法尚應捨，何況非法？」悟得了是一通百通、一了百了啦！

再如第二十九則云：「『禪』須是要用思惟觀，不動著語言文字，而有疑情、思惟、揀擇、分別、觀照的作用。」往往吾人以為修定即是禪，禪定與參禪是兩碼子事，止觀是教下，參禪是宗門，止觀從有法入定境，後再發慧。參禪是撥雲見月之法，雲表妄執諸法，月徵明心見性之真如實相，此由性見慧顯，直下承當，了了分明，不落言思。蓋此由慧攝定，定能全戒。教宗二門，法分空有，門有性相，權實分流，然歸元則無二，也即中道了義的不二法門。就此乃專論參禪，故標明之，以免誤會，而錯失良機也。

另再舉如第六節「疑情」與第七節「略談幻境與魔擾」二段文句；前者為參禪之特色，所謂「小疑小悟、大疑大悟、不疑不悟」之祖示。後者為去病反而從病之害，病尚未痊，復纏魔病造擾之困境，如何覺察對治？參禪者不得不明，倘墮坑壑，仍不覺知，錯認歸鄉，與道背馳，合魔妄境，如是哀哉，也為修行之大障難也。

以上所舉心要大端，如能擻擞詳究，掃境寂心，則法益神髓，泉滁醐灌，不啻十二部經一指點破，八萬四千法門同體清涼。此書問世，破權立實；向上一著，從實依權，不落窠臼。如是即實即權，權實雙運，為近代以現俗語文闡釋禪宗，最為正統之禪書，不但不迴入旁門，且志向指月，當下立見，可不快哉！有心向道學人，勿錯此見性法本，切莫輕忽慧命，則功德涯岸，豈可量乎？弁此蕪雜數語，以為進德之修、見性之行，又可不快慰焉！

大乘精舍不慧樂崇輝序於洗心齋

時民國八十四年乙亥歲仲冬望日

再版序

本書原係一九九三至一九九四年共修時開示之錄音彙集後整理成書，先以贈閱版流通，計初版六千冊，初版再刷一萬冊。後因書局之建議，改為書局版，於一九九七年底印行初版，分為上下冊。

茲以書局版即將再版，乃重新檢閱，修改初版中之語病及部份細節；並修正以往對藏密不解而生之不當推崇，刪除初版中對於密勒日巴修證上之不當讚歎。於其尊師重道之美德，雖然依舊敬仰，然而既已發覺其修證上之謬誤，即不應於修證上再作錯誤之讚美，故予一併修正。

往年弘法時每存鄉愿式之善念：「寧可高估他人，不應稍存貶抑之心」，故早期開示及著作中，屢於他人有溢美之詞。後來有緣檢視彼等諸人所述第一義著作，發覺皆是過度讚美，致生弊端，以不如實故。凡此皆應重新檢點，依道種智而作修正，令諸褒貶悉皆如實，方能俾益今生後世佛子。因此親自檢閱修正，重新排版印刷。

復次，初版下冊第一四三頁因排版之疏忽而倒印，亦應改正（歡迎初版購閱者寄回下册，免費更換再版下册）；復有許多標點符號使用不當之處，應併改正。末因本書出版多年，既已改版，乘便抽換二篇見道報告，示新血輪，以饗讀者。以此諸緣，不宜以初版二刷流通，乃以修正之再版流通於人間。謹此略述再版緣由，以之為序。

娑婆大乘末法孤子蕭平實　謹識

公元一九九九年季夏　序於台北喧囂居

目錄

上冊：

第一篇　悟前

第一章　前方便

第二章　正修行

下冊：

第三篇　悟後起修　自度度他

第一章　修除習氣　增益見地　深入禪定

第二章　自度．修學三昧

第三章　度衆．爲衆說法

承續上冊第二篇第二章　禪悟正受及諸功德

第四節　禪悟證空與楞嚴大定證空不同

第一目　參禪是般若法門，非禪定法門

參禪之前須要具備基本的定力，悟的時候以及悟了以後，都須要有定力相應，但是偏於慧而定少。明心見性以後，見到真如佛性的真實不虛、而沒有形貌處所、方向物質，這個是證空及不空，又名為見空及見不空；這是見涅槃，也可以說是證涅槃。但是仍然不是完全具足的實證涅槃。所以捨報及入涅槃，還須等待因緣。

如果要自主生死，也就是說：生在何處？什麼時候出生？什麼時候要死？以及轉換時空—將來出生時要出生在什麼地方？都能夠自己來作主的話，就需要加修根本四禪，以及四禪之後修禪、練禪等定力，才能做得到。所以禪是智慧，不是禪定。

我們講的禪—中國禪宗的禪，稱為祖師禪，不是大乘禪。大乘禪的修學，要先學基本的佛法，要先修學禪定的法門，要先修學五種神通。

到達第四禪之後，觀禪、練禪、修學完成，然後再找尋大善知識，明第一義。

但是祖師禪不這樣修，直接從明心見性下手。所以中國禪宗的禪——祖師禪；明心見性之後還要補修禪定觀行的功夫，要去做各種斷除煩惱的修行。我們所講的禪是祖師禪，不是大乘禪。祖師禪是般若，是智慧；不是菩薩六度的禪定，而是菩薩六度的般若、智慧。

禪悟能夠幫我們消除性障和煩惱，因此悟了以後容易修得禪定的功夫。然後因為定而發起五種神通。但是修定也不盡然就必定發起神通。例如：佛陀住世的時候，蓮花色比丘尼，貌比天人，所以雖然已經出家，證得大阿羅漢的果位，四禪八定及滅盡定具足，是俱解脫的大阿羅漢。但是她沒有神通，被壞人抓去關起來，準備於夜間強暴她。後來由大目犍連尊者，用神通進入她被關閉的地方，教她神通，終於她馬上就會神足通，立刻就離開那個地方了！所以並不一定修學四禪八定具足就有神通，但是原則上神通的修學要從定的觀行得。

第二目　楞嚴經開示之修道次第

《楞嚴經》是密宗的重要經典，它所述說的境界極為廣泛深入。在第一卷裡面講開悟明心的道理。第二卷到第四卷及第五卷的前半，講的是開悟佛性的道理。卷五的後半開始就講如何體悟而發起圓通的各種法門，包括大勢至菩薩念佛圓通法門。第六卷就講觀世音菩薩的耳根圓通法門，和戒、定、慧三無漏學，並且說到四種清淨明誨。卷七講設壇、持咒、消業的方便行門。第八卷裡面就說到菩薩修行的五十五個階位以及邪見惡業所感召的各種惡報。然後又說明如何求生於欲界六天的原因和道理。最後第九卷、第十卷依序講說欲界定、四禪、四空定、以及五陰區宇、五陰盡相，五十種魔相邪見。然後總結，點明「生因識有，滅從色除。理則頓悟，乘悟並銷。事非頓除，因次第盡。」

第三目　五陰盡相非屬禪悟所得境界

從《楞嚴經》的說法次第來看，從卷一到卷五所說的全部是禪宗之禪—般若—理。至於後面所講的五陰區宇、五陰盡相，都是屬於楞嚴大定—事修的次第功夫，這些就不是般若不是禪。如果把禪—也就是前面頓悟入理的修證，拿來跟悟後起修的楞嚴大定的事修功夫來相比，那就是非倫非類，不倫不類！

譬如說，我們要學會騎腳踏車之前，先要學會走路，會走路之前要先會站，站立是走路和騎車的基礎。如今把站立的功夫拿來跟騎腳踏車的功夫相比，那叫做不倫不類。要比的話呢，應該同樣是站來比。要比走路呢，同樣是走路來比。要比騎車呢，同樣是騎車來比。不能夠把前面的階段拿來與後面的階段比，因為不是同一類。所以不能用楞嚴大定的五陰區宇乃至五陰盡等行相來印證禪悟的境界。

如何是色陰區宇、色陰盡的行相？如何是受陰區宇、受陰盡的行相？……乃至如何是識陰區宇？識陰盡的行相？若有深入的理解，就不會將五陰盡的境相拿來跟這一些境界的修行之前必須要具備的初入門的理悟境界相比，那是一種錯誤，一種誤會。因為色陰區宇、色陰盡，乃至到識陰區宇、識陰盡的境相，是修得四禪八定以後應修的境界。但是根據《楞嚴經》的修學次第，四禪八定的修學是應當放在明心見性以後來修。所以不能拿後面事修的境界來比初入門理悟的境界。

明心見性無法進入色陰盡乃至識陰盡的境界。因為那個是悟後起修所證的境界，而不是悟的當下所證的境界，因此不能相提並論。所以修學佛法的人，依《楞嚴經》卷一到卷五所修的無生智作為根本，來進修四禪以及楞嚴大定，有修有證的人，自然而然知道它的次第。如果深入的去研究探討《楞嚴經》的人，他也會知道這個次第。所以不應當以卷一到卷五裡面初入理的般若智慧，來比較悟後起修得證的楞嚴大定——楞嚴三昧的境界。

「理則頓悟，乘悟並銷。」是說明心見性以後，理上的疑惑已經除盡了，稱為性起圓通，這個部分應該在最前面修，所以列在卷一到卷五裡面來講。欲界定、未到定、四禪以及楞嚴大定，屬於事修的行門，須要悟後斷煩惱、除性障，靠禪定的功夫，按著它的次第循序而進；這不是因為禪悟的關係，一時之間就可以得到。所以說「事非頓除，因次第盡。」所以把它列在卷六卷七的斷煩惱、除性障等次第之後的卷八到卷十裡面來說，因此不應該以楞嚴大定的五陰區宇和五陰盡等事修的悟後起修的境界，來跟禪悟圓通的初入道的境界來相提並論。

從這裡，我們也可以知道明心見性以後，並不就是修行的結束。相反的，正是修行的開始。所以明心見性稱為見道位。菩薩見道、菩薩見諦，就是明心見性；悟後起修才算進入修道位。但是要想證得色陰盡受陰盡乃至識陰盡的境界，那必須以明心見性為根本。如果沒有明心見性，而修四禪及楞嚴大定，就很容易落入魔道。如果明心見性之後再來修四禪八定，就不會著魔。所以《楞嚴經》裡面世尊說明悟後除掉性障而修道的人「心尚不緣色香味觸，魔境云何得能發生。」

至於悟後起修，要從什麼地方修？常常有善知識講：「理則頓悟，乘悟並銷；事非頓除，因次第盡。」但是這兩句話前面，還有一句大前提非常重要，但是善知識往往忽略了！那就是「生因識有，滅從色除。」

我們三界六道的一切有情眾生，之所以會在世間生生世世、頭出頭沒，不停的生死，就是因為識而產生的。眼識、耳識…乃至意識，和末那識不明實相。因識而攀緣於三界六道之中的五欲諸法，所以就產生未來生重新再出生獲取後有的種子。所以說「生因識有」。那麼現在要滅掉生死輪迴的因，必須反過來，從色身上去修。那就是要從我們四大五陰對於世間五欲貪著的消除去下手，叫做「滅從色除」。

滅從色除就是要斷煩惱及修學定力。修定的前提是要伏除性障、伏滅煩惱。性障不除，煩惱不滅，禪定就無從發起。所以我們主張要先明心見性；明心見性後，性障漸消除，才能發起初禪，從初禪漸漸的進修到四禪去。到了四禪之後漸漸的就可以進入色陰盡的境界，然後一步一步進入到識陰盡，那就是十地菩薩的境界。

因此明心見性叫做見空及與不空，見到什麼空？見到真如本性是一個空性，也見到五陰虛幻不實，是個空相。見到什麼不空？見到五蘊之中有真如，真如恒常不滅、佛性恒常現前的不空，這叫見空及與不空，也可以說是證得空與不空。因為我們所親證的真如佛性是空也是不空，是空也是有。

但是要真正取證涅槃，要等待時節因緣—壽盡才能取涅槃。可是只有菩薩種性的人，才能明心見性，所以明心見性之後，必然不取證涅槃，而繼續修證楞嚴大定。修證楞嚴大定之前，要先證得根本四禪。諸位從《楞嚴經》的修學次第，就可以很清楚的知道悟後起修的道路是怎麼走，所以不能夠拿楞嚴大定—悟後起修所證的五蘊空的境界來跟禪宗的明心見性—事修之前理悟所證的境界相提並論，如果有人這樣做，我們稱之為不倫不類。

平實補註：禪宗之明心見性，乃是般若禪，又名祖師禪。欲入色陰盡境界者，須先明心見性，後發起初禪，次第修得四禪，復斷五下分結，方能入色陰盡境界。佛云：「若不明悟，被陰所迷，則汝阿難必為魔子、成就魔人。」**若未悟明心性，亦未證得初禪及二、三、四禪，未斷五下分結，而妄言能教人以禪宗之禪進入色陰盡境界者，乃大妄語人。**所以者何？真悟之人皆不作此說。彼既悟錯於先，未得四禪於中，不解五陰遮障於後，焉能助人遠離五陰區宇？彼猶不解五陰區宇是何遮障，焉能助人證五陰盡？所以者何？色陰區宇是陰魔，受陰區宇是鬼神魔，想陰區宇是天魔，行陰及識陰區宇是邪見；佛說此五陰區宇皆是悟後事修漸次所斷，彼既不知此理，焉能助人遠離五陰區宇？不知此理者乃是未悟之人，初悟入理尚且未知，焉能助人悟後起修而盡五陰？

一切誤會「禪宗般若禪之理悟能盡五陰」者，皆是未悟之人。彼尚不能知《楞嚴經》卷一至卷五所述開悟入理之智慧，云何能知悟後起修、漸次所證五陰盡境界？佛云：「此五陰元，重疊生起；生因識有，滅從色除；理則頓悟，乘悟併銷；事非頓除，因次第盡。」已明示五陰盡境界屬於悟後之事修功夫，非從頓悟入理（禪宗之禪）而得。必先頓悟入理，而後方能**逐步**修除五陰區宇，非禪宗之頓悟所能修除。悟後欲修除五陰區宇者，必從色陰盡開始，次第修至識陰盡，則是十地等覺菩薩。非見道頓悟入理時能分證或滿証五陰盡境界，若作此說，乃名佛說；若違此說，名為魔說。

若謂禪宗之見道頓悟（即楞嚴經卷一至卷五之頓悟）能盡五陰境界，而盡五陰區宇，頓成等覺者，則佛說《楞嚴經》及修道次第諸經便成非法說，則彌勒菩薩所述見道修道五位差別即成妄說。**故知一切佛子若有主張「禪宗之頓悟見道能證五陰盡境界」者，皆是未悟之人，尚未見道**，彼之所說名為魔說。佛子欲知其詳，可請閱《楞嚴經》，詳細研究見道修道之次第；亦可請閱《瑜伽師地論》，詳細研究見道修道之次第，便知其理，無復猶豫。

第五節 禪—非僅禪宗有之

第一目 淨土宗之禪

有許多人有一種誤解，總是認為：要學禪就必須要在禪宗裡面才學得到，其實不然。我們講禪之前講過無相念佛。在早期，我們有幾位是因為無相念佛而不假方便，自得心開。接下來講念佛三昧修學次第，透過無相念佛的修學，加上體究念佛的知見，我們再舉辦三天的精進共修，所以很多人親見自性彌陀，這個也就是禪宗的禪—淨土宗裡面的禪。

念佛三昧—有持名念佛三昧，有觀想的念佛三昧，有無相的念佛三昧，還有實相的念佛三昧。持名的念佛三昧，就是持誦佛名；例如我們台灣及日本有人提倡本願念佛，那也是持名念佛的一種。一直不停的唱念佛號，念到後來，做夢之中也是在念佛號。醒來的第一個聲音，是心裡面的佛號。在不吵雜的環境中，耳朵可以聽到微細的唱佛號聲音，這叫持名念佛三昧。（編案：但是本願唸佛的理路已經違背彌陀48願了。）

持名念佛也是一個很深妙的念佛法門，如果持名念佛的人具備了般若波羅蜜的知見，那麼他在持名念佛的當下，也可以悟入禪—明心見性的境界。當他在持名念佛的當下，其實不離自性彌陀；如果他有第一義的知見，然後他得到持名念佛三昧的時候，他其實是可以明心見性的。這就是淨土宗裡面講的一行三昧：「隨佛方所，端身正坐，持佛名號，於念念中，見十方三世一切諸佛。」也就是明心見性；那麼這個持名念佛之中也有禪。

觀想念佛到了第八觀完成的時候，這個人現身之中必定可以修得念佛三昧。什麼念佛三昧呢？就是第九觀。觀無量壽佛身量無邊廣大；觀成無邊廣大的無量壽佛的身相時，到最後進入空的狀態—只見到如來藏的運作：「見佛身故，得見佛心。」那就是悟了自性彌陀，也就是明心。然後呢？「見佛心故，得見十方一切諸佛。」這個見十方一切諸佛也就是見到十方三世一切有情的佛性，就是見到自性彌陀了，那麼這個就是淨土宗觀想念佛裡面的禪。

念佛圓通也是一樣有禪。不經過佛號、形像而直接憶佛，沒有聲音、名號、形相。憶佛憶到後來，同樣的一念相應的時候—「不假方便，自得心開。」一樣明心，眼見佛性，見到自性彌陀。這就是念佛圓通章的禪，是淨土宗（也是密宗）的禪。若未能不假方便，自得心開，也可以在學會無相念佛以後，去體究念佛，悟得自性彌陀，眼見自性彌陀，那也是淨土宗裡面的禪。所以，禪宗有禪，淨土宗裡面也有禪。

第二目　密宗之禪

密宗裡面也有禪。譬如說，在密法裡面，我們剛開始的時候是持明，也就是持念咒語。然後加學身印、手印，那這個就要入灌頂壇，才能做手印。當然也有方便法，可以視同入壇灌頂，但這個我們不談。

剛開始持明的時候，叫做聲念誦，有聲音。譬如持念大悲咒，有聲音；持念大白傘蓋咒、楞嚴咒都一樣，稱為聲念誦。聲念誦很純熟，念到睡覺時夢中也在念，功夫上手了以後，要轉為金剛念誦。金剛念誦表面上看不出來—在心裡面默念。念時嘴巴閉起來，只動舌尖，外表看不出他在持咒。剛轉為金剛念誦的時候，容易受到外界聲音的干擾，這比較難一點，一直練習到外界的聲音完全無法干擾，速度也非常快；那又要轉了，轉為三摩地念誦；這三摩地念誦混合了有相與無相的念誦。三摩地念誦，要怎麼念誦？我們舉個例說。例如：大家常持念準提咒：「唵折隸主隸準提娑婆訶」。持誦準提咒的人，要進入三摩地念誦之前，先要練習觀想此咒每一個字的梵文形像，這個字是什麼顏色？放出什麼顏色的光？要先會做觀想。這準提咒有九個梵字，每一個字的形像、顏色、放光各不相同，逐一觀想完成。接下來觀想我們心裡面有一個月輪，這個月輪大概有一個手肘直徑，放在心裡面，然後觀想「唵」的梵字和放光，擺在月輪的中央，觀想「折」的梵字和放光，擺在十二點鐘的地方，然後順時鐘方向把「隸、主、隸、準、提、娑婆、訶」等梵字照順序放在月輪之內。完成之後又重新重複的進行。這樣九個不同顏色的梵文字形，在月輪裡面，放出不同的光，每一個字都要很清楚；不同的字，不同的光，要觀想完成。這個功夫不容易，這要有初、二禪的功夫。觀想完成之後，接下來要去瞭解，「唵」是什麼意思？「折」是什麼意思？「隸」是什麼意思？九個字的意思都要完全明白，你觀想一個字出現的時候，那個字的意思就出現，但是沒有那個字的意思的語言文字。然後這樣配合著有相的月輪，跟每個梵字的光，顏色、形相、以及每個字的無相意思，不停的每天觀想安放在月輪之內，每天練習三千遍、五千遍。這個是有相與無相混合起來的觀想，稱為三摩地念誦。

字的意思是什麼？不是中國字的意思，而是梵字的意思。你很清楚知道，但是沒有字義的語言、文字，是無相的。而九個字的不同梵文的字形、顏色跟放光很清楚的在心裡面出現。這樣每天不停的轉；有一天，突然間一念相應，原來這就是真如！啊！這就是佛性！看見了，這就是「大手印」。真如也清楚了！佛性也親眼看見了！接下來，你持明的時候，不管是聲念誦也好，金剛念誦也好，三摩地念誦也好，統統稱之為實相念誦。這個大手印就是密教裡面的禪。只是這種密宗的禪，得要依覺囊巴的他空見來修，就是依密教部的《楞嚴經》知見來實修，才有可能實證；若依四大派的知見來修，永遠也無機會證得禪宗的開悟境界，此世永遠是凡夫，而且死後還會下墮三惡道。所以，具備正知見及未到地定的定力者，藉密宗荒謬的準提咒也可以證悟禪智，猶如雲門的乾屎橛一樣，因此說，不光只是禪宗裡面有禪，念佛門裡面照樣有禪，密教裡面照樣有禪，例如覺囊巴；其他的宗派裡面莫不有禪，只是禪宗把這一個部分特別加以發揚光大，更深入更細膩而已。因此禪—不是禪宗的專利。但密宗祖師大多執著有相法，自古以來悟者甚少，不如禪宗有許多祖師證悟；所以密宗的諸那上師說禪宗是大密宗，是因為密宗四大派所有祖師都不懂禪宗的禪，全都落入識陰中。

第三目　禪—非僅禪宗有之

佛教的各宗各派裡面統統有禪。禪—無漏智，存在於佛教的每一個解脫法門之中。我們在到達明心見性的這個階段之前，有很漫長的一段聞、思、修的過程，這個目的是在減少我們的執著，在於增強我們的定力，在於攝取佛法，尤其是了義的知見。如果福德夠了，知見具足，功夫也具備，我們就知道什麼地方應該轉折。轉折升進以後，禪—明心見性的境界就出現了！

大要而言，也就是「攝心為戒，因戒生定，由定發慧。」因此大乘的無漏慧的現前也就是禪。所以不管是賢首宗、法相唯識宗、三論宗、禪宗、淨土宗、天台宗，都一樣。因緣成熟時，無漏慧現前，那就是禪，所以禪不是只有禪宗才有。

第六節　證　果

為什麼要講證果？談到證果，有很多剛出家的法師以及一些善知識，難免毀謗我；但是，講到最後自然就會知道，為什麼毀謗是錯了。

為什麼明知人家會毀謗，我們還要講證果？目的是為了讓大家能夠進入到解行相應的地步，所以要講證果。

我們說，悟了以後有見地，但是，祖師禪的見地和聲聞禪的見地不同。聲聞禪的見地有果可證。如來禪或者祖師禪的證果，他的見地是超凡越聖，哪裡有果可證？他是頓悟入理，在理上無凡無聖，是無果可證的。但是為求悟後起修，行能應解，那就必須要斷結。斷結則是悟後事修的功夫，事修是有次第的；有次第的緣故，所以理上無果可證，事修則要談次第證果，所以我們要講證果。

第一目　菩薩初果－須陀洹

一個人參禪，悟明真如，能夠時時體驗覺知真如的空與不空，時時體驗真如的真實存在、不生不滅的緣故，所以我見身見同時斷除，那麼當下就離開了四相。聲聞「初果向」斷身見以後，還有受、想、行、識的我在。有受、想、行、識存在，就有果可證。有受、想、行、識存在，就有我、有人、有衆生、有壽者等四相。必須再轉入受念處、心念處、法念處觀行，才能斷盡我見，才入初果；而仍不明中道實相。

但菩薩初果，明心悟得真，不是解悟，不是以「一念不生的靈明覺了」為我，悟得真如的時候，不但斷身見，同時也斷我見。因為真如離見聞覺知而不作主，雖然真實存在，但祂真實是無我空性。從真如來比對，便知常寂常照而能知能覺的心是妄。能知能覺常寂常照的心，仍在受、想、行、識之中，那是虛幻暫有的，所以無我可說，沒有真實的我在，因此身見斷了，我見也斷。我見斷了便離四相，卻又不墮二乘空相中，已證法界實相故。

我見斷的緣故，疑見隨後就斷；疑見斷了的緣故，就滅除掉心中六十二種外道邪見隨眠。從此不懷疑世間有佛，不懷疑世間有佛法，不懷疑世間有出家、在家的四向五果十地菩薩。也不懷疑一切眾生能修佛法，也不懷疑一切眾生能成就佛道，永離斷常二見，因此戒禁取見隨後跟著也斷了。

從此這位菩薩初果，依道共戒而住，他從此不會受到世尊以及世間所施設的各種有相的戒所束縛。他的見地，也不受世間的各種人為的施設所束縛，也不隨世間所施設的法則來進行他的心行。但是他的身行，也不會去干犯世間的法則，這個境界名為「見地」，亦名須陀洹、入聖道流、七來、溝港。因為三縛結已經斷了的緣故，無論他身穿白衣黑衣都稱為出家。

《大寶積經》卷85云：「此出家者唯形像耳，非真出家。若諸菩薩真出家者，謂離諸相、處於三界成熟衆生，方可名為真出家也。」這個意思是說，我們一般人所說的出家，其實只是個形像；把頭髮剃掉，換了出家人的衣服，出世俗的家，住進如來之家而已，不是真的出家。如果菩薩真的出家，那是指：這個人離開了我相、人相、衆生相、壽者相，而常住於三界之中，來度化衆生明心見性，這樣才可稱之為真出家。

這菩薩初果，相當於五十二個階位的那個階位呢？菩薩初果就是明心，斷三縛結，這叫做正觀現前。什麼正觀現前呢？般若波羅蜜的正觀現前。也就是菩薩七住位—不退轉住。菩薩初果的解脫境界，相似於初地菩薩，但是仍然不能稱之為初地菩薩。為什麼這樣？我們留到後面第六目之中再來說明。

第二目　菩薩二果—斯陀含

菩薩二果，因為三縛結已經斷的緣故，所以他很清楚的知道：菩提不是從各種的緣聚合而產生的。什麼叫做菩提？菩提稱之為覺，稱之為真如。但是有人這麼聽了就問：「為什麼我們這覺不是！你的覺就是？」有的人悟了說：「能覺的就是我。」但是這個能覺不是一般人講的覺，一般人講的覺都落在見聞覺知的妄覺裡面。那麼真正的覺稱為菩提、本覺，這個菩提具足了性、相、體、用，稱為真如佛性。

這真如佛性不是因緣和合而產生的，祂是本然存在的。因為他這樣一念相應的緣故，所以親眼看見佛性遍滿於十八界。不但眼見自己的佛性，也眼見一切有情眾生的佛性。這就是觀經裡面所講的「見十方一切諸佛」。當他眼見佛性真實不滅的空性時，他便親證了一切都無所得的境界。因為真如佛性雖是本然不生，永遠不滅，但是在三界六道之中，一向沒有任何所得，因為祂是空性。所以對於時間、空間、色身以及能知能覺的這個心、處處作主的這個妄心的真實感，就頓然消失掉了。

因此菩薩二果雖然並未離開世間一切有相的假，也未離開真如佛性的無相空，而住於中道。但是他很清楚中道只是一個假名的施設，並沒有一個所謂的中道可住，沒有任何境界可住，但是卻時時有真如的作用。清楚的照見這個狀況，他就明白「應無所住而生其心」，實際的證入那個境界了。

從此就精進的去除世間五陰所生貪、瞋的各種習氣，所以貪欲越來越少，煩惱也越來越少。因為不離中道的緣故，空、假、中，都在他一念之中，所以他能夠隨順世間的衆生所施設的各種法則去生活。因此他的貪、瞋、癡（無明）非常淡薄，在解脫道上稱之為薄地。

在這個境界裡面他具備了初地菩薩的解脫功德，但仍不是初地菩薩、稱之為灌頂十住位，也就是斯陀含、再來、一來。為什麼？因為明心而見性以後，貪、瞋、癡淡薄的緣故，所以今生捨報後生於欲界天，在那邊繼續修行，於欲界天捨報之後，再回到人間來、一來人間究竟解脫。但是菩薩再來，沒有再來；菩薩一來，也不是一來。因從真如佛性來看，沒有來去，這就是菩薩二果。

第三目　菩薩三果—阿那含

接著說菩薩三果。明心的人斷了三縛結，見性以後，殷勤的捨除貪、瞋、癡以後再配合悟後的思惟修，以及見性的體驗，然後繼續修學後得智—差別智，而得到牢關的解悟，在因緣具足以後，體驗牛關境界，稱之為破牢關。那麼這個破牢關的人，或者進入三果向，或者還在二果之中，又或者斷五下分結進入三果位乃至四果，並不一定。

為什麼會不一定？因為破牢關，配合他本身過去的習性，配合他今生斷除貪、瞋、癡的習性的深淺，以及配合他所修證的禪定功夫的深淺而產生了過牢關之後所證的境界有所不同。

一個人悟了之後，從見地到薄地，可能很快，也可能拖很久，完全要看這個人他過去在修除習氣方面有沒有真實下工夫。薄貪、瞋、癡的境界完成之後，要進入菩薩三果時，除了智慧增進之外，也要除習氣，也要修學定力，互相配合，然後才能進入三果或四果境界。

要進入三果斷五下分結的時候，有它的次第在。斷五下分結是說斷三縛結後繼續再斷貪欲，後斷瞋恚，連同前面三縛結，總共是五個結。

三縛結斷了之後，再斷貪欲、瞋恚，就是三果人。

斷貪欲而不斷瞋恚，或者斷瞋恚而不斷貪欲就不是三果人，只能稱為三果向，這兩個結是貪欲先斷，瞋恚後斷。不是說他沒有了欲的行為，而是他心裡面絕不想念淫欲和世間的財富、眷屬、名聲、權力的欲望。

貪欲的斷除，在菩薩來講，和聲聞不同。聲聞斷貪欲，是不行欲的行，菩薩斷貪欲，是在欲而斷欲。所以菩薩行比聲聞行困難，在欲而不染，稱為火中生紅蓮。在欲而行禪，不同於聲聞人的離欲而行禪。聲聞人斷一切的淫欲行為，斷絕一切世間諸有的貪著行為，山林間，樹下坐而修學禪定。菩薩修學禪定不離淫欲行為而照樣可以進步，但是非常困難。所以在欲行禪，必須要先見道，如果沒有見道、見地，性障不除，就會被貪欲所轉。

菩薩之所以能夠在欲行禪，就是因為他已經見道，已經親見真諦。即使在一切的五欲之中，仍然清楚照見真如佛性的空與運作。所以履行義務之時行淫欲，義務履行完了再也不去思念、憧憬、不去回憶，能夠深入的觀照到欲的過患。

在悟後起修的過程裡面，菩薩終究有一天會親自照見五欲，包括淫欲在內，根本就像一條毒蛇。那麼到這個地步，我們說他的貪欲就斷了。雖然斷了貪欲，因緣須要他去做的時候，還是照做不誤，只是心中絲毫沒有那貪心，如此而已。

但是貪欲心斷除之後，要進入到三果，還要斷瞋。瞋恚心比貪欲心更難斷。我們俗語說：「泥人尚且還有三分土性，何況是人？」正是！阿羅漢尚且還有瞋恚的餘習，何況我們還未斷五上分結。

我們說菩薩三果斷了欲之後，仍然還有貪欲的餘習在。比如說錢財、珠寶，每一個人都不嫌少，那麼菩薩三果說貪欲斷了，他還會有餘習。比如說走過珠寶店，如果說有一顆祖母綠特別大、又漂亮。他看到了就會讚嘆：「好漂亮！真稀有！」這就是餘習。

比如說淫欲，我們曾說過，經典裡面也這麼講過─要証驗你現在所証的境界。那麼讓你到那個境界裡面去；比如說斷淫欲，讓你處在淫欲境界之中，故意叫你去看小電影，看了之後有無起喜樂─想要去做那件事的欲望？有沒有？如果無，那是真的斷了；但是還有餘習存在。那麼這個餘習不必明說，結過婚的人都知道，我就不再詳談了。

那麼斷瞋恚是什麼？在貪欲先斷之後，接下來輪到瞋恚的習氣要斷，因瞋恚的習氣比貪欲更難斷。瞋恚的斷除，比如說有一天遇到個很要好的同修，跟他介紹我們這個法有多好，可以明心見性；可能這個人當面就罵你：「現在是什麼時候了？你還敢說你能夠明心見性？你是大妄語。」當衆就罵了，這個時候你有無生氣的念頭？如果無，那就是你真的瞋恚斷了。

可是瞋恚斷了還會有餘習，比如說你當下笑不出來了，這就是瞋的餘習。有時又覺得他好可憐：「明明是真的，你不相信。」你覺得他好可憐，你的眼眶就濕潤了，這就是瞋恚的餘習還未斷盡。但是很清楚知道自己沒生氣，這就表示你的瞋恚斷了。

還有給諸位建議一個斷瞋恚的最好方法，那就是見性之後，出去當老師，這樣最容易斷瞋。因為你在當老師時覺得自己很熱忱地，一心一意幫別人建立知見、功夫，累積一些福德。可是對方卻不領情，在背後還說你的是非。當你輾轉聽到這些話時，有無動怒？有無不高興？如果無，那你就知道「我大概瞋恚斷了」，但是這個不嚴重。

還有更嚴重的是：當你正在上課講經時，這個學生在你座下得到法益開悟了，可是他居然跟你爭執，當面給你下不了台，這時你當下就要反觀我有無生氣？如果無，那麼恭喜你，你的瞋恚結斷了，我們就說你是菩薩三果了。

但是這樣的勘驗法，不是一次就算數。貪欲的斷除這一節，這一次事過了，還不算數，因為你現在剛剛悟嘛！在禪悅之中根本不會起貪欲心，這個不算。等以後過一段長時間再來試驗一下，有沒有真的斷了？瞋恚也是一樣，須多經歷幾次的逆境，經過很多次逆境下來，真的沒有動怒才算數。什麼叫真沒有動怒？必須在當下沒想到要生氣，事情過了根本就忘記它了，才是真正的無動怒。

人家當面褒獎你：「你真厲害！你境界怎麼那麼高？」此時要觀察你的心裡有無歡喜？如果心裡歡喜，洋洋得意，那就是瞋恚未盡，因為這個歡喜跟瞋恚黏在一起，是一體之兩面。我個人遇到褒獎的很多，誹謗的更多，如今習慣了，無動於衷。

那麼諸位就是要試著出去當老師，去讓人家誇獎，看看心裡有無歡喜？去讓人家背後誹謗，當面潑冷水羞辱，看你有無動怒？如果這兩者都沒有，那才可以說：「我的瞋恚斷了」。貪欲斷了，瞋恚斷了，再加上前面的三縛結，總共是五個結斷了，這五個結相對於更難斷的五上分結，稱之為斷五下分結。

斷貪欲，還有一點自己可以去檢查：睡覺到天亮時，去檢查有無漏失不淨？去檢查有無形起？因為諸位遲早要走這段路，所以要把過程告訴諸位。男衆漏失不淨有二種：一是不行淫欲，久之精滿則溢，若非因綺夢遺精，仍是離欲人。二是斷身行，不斷心行，因綺夢而遺精，此非離欲人。

形起男女都有，只是女衆不容易發覺。那麼經典講有五個原因導致形起：「一、小便盛。二、大便盛。三、蟲嚙（感染細菌叫蟲嚙）。四、風盛。五、欲盛。總共五種原因。當你修證到了這個階段的時候，可能仍有形起的現象。這種現象女衆不容易覺察到，容易誤會自己已斷貪欲。遇到形起時，你自己要檢查，有沒有因欲而產生形起？如果不是因欲而產生形起，那麼你可以說餘習已斷。因火氣大，細菌感染或一個晚上憋尿，以及大便積聚也會產生這個現象。所以凡是有形起的現象，應隨時檢查，是不是有欲在？如果完全沒有欲望，那就是貪欲已經斷了，純粹的只是餘習，那麼這個是斷貪欲。

在聲聞行來講，斷貪欲、斷瞋恚、則身心皆永遠不行凡夫之法，從此遠離淫欲的行為，遠離瞋恚的行為。因為永遠不再還入世間的凡夫行為的緣故，所以稱之為不還—不再來人間了。捨報之後，就上昇到五不還天。但是菩薩雖然名為不還—不行凡夫法，但是他的身行還是隨因緣義務繼續在作，只是心中無貪、無瞋而已。菩薩不還，菩薩捨報不生五不還天，不到色究竟天去，照樣生於人間，這個就是願力。至於捨報之後要怎樣走？我們這裡不談，留到後面再說。

到了菩薩三果時，不再執著四種食物—團食、觸食、意思食、和識食。為什麼？因為他已經具足證得了真如佛性的涅槃本性，他已經遠離了世間煩惱，他沒有去來之相，可以安住於菩提，安住於真如。永離貪欲、瞋恚的緣故，心裡面從此不再被瞋恚所左右，心裡面從此不再起淫欲的貪念及世間財物的貪念，所以稱為菩薩阿那含，菩薩不還、菩薩不來。

這樣的解脫境界類似於第五地菩薩的解脫境界。但是因為禪定功夫的深淺不同和以往貪瞋習氣輕重的不同，導致過牢關的人，他的證果有所不同，所以有人過牢關以後還在二果，有人過牢關之後還在初果，有人過牢關之後到了四果，不一定。那麼已經到了二果之後，貪、瞋、癡很淡薄以後，過了牢關，他必定可以離開十住而進入十行位的初歡喜行。如果他進入三果向，那就是十行位的第二饒益行。如果他進入到菩薩三果的話，那麼他相當於十行位的第三無瞋恨行或第四無盡行。可是解脫境界雖然類似於第五地的菩薩，但是菩薩三果仍然不是菩薩五地。

第四目　菩薩四果—阿羅漢

菩薩四果的證得：有的人先修得第四禪以及五種神通以後，明心見性後過牢關而發明捨心，慧光圓通而後到菩薩四果。從祖師禪的修學過程要證得菩薩四果，是先明心見性，學差別智、過牢關。過得牢關，就能捨了。然後還要再斷色界惑、無色界惑、能斷五上分結，才能進入菩薩四果。那麼這個是祖師禪悟後起修解脫道的過程，我們要走的路就是這條路。斷五上分結稱之為菩薩四果。

什麼叫做五上分結？相對於五下分結而說五上分結。那就是說，結有許多種：三縛結、欲界愛的結、色界愛的結、無色界愛的結、慢的結、以及掉舉的結、無名結，合併稱為一念無明，後面五個結就是五上分結。

欲界愛的結，比如說一個菩薩三果，他仍然喜歡住在世間，雖然對於世間的苦樂不貪著，但是世間還有不苦不樂。他還有一個心念，喜歡在界裡面度眾生，這也是欲界愛的結，但他已經不貪欲界五欲了。色界愛的結就是喜歡色界的境界，比如我們有人悟了以後，性障除了，本身也有定力了，結果初禪善根發，色身常常有樂觸。然後他心裡生起喜歡貪著的心—喜歡這個樂觸，所以時常將心向內收斂，讓樂觸在身中出現，這個就是色界愛的結，喜歡色界裡面的境界。

比如有人證得二禪—心喜。二禪之中無覺無觀，但是出定的時候，住於初禪，有心喜的覺受，初禪中的身樂會變得很細膩，若有似無，照樣留在胸腔裡面。有的人就很喜歡這個境界，這也是色界愛的結。乃至三禪心喜身樂俱足，乃是世間無上至樂。凡夫修得三禪－身心受樂定，無法捨離，所以世尊說：「唯有聖人能捨。」如果諸位將來有一天進入三禪的時候，有明心、見性、過牢關的功德，你才能捨它。如果沒有明心、見性以後過牢關的功德，證得三禪，你要捨離三禪的身心之樂很難捨，這就是色界愛的結。

乃至到了第四禪捨念清淨定，這種境界很多外道以及佛門裡面，自古以來有許多人以為就是涅槃，但它不是涅槃。現代的人要修得四禪很難，但是古時候很多。他們誤以為四禪就是涅槃，但這個不是涅槃，仍然在色界天之中。上去還有五不還天－是三果聖人所住的地方。

為什麼色界愛的結要捨除？因為這是虛幻的。初禪身樂、二禪的心喜和微細樂、三禪的身心俱樂，都是因為色界身出現以後和我們這個四大所成的欲界身合在一起，而產生了微細的磨擦觸覺，所以才產生了這些樂，所以這些樂不離色界身和欲界身。而欲界身和色界身是因緣和合而生，從因緣而生的欲界身和色界身而生的樂，當然也是因緣而生，那就不是永恒常樂。三禪雖然稱為身心俱樂定，但是其中仍然有苦受，你的心中會有一個耽憂—如果三禪的功夫退失了，我這快樂就不見了。這就是苦。乃至四禪之中捨念清淨定，也是不離五陰，如果沒有一個意識在，是誰捨、念清淨？所以欲界結要斷，色界結也要斷。我們如果證得色界的境界而不貪愛，表示我們的色界結也斷了，瞋就斷了。然後無色界的結不斷的話，我們還是不能離開三界，不能解脫生死。

無色界的結是什麼？四禪之後如果不修四無量心，而直接去修空無邊處定；當我們進入空無邊處的時候，那是什麼的作用？還是有意識在。因有識在，所以你才能證得空無邊處定。在空無邊處裡面仍有苦，還是要離，如果知見不夠，就在那邊安住，心擴散，定就喪失掉了，又退回到色界天來。所以不能攀緣於空，因此捨離空無邊處，那就要往自心裡面來安住，心才不會散。

往自心安住時，就要緣於自心的識，但是緣於自心的識時，你將會發覺過去的識無量無數，過去的每一個不間斷引生的識，也是無量無邊。現在的識也是無量無邊，種子無窮無盡。過去識、現在識如此，未來識也是一樣無量無邊。所以安住一段時間以後，你發覺這還是不究竟，不能讓我們究竟解脫，還是得要捨，那就離開識無邊處定，進入無所有處定。在無所有處定中，初期覺得這應該是涅槃了吧！但是住過一段時間，你會發覺偶爾還會起一個念去觀察：「這個無所有處，名為無所有，其實還是個有。為什麼？如果沒有我這個心在，怎麼會有一個無所有？相對於我這個能夠安住於無所有的心，所以才叫作無所有，結果還是不離有。」因此又離開了無所有處而進入非想非非想處。

到了非想非非想處，你說我現在是無想，無想怎麼又有一個「我」住在無想的境界？那顯然是有想，可是你說我有想嗎？我又沒有任何的想念—不了知自己存在，也不對這個境界加以了知，這就是非想非非想定。在這個非想非非想之中，又繼續觀察，原來有這個非想非非想的時候，就不離非想非非想的覺受，有一個我，有一個心住在這裡面，那就不是究竟；所以要把四空定境界的執著也要捨除掉，這樣我們才有可能出離三界。以上是欲界結、色界結、無色界結，還有三個結，下回分曉。

我們繼續談菩薩四果斷五上分結。三界中有種種結，上週談了三界的結，現在再談第四個結—慢。慢的習慣非常的難除，在三果之前雖然說慢已經除了很多，但這個慢猶如五蓋一般有很多的層次，就好像五蓋一樣。

一般人起慢心是在世間法上：如錢財、色身、地位、身分……等。有的人則以有名的傳承而生慢，但這個是很粗重的慢心。悟得真如，體會得很深入以後，無我的功德開始出現，慢心就開始除了。可是仍然無法把所有的慢都除盡，就好像修學初禪的人要離五蓋才能發起初禪。但是五蓋於初禪、二禪、三禪……一直到非非想處，都有它不同層次之五蓋。乃至證得滅受想定的俱解脫大阿羅漢也有他的蓋。菩薩也有菩薩的五蓋，還沒轉入菩薩之前的緣覺也有他的五蓋，一直到等覺、妙覺，地地皆有五蓋，慢也是一樣。經中說畢陵尚慢，那就是說即使成為俱解脫的大阿羅漢，到了四果，五上分結之中慢的結已經斷了，但是仍然還有餘習未盡，還有一些殘留的習氣，但是慢的現行本身是不存在了。

所謂慢的餘習是說他的習慣性還存在。譬如說斷瞋也是一樣，瞋恚心斷的人，因為過去有個習氣在，所以他很用心修行，到了菩薩三果，斷了瞋恚心，人家怎麼辱罵他都沒關係，不會生氣。可是如果遇到的是一個他從小就住在一起，吵架抬損一直到現在五十歲了，還是繼續這個習慣的人，兩個人一見面還是繼續抬損，講話還是會大聲，對別人就不會。為什麼？因為他的種識裡面，直接的就會對他發起抬損的反應，那就是餘習—瞋的餘習。不是對他生氣，只是見了他，嗓門就提高了，變成一種習慣性。那麼慢也是一樣，譬如畢陵尚慢；畢陵尊者要過恒河的時候，恒河水很高，他過不去。想要用神通飛過去，世尊又告誡不許無緣無故用神通。所以他只好叫恒河神把河水降低。他就看看恒河神是哪位？他一看：「喔！原來是他。」他就講：「小婢！把水降低，我要過去。」恒河神聽了不高興，怎麼罵我是個小婢女！可是大阿羅漢講話又不敢不聽，便把河水降了讓他過去。

恒河神就去跟世尊投訴了，說：「畢陵尊者罵我，他很傲慢。」世尊就找他來問：「你有沒有罵他？」「沒有啊！」「那為什麼他說你罵他小婢？你有沒有罵他小婢？」「喔！有。」「那你跟他懺悔。」「好！」畢陵尊者就說：「小婢過來，我跟你懺悔。」跟人家懺悔時又罵了一句小婢。世尊便向恒河神說：「這是一種殘留下來的習氣。你今天貴為恒河之神，但是你過去五百生都跟著尊者，是他家的小婢女。他叫你小婢叫慣了，所以這一回跟你懺悔還是叫你小婢，是習性使然。懺即無慢，只是因為過去生殘留下來的習性還沒有除盡，所以叫你小婢，不是對你慢心。」但是五上分結所斷的慢也可能連餘習都斷盡。如果過去生就是個很謙虛的人，證得菩薩阿羅漢之時，慢即除盡。但是除盡之後往往還會有更細的慢，譬如說他有時候會想起來：「我現在是菩薩阿羅漢。」但是會立即以空性遣除這想法，那就是更微細的慢，所以慢也是一樣地地皆有。只是說他不因為自己的修行或者世間的果報而對別人生起慢心，沒有故意起的慢心，或不經意而起的慢心，只是可能有一些餘習未盡而已。

五上分結的第四個結稱為掉舉。這個掉舉就是因前四種煩惱而生的一念無明。所以我們說悟後起修，要大家修習禪定，修習禪定就要同時除煩惱。目的在哪裡呢？就是要斷一念無明。我們菩薩的入道—見諦，是明心、見性。這是破除根本無明，破除掉所知障。菩薩初果已破所知障，因為對真如有真實的體驗。可是菩薩初果明心、見性，還是沒有斷盡一念無明。但是阿羅漢、緣覺，一念無明都已經斷盡。

那麼一念無明要如何斷？要從修除性障與斷煩惱下手。我們修除性障煩惱之後，定力就會跟著提升上來。我們悟後起修也要修四禪、四空定，也要修觀、練、熏、修四種三昧。但是往往坐下來之時，突然間想起這個法，突然間想起那個法。往往我們在修定的過程裡面，突然間會想起世間某一些事情，那麼這一些通稱之煩惱。我們想要到達不掉舉的狀態，必須煩惱很少，一到了修定的時間就把所有的煩惱丟開。平常在做事情的時候，心裡面也不為任何事情起煩惱；該做就做，做過了就丟開。沒有煩惱的人才能斷除一念無明，才能離開掉舉的狀態。

慧解脫的阿羅漢雖然禪定功夫不是很好，但是他不會再有掉舉的狀態，他完全沒有煩惱，過的是無憂無慮的生活。乃至日中一食，出去托缽，倒楣的話碰到這一家剛好沒有多餘的飯布施，第二家、第三家到第七家還是沒有，那只好回來了，今天就沒飯吃了。心中有沒有煩惱呢？還是沒有。像這樣，就是他根本不為了五陰或者為了任何的法生起煩惱。不為任何法生起煩惱是因為解脫已經親證，解脫知見已經具足，斷除一切煩惱，不起一念無明，所以自己知道永遠不受後有。根本不擔心這個五陰今天唯一的一餐到底有沒有飯吃，他隨時準備入涅槃；到這個地步，一念無明才能斷盡。斷盡一念無明就是證得盡智、無生智。

五上分結的第五個結是無明，這個癡最難斷。阿羅漢捨壽時要捨掉自己全部，才能進入無餘涅槃；當他心中仍有這個捨心，就會有意識存在，就無法入涅槃，就會往生非想非非想天。必須要把這個捨心也滅了—把最微細的想陰滅除了，才能入涅槃。不知這個道理，就是最後一分無明仍然存在—還有一個上分結沒有斷除。五上分結全部斷了，就有無生智，成為慧解脫或俱解脫阿羅漢，能出離生死了。

所以我們出去主持講座度人時，在度人的過程中，心裡面不可以有煩惱，一切隨緣。因緣具足了，我必須開二十班傳法，那就開二十班。因緣不具足了，必須要結束了，那就結束，一班也不留，根本不擔心人家來不來學，菩薩四果就要這樣的心態。雖然有大願要廣度有緣人，可是現在來的人都是沒有緣的，該結束了，那就結束，沒有牽掛。要能夠這樣，掉舉這個結才能斷掉，沒有任何的煩惱，一念無明就斷盡。

斷了五上分結之後，三界的結、慢的結、掉舉的結統統斷了，所以永離妄想妄念。諸位如果有一天完全沒有妄想的時候，完全沒有妄念的時候，那麼貪、瞋、無明、煩惱永盡。那你就知道：「我已經解脫了，卻沒有一個解脫的我。」你就知道解脫的這個境界是要怎麼樣去修證而得，那就是解脫知見具足了。這樣的人，他就是證得涅槃的境界。

但是菩薩四果和聲聞四果又不一樣，菩薩四果是從初果就以慧印證涅槃，只是掉舉等五下分結、五上分結沒有斷盡，所以他還須求盡智—一切後有永盡的智慧，所以要留在世間。因為修學菩薩行不能離開世間，所以他駐在世間。當他斷了五上分結，就是不壞五陰而實證涅槃。如果他有四禪的功夫，就可以隨時隨地提前捨報入涅槃，沒有障礙。他如果要延後捨報，照樣可以做得到。這是菩薩四果加上四禪的功夫才能做得到。

當他到了這個境界以後，他對有緣的衆生開示，他常常會這麼講：「五陰、六塵、六根、六識、能知能覺的心、所知所受的境、都是虛妄的。我們自身尚且是虛妄的，何況是父母、兄弟、妻子、姊妹、愛戀親情，全部都是虛妄。」那麼因為他親證的關係，到了這個境界自然而有一種威儀，使得衆生聽聞以後很快就會信受。就跟著離開了世間的貪愛執著污染而開始修行，漸漸的也可以一樣的出離世間，而又常駐世間。

菩薩四果就是這樣子親證涅槃而不取證涅槃。因為他不是聲聞種性的緣故，所以菩薩四果有時示現出家，有時示現在家。乃至菩薩初地、十地、等覺都可能示現出家在家的形像。度了無量的衆生，可是心裡面並沒有覺得自己度了無量的衆生，不做度衆生之想。

他在三界之中自己自主生死，斷盡了世間的執著。因此他的解脫境界的修學已經完成了，已經親證了。走過了這條解脫之路，所以他的解脫知見已經具足了，已經完畢了，所以又名畢地、無學。又稱為菩薩阿羅漢、殺賊、應供、無生、應儀。

菩薩阿羅漢的境界，相當於十行裡面的第五—離癡亂行。所以菩薩阿羅漢在一切世間捨報受生時，了然分明。在捨壽、中陰入胎時心不顛倒，而他的解脫境界通常認為相當於第八地（實際上應判爲六地滿心）的菩薩，但仍不是八地的菩薩。因為八地菩薩所應具有的功德他還沒有具備。

第五目　初禪非初果

我們修學佛法的人，依照四念處觀而修學五停心觀的話，有一天他會發起初禪，發起初禪稱為初禪善根發。初禪的發起有的人會退失掉，有的人不會退失掉而停住，有的人愈來愈深入，有的人可以完全證得初禪裡面的各種境界。

依照四念處觀來修五停心觀，發起了初禪之後，即使不退失，了不起也只是二住菩薩而已，不是初果。因為無漏的智慧還沒有出生的緣故。因為三縛結還沒有斷的緣故，因為他還沒有獲得無生智的緣故。

如果是外道，他修定照樣可以獲得初禪。但是如果外道修得初禪，不是依四念處觀而修得初禪的話，那叫做外道初禪，還不能稱為二住菩薩，不入賢位。

菩薩52個階位，十信位是凡夫位，稱為外凡。初住位開始到十行、十迴向總共30個階位，稱之為賢位。對外道或世間人而言，已是聖人；但從佛法別教而言稱之為內凡賢人，不能稱為聖人。從佛法三藏教、通教來講，菩薩依四念處觀證得初禪，就是賢位的菩薩，明心見性後得到大乘無生智稱之為聖位的菩薩。但是在別教來講這些修證全部都只在賢位而已，不算是聖人，修得初禪還只是在二住位而已。

我們前面說過明心是進入第七住—位不退。但是有的時候修行上會有退失。譬如說今天事情多，心有點煩燥，不打坐啦，不看經啦，休閒一下，看看電視，貪求五欲境界，或者犯瞋，這叫做行有退。行不退是說他修行的過程每天都不退失掉。一個人明心之後，斷三縛結了，有的時候還會有行退的現象，但是他所證的果位一定不退。

行不退之後如果再往上進修的話，就到念不退，那就難了。那就是說起心動念都是修行，念念不退。行不退的人有的時候還會起一個念：「這麼努力修行，時時刻刻都不間斷，唉！真是辛苦，放鬆一下吧。」起了這個念之後，他馬上又會起另一個念：「不行啊！還要再努力。」如果是念不退的人，連這種念都不會生起，這就不容易啊。

我們回過頭來說，初禪為什麼不是初果？因為初禪跟菩薩初果不一樣：所知障還在，無生智未得，三縛結未斷。他修得初禪只是一住菩薩而已；所以菩薩修得初禪，仍然不是初果。如果是外道修得初禪，不能稱為菩薩二住，不能說他是一個賢人，因為他不是以四念處觀為根本來修，他修得初禪是執著初禪的境界，所以不同。

第六目　初果非初地

菩薩修行斷了三縛結的緣故，可稱之為菩薩初果乃至於菩薩二果，但是不能夠判為菩薩初地。因為菩薩初果所得的解脫智慧境界雖然和菩薩初地一樣，但是戒定直往菩薩初地所具備的四禪功夫，以及觀禪、練禪、熏禪、修禪和菩薩大乘照明三昧，以及其他的很多種功德，菩薩初果都還沒有具足。戒慧直往菩薩初地所具備的無生法忍道種智、大乘照明三昧、永伏思惑而不現行如阿羅漢，明心初果菩薩仍未具足。

我們舉個例來說，譬如菩薩初地的大智慧光明三昧，也就是《楞伽經》講的大乘照明三昧，菩薩初果尚未修證。戒定直往菩薩初地能同時面見百尊佛，能見一百佛世界，能夠振動百佛世界，能夠住於世間百劫而不壞。而斷三縛結的菩薩初果這些都做不到，何況其他更多功德呢？所以明心見性之後的解脫功德，雖然相當於初地二地菩薩，但是不能以初地二地菩薩自居，尚未滿足初地應具之智慧及三昧功德故。

若依照《華嚴經》判果，明心的人屬十住位的第七住—不退轉住。依照《菩薩瓔珞本業經》同樣也是判為七住。所以《菩薩瓔珞本業經》說：「從初一住至第六住中，若修第六般若波羅蜜，正觀現在前，復值諸佛菩薩知識所護故，出到第七住常住不退。」這一段世尊的開示，就明白告訴我們，在第六住之中修學般若波羅蜜（智慧到彼岸）的法門，也就是參禪—悟明真如佛性的法門。正觀現在前時，也就是開悟了，明白什麼是真如了。如果沒有遇到惡知識跟你否定，而你遇到了諸佛菩薩或善知識來護持你，跟你印證及證明：「你悟的真實不虛。」那麼有諸佛菩薩，有善知識所護持的關係，我們就離開了第六住，進入到第七住常住不退。

如果明心之後再繼續參究：「如何是佛性？」功夫和慧力都具足了，一念相應時就可以眼見佛性而不退失，這個境界，依照《大般涅槃經》卷28判為十住菩薩，世尊說：「眼見者謂十住菩薩、諸佛如來，眼見眾生所有佛性。聞見者，一切眾生九住菩薩，聞有佛性如來之身。」

世尊說，見佛性有兩種，一種是聞見，一種是眼見。聞見佛性是說一切衆生乃至於還沒有進入第十住的菩薩，聽見人家說一切衆生皆有佛性，他心裡面就信受了，稱之為聞見佛性。眼見就是用父母所生眼看見佛性，這是十住菩薩或者諸佛如來，親眼看見衆生所有佛性，因此見性分明而不退失就是十住菩薩。

但是不可以根據這一段經文就把它做反面的解釋，就說凡是沒有眼見佛性的菩薩都是在九住以下，不可以這麼講。因為有的菩薩，他是聲聞種性迴心，有的菩薩他是緣覺種性迴心，跳過眼見佛性階段。這樣的菩薩，他依明心的功德，漸次修到第九地還是未曾眼見佛性，因此《大般涅槃經》卷27裡面世尊云：「復有眼見：諸佛如來、十住菩薩眼見佛性。復有聞見：一切衆生乃至九地聞見佛性。菩薩若聞一切衆生悉有佛性，心不生信不名聞見。」

這一段經文就很清楚的告訴我們，有眼見佛性的菩薩，那是十住菩薩；就好像諸佛如來一樣，可以親眼看見佛性。但是也有聞見的，譬如一切衆生乃至十信、十行、十住、十迴向一直到第九地為止的菩薩，是聞見佛性—相信一切衆生皆有佛性，但是無法用父母所生眼看見佛性。所以有的菩薩修到九地而不見佛性，因此不可以說某人沒有看見佛性，那一定是九住以下，他也有可能已經到了第九地了。我們只能說他不是十地菩薩，因為要進入十地之前必須眼見佛性才能夠進入第十地。

初果非初地，我們還可以從《楞伽經》世尊的開示來加以印證。《楞伽經》云：「菩薩摩訶薩初菩薩地住佛神力，所謂大乘照明三昧，入是三昧已，十方世界一切諸佛以神通力為現一切身面言說。」那就是說初地菩薩有一個三昧叫大乘照明三昧。當他第一次進入這個三昧的時候，十方諸佛現前為他說法開示。而一個明心的菩薩稱為菩薩初果，雖然他具備了初地的入地心菩薩的解脫智慧，可是仍未具足初地的入地心菩薩的種智智慧功德。所以明心見性，乃至已經過了牢關，都還不能自稱為初地菩薩，也不可以因為過牢關、證四果成阿羅漢，就說自己是初地菩薩；因為阿羅漢完全不知不解初地菩薩無生法忍的智慧。

也不可以去恭維人或奉承人家說：「你過了牢關了，你是初地菩薩，大家應該跟你頂禮。」這樣講就錯了，這叫做阿諛奉承。如果自己因為明心或者見性，或者過牢關了，就自稱為初地菩薩，那就是大妄語。因為明心見性只是初果，大不了薄貪瞋癡、是菩薩二果而已，不能夠說明心見性就是初地菩薩。

第七目　深觀後始得判果

我們修學般若波羅蜜，也就是禪法。在明心見性以後，應該要繼續修道，我們應該用二年到三年的時間，深入的觀察我們所證的智慧、以及解脫的功德之後，再來判定自己所證的是什麼樣的果位。千萬不要在剛剛開悟之後幾個月之中，或剛剛見性之後幾個月之中，禪悅還很濃厚的時候來判果位，不然可能會誤判。

因為我們剛明心、或者剛見性的時候，禪悅的滋味很濃厚，在理一心的狀態裡面，對世間的貪著非常的淡薄。（如果悟的因緣不具足，而被善知識勉強拉上來的話，禪悅就很淡薄。如果是功夫不夠，解悟的話沒有辦法眼見佛性，或者見性不分明，那禪悅也會很淡薄，就不會有這種現象。）如果悟的因緣很具足，悟得很深入，見性也見得很真實，很分明，那禪悅就非常的濃厚，在這種狀態裡面煩惱非常非常的少，我們很可能就會判定自己已經在這一悟之間到了薄貪瞋癡的境界啦！那我就是菩薩二果。

或者因為此時貪欲瞋恚完全都不現行，就判定我已經貪瞋永盡，我是菩薩三果啦！那就告訴人家：「我這個境界應該是菩薩三果。」可是沒想到過了三個月、五個月、八個月，禪悅退失掉以後：「嗯！怎麼我還有貪欲，怎麼我還有瞋恚啊？唉！壞了，我大妄語了，原來我還沒有證得菩薩三果。」可是這個時候已經來不及了，話已經講出去了，收不回來了，所以大妄語業便成就了。

所以我們悟後要判果，不可以在禪悅猶存的狀態之下來判果，一定要用比較長的時間深入觀察體驗之後才能判定我們自己的明心見性、或者過牢關，是證得什麼樣的果位，否則的話就不免會犯下了大妄語的果報。

第八目　菩薩證果不同於聲聞的證果

菩薩三果名為不來，但是其實他還是在人間，還是再來。菩薩四果名為無生，但是他還是照樣在三界之中受生，繼續入胎、住胎、出胎，無有不生。菩薩四果雖然證得有餘涅槃，捨壽時可以證得無餘依涅槃，可是他照樣不取證涅槃。菩薩雖然已經出離三界，但其實沒有三界可出，生生世世不離三界。雖然不離三界，他卻不被三界束縛，他自主生死，要什麼時候出生？要出生在哪個世界？哪個國家？哪個村落？哪個家庭？什麼時間出生？自己作主。什麼時間要離開此生的因緣？自己作主。

為什麼他不取涅槃呢？因為他慈憫衆生，因為要追求無上正等正覺，所以他必須在三界六道之中，奉侍十方諸佛，度化無量衆生，所以菩薩不來名為不來，而實際上沒有不來。雖然是無生，實際上沒有不生。因此他不取證聲聞的涅槃境界，繼續永久的在世間自度度他，奉侍諸佛，因此菩薩的證果和聲聞的證果不同。

第九目　大乘亦有四沙門果

有人言：「大乘菩薩不說四沙門果，汝云何言菩薩須陀洹乃至菩薩阿羅漢？」

關於這個問題，在《大般涅槃經》卷三十六說：「須陀洹者亦名菩薩，何以故？菩薩者即是盡智及無生智，須陀洹者亦復求索如是二智。

是故當知須陀洹人得名菩薩，須陀洹人亦得名覺，何以故？正覺見道，斷煩惱故，正覺因果故，正覺共道及不共道故。須陀洹乃至阿羅漢亦復如是。

有人質問說：「在大乘菩薩法裏面不講這四種出家人所證的果位，為什麼你要說有菩薩須陀洹乃至菩薩阿羅漢呢？」我們引述《大般涅槃經》世尊的開示說：「須陀洹入聖道流的初果人又叫做菩薩，因什麼道理這樣講？因為菩薩就是盡智及無生智。」

無生是說一切本來不生，講的就是真如的本體，從來不曾有出生，所以本來就沒有壞滅。大乘無生智指的就是真如本來不生的智慧，談的就是一切眾生本來具足的本體，有了這個真如，親自找到真如而產生解脫的智慧，稱之為大乘無生智。盡智就是說煩惱已經除掉了，一切後有種子已經斷盡，從此不再積集、收集一切後有的種子，這種智慧稱之為盡智。那就是《阿含經》裏面講的：「阿羅漢不受後有，一切永盡。」指的就是盡智。

盡智和大乘無生智，一個是指煩惱障，一個是指所知障，也就是理障；所以盡智就是斷煩惱的智慧，不再起煩惱了，表示已經獲得盡智。真如佛性清清楚楚的、沒有錯誤的找出來了，因此獲得大乘無生智，這叫做分斷所知障或破所知障。

而一個初果人，斷三縛結之後，他也來求這兩種智慧。從這個道理來說，既然一個聲聞初果發心求盡智和大乘無生智的話，那麼這個初果人也可以稱為菩薩。

一個大乘初果人也可以稱為覺者。為什麼？因為他很清楚的明白，我們這個五蘊是虛幻的，真正覺悟到五蘊的虛幻性，見到了悟後起修的道路，名為正覺見道，然後他就開始斷煩惱，越來越淡薄，所以稱為覺者。

迴心初果也很清楚知道共道以及不共道：「聲聞與菩薩所證什麼地方不相同？在修行方法上又有什麼不同？」如何是共道？斷煩惱是共道，斷三縛結是共道，斷五下分結是共道，斷五上分結是共道。如何是不共道？所知障是不共道；菩薩能斷所知障，聲聞不斷所知障，這是不共道。

聲聞行者如果正覺共道與不共道而發心求大乘無生智的時候，即使是聲聞初果，也可以名為菩薩。那麼初果如此，二果、三果乃至四果阿羅漢也是一樣。譬如斷煩惱是共道，《成唯識論》卷三云：「此識無始恒轉如流……阿羅漢位方究竟捨。謂諸聖者斷煩惱障究竟盡時名阿羅漢。……此中所說阿羅漢者通攝三乘無學果位，皆已永害煩惱賊故。」所以菩薩修證果位也有四沙門果。因此《大寶積經》裏面和《不退轉法輪經》裏面也說有菩薩初果乃至菩薩四果，因此對於菩薩初果到菩薩四果的這種證果，不應該懷疑。

第十目　果是施設

有的人聽說明心是證什麼果，見性是證什麼果，然後心裏面就洋洋得意—我是初果人，我是二果人。或者說我是七住菩薩，我是十住菩薩。乃至更往前走的話，便說：「我是初行菩薩，二行菩薩。甚至有的人自我標榜：「開悟了就是初地菩薩。」」

但是我們要說明的是：我們之所以要講明心見性以及過牢關證得的果位，這個目的祇是要讓大家明白，我們所證的解脫及智慧境界的層次，用來印證自己的修證究竟是在哪個階段。但是悟的人、見性的人、過牢關的人，自己很清楚的知道所謂的證果，其實無果可證，這才是證果。因為在真如佛性之中無聖無凡，有果可證是五蘊的事情；真如之中，佛性之中，沒有凡夫與聖人的分別，哪裏有一個果可證呢！

既然證果是五蘊所證，那便是虛幻的，只是一種方便的施設，告訴我們現在解脫的境界在哪一個層次而已。所以不應對證果這件事情起執著，如果起執著那就會被證果的想法所束縛而生起慢心，慢心生起來以後就被束縛住了，那就不得解脫了。本來是為求解脫，為了明白解脫的層次，而說修證無漏的果位。現在被這個名相所拘束了，受到這個束縛我們就無法解脫了，因此不應對證果這件事情生起執著。

無漏法之中的一切果位，不同於欲界天的那些果位。欲界天的果位，由各天的天主頒給你一個誥命：「某某人！現在誥命發下來，策封你為某某地方的什麼官。某某國界的什麼上帝、什麼大帝。」這個是有為法的果位，既然是有為法的果位，終究不離三界之法，是有漏之法，終究會壞滅。我們要的是解脫的果報，是無為法—無漏的法。所以如果聽我們說明心明得真，是菩薩初果，然後自己為這個境界而洋洋得意，起分別心而輕慢一切人，那就是被這個菩薩初果的名相所拘束了，就永遠停在這個階段，無法再往前進步，那就受到束縛。所以果位在有為法裏面是有，在無為法裏面是無，是方便施設的名相。因此執著有菩薩初果，乃至菩薩四果，那就不是菩薩的初果乃至四果了。

我們修學解脫法，不論是聲聞法、緣覺法、或者菩薩法都一樣，不應當被法所拘束。在明心見性的初期，我們還住在悟境裏面的時候，會執著有個果位和證悟，那是很正常的。但是經過一段時間的整理、思惟、深入的去體驗；或者說，過了牢關的人，所謂的凡夫與聖人這個名相境界全部都泯除掉了；因此他清楚的知道，是有菩薩初果乃至四果，但是不去執著這個果位。

他很清楚的知道—有果位可以證得，而住在聖境裏面，那就是一個有慢心的人，因為有「我」證得這個果位。既然有我證得初果、二果的話，那麼「我相」就出現了。有我相的時候，就必定有個相對的別人，「人相」就出現了。因為我證得初果，一定是對別人相對而言。那麼有

「我相、人相」的時候，「衆生相」就出現了。我們心裏面念念是人我的分別：「我是聖人，你們是凡夫。」衆生相就出現了，念念不斷就是衆生。像這樣名為聖人，其實是衆生；因為心裏面念念不斷，想著我是聖人，所以在我們心裏面就出現衆生相。那麼有衆生相的時候，「壽者」跟著就出現了，因為已經落入時間、空間裏面去了，所以在我們心裏面就產生了在時空裏面去分別「我是聖人，一般人是凡夫」的這種時空之相，而落入念念相續不斷的狀態那就是壽者相。當四相統統出現的時候，就不是菩薩初果了，所以有「我」證果的時候，那就不是證果。

《維摩詰經》云：「非得果，非不得果；非凡夫，非離凡夫法；非聖人，非不聖人。」那就是說菩薩開悟之時，應該說他已經證果；而實質上他並沒有真正得到什麼樣的果位。所以說，有果可證是錯誤的。但是也不能認為得到果證既是錯誤的，那就是沒有得果了。這也不對，因為明明已經斷了三縛結，明明已經漸漸地消除我瞋、我愛、我痴、我慢了，因此講沒有得果也不對。

一個人悟了之後，說他不是凡夫，那也不對，他還跟凡夫一樣，照樣吃喝拉撒，照樣賺錢，照樣布施，善事照做。該罵照樣罵，不但罵而且破口大罵。跟凡夫一樣，他沒有離開凡夫的法。可是你說他沒有離開凡夫法就是凡夫嗎？偏偏又不是凡夫，因為他的所知障已經破了，他明明白白的把真如找出來，以父母所生眼親見佛性，了然分明，所以他又不是凡夫。

如果有人說這個人修無漏法是證果了，結果無果可證，那他就不是聖人了，那也不對；因為既然斷三縛結，既然薄貪瞋癡，既然斷貪慾瞋恚，那明明是個聖人。可是說他是個聖人嘛，他額頭上又沒有寫聖人兩個字，又沒有寫「斷三縛結」，「薄貪瞋癡」，「斷五下分結」。沒有！他跟凡人一起過一樣的生活，所以稱之為非聖人，非不聖人。

因此，如果聽完證果這個題目之後，還執著有一個「我」證得什麼樣的果位，那就是有一個我來證果了，那就是心中離不開我，這就是「取我」——心中還執取有一個我，所以才有「我是初果，我是二果，我是阿羅漢。」《維摩詰經》云：「取我是垢，不取我是淨。」執取有一個我那就是不清淨，是污垢。那不執取有一個我對不對？一般人說既然執取有一個我證果是不對了，那我應該離開了。如果起個作意離開這個證果，那又落入清淨的一邊去了。落入清淨的一邊以後，那就不隨同凡夫法，那個時候他會怎樣？他說我每天都持八關齋戒，我每天不貪不瞋，那又落到另一邊去了。那不是菩薩法，落到聲聞法裏面去了。

所以「取我是垢，不取我是淨。」落到兩邊，因此垢淨都是妄，所以又講「諸法皆妄見。」凡是心中有污垢的法或者清淨的法要離開，都是妄見，都是錯誤的見解。因此舍利弗尊者問天女說：「善哉善哉！天女！汝何所得？以何為證？辯乃如是？」天女曰：「我無得無證，故辯如是。所以者何？若有得有證者，於佛法為增上慢。」

天女說：「我沒有得，我也沒有任何的修證，所以我才能夠像這樣跟你做法的辯論，為什麼？如果我有得有證，那在佛法上來講，我就是個增上慢的人了。」因此無得無證才是真實的證果，這才是佛法裏面無漏的果位。

但是沒有修證的人，沒有見道的人，卻不可以聽我這麼講以後，就來毀謗：「吳師姊！你那個開悟算什麼！根本就沒有修證，你不是聖人。」那他就是毀謗聖人，為什麼？「非得果，非不得果；非聖人，非不聖人。」尚未修證的人，可不要錯會了。不要去毀謗，毀謗罪就重了。因為雖然他所證的不是聖人，但是也不能夠說他不是聖人。明心見性者的無修無證，不是凡夫的無修無證。還沒有證悟的人，不要隨便毀謗善知識；我們還沒開眼，還沒有獲得根本及後得無分別智，還沒有擇法眼之前，不要輕易的去評判；否則跟著別人胡亂評判任何善知識，罪過就大了。除非我們有差別智，有擇法眼，能夠確定這個善知識是假名善知識，不然千萬小心，不要亂批評。

此外，菩薩修行是以成佛為目的，以自度度他為過程，以修集福德、禪定、智慧為瓔珞，雖以成佛為目的而不作成佛想。明心見性證入菩薩初果時，已知畢竟無所得故，亦知必定成佛故，不以菩薩四果為滿足。乃由四果迴入五行位，繼續向十迴向及十地進發，勇猛精進永不退墮。但因十地境界距吾人甚遠，恐佛子望之而退，乃以菩薩四果等比較淺近而實際可證境界為大家略說，以供證悟者檢討自己能否解行相應。盼諸同修不以初果至四果境界為滿足，應發大心，以初地境界為最初之目標，勇猛邁進。

我們第二篇悟時與功德受用，到這裏講完了，但我要重新再強調的是：我們這一篇所講的這些見地、功德受用、證果，這是從一個悟境不退，然後往修道的路繼續前進的人來講的。如果悟了之後，遇到惡知識跟你說：「你悟的這個不是。」你的信心不足、體驗不夠，因這否定而退轉掉了，那麼這些功德受用和證果都與你不相干。

如果你不是自己參究開悟，而是由善知識暗示答案，使你悟得太容易，體驗不足，導致你悟後懷疑而退失掉了；或是眼見佛性的境界退失掉了，使得證果和功德受用減退了，那麼前面所講的證果，你自己就要去衡量，去打折扣，來確定自己所修的層次在哪裏？**因此以上所說的功德受用和證果是講悟得真的人，有善知識攝受護持而不退失，並深入去修持，然後在一切的緣和境上面去消除性障，而漸漸的生起這些功德智慧。這些功德智慧以及修證的境界，並不是悟後就一時具足，而是要悟後起修才能漸漸具足，請大家特別注意我們這個聲明。**

第三篇　悟後起修　自度度他

第一章　修除習氣　增益見地　深入禪定

第一節　增益見地　斷思惟惑

第一目　解悟者應求證悟

針對解悟的人來說，解悟也算悟，但是解悟者悟得不真，不能體驗真如的運作，所以我們對解悟的人提出二點建議：

第一點：應該要深修功夫。深入的修學參禪人所應當具備的功夫。解悟的人也有一些見地。悟得不真，怎麼還稱為見地呢？因為他即使以這個清清楚楚、明明白白、處處作主的心為真如，他照樣可以斷身見，他不以色身為我，身見斷了，但因尚未親證真如，心疑是否真的有真如？所以仍不能斷除以靈知心為我的邪見，雖能證得聲聞初果向，但我見不斷，不是菩薩初果，而稱為見地向。

聲聞的初果、二果、三果斷我見，仍未斷盡我執，我執要到第四果才斷。進阿羅漢位才斷盡我執，但是仍然不明白真如佛性，斷盡一念無明而不破無始無明。

我們說解悟的人有了一些見地，名為見地向，可是他無法體驗真如。他喝水的時候，是以這個喝水時清清楚楚、明明白白的心為真如，但是這個不是真如，這稱之為解悟。他認為他已體驗到真如的運作，其實這個不是真如。所以在禪門裏面常常有禪師講：「毫釐有差，天地懸隔。」只差這麼一點點就完全不同。

因此，若以聲聞行來講，解悟的人我們也稱他為見地，但是其實他不能夠體驗真如，他雖然明白實相離開兩邊，但是並未親証實相，他無法以父母所生眼看見佛性。他的過失就在於定力不足，心不夠細膩，所以不見。因此我們建議他應該深入的修學參禪所應該具備的功夫。在此我們還是要學老王賣瓜，說無相念佛最好，因為無相念佛會了，就會看話頭。學會看話頭，是一個參禪的人所必須具備之最基本條件。

第二點：我們跟他建議應該降伏慢心，去參訪善知識。但是這一點對他來講最難，因為已經解悟了之後，他就生起了慢心，起了慢心以後，叫他再去參訪善知識就很困難。但是其實他錯了！自古以來，悟了的人就應當要去行腳，去參訪善知識，參訪諸方善知識不是像武術界講的踢館踩場子，不是那個意思。

固然說，參訪諸方善知識時，「入門須辨主，當面分緇素。」但這不是踢場子，這不是踢館，而是互相幫助。我們去見善知識的時候，善知識看見我們有什麼地方不到家，他會指點我們。我們也觀察善知識，看他是不是真的善知識。如果對方悟得不真，那麼我們也可以給他一些幫助：或者以語句上的機鋒，或者動作上的機鋒幫助他。因此尋訪善知識，不管悟得真、悟得假，祇要認為是悟了，我們跟著原來的善知識學過一段時間差別智以後，應該出去走走。所以諸位！你們有好多人其實應該出去走一走，參訪諸方老宿去。

但是對解悟的人，我們跟他建議的，不是叫他「入門須辨主，當面分緇素」，因為解悟者沒有差別智，沒有擇法眼，他沒有這個資格。他去參訪善知識時，是去請善知識勘驗自己所悟的是真是假？如果悟得不真，要請教善知識怎樣可以悟得真？但是對於一個解悟了以後已經在當老師的人，要他去參訪善知識，非常困難，因為已經當老師、已經當師父了，這個臉就拉不下來，所以不肯低下心去見人，因為被面子所拘束住，被慢心所障礙，被門派之見所限制住了。

可是話說回來，這也不完全是他們的過失。我們跟他開一條路，說不完全是他們的過失。為什麼？因為真的善知識很難得遇到。我們遇到過很多自稱為開悟的人，但是這些自稱為開悟的人，從他的言語，從他的著作裏面一勘驗，都不是悟。但是我知道一定還有別的真正開悟的人，衹是他不出面而已。我的壞處是喜歡強出頭，看見有人誤導衆生，竟沒有善知識出面摧邪顯正，我就耐不下性子，便強出頭，跟大家講明心見性的正確知見，要拉著大家一起走上來。受不了佛子被誤導而強出頭是我的過失。

而真善知識往往悟了之後悶聲不吭氣，大家都不知道他是善知識，像這樣的善知識不容易遇見。所以那些解悟的人也許找了一個、二個善知識以後，大失所望。也許又找了十個八個，還是大失所望：「那些大善知識所悟的內容和我悟的完全一樣。」後來聽說有個蕭平實老師說是真悟的人，想去參訪，但因過去參訪的經驗，他又會想：「他所悟的大概也是跟我以前參訪的善知識一樣吧！算了，不要去找了。」所以我們說不完全是他們的過失；因為真的善知識，你不容易遇見。

可是話又轉回來了，如果能夠真的把慢心除掉的話，有恒心的追根究柢，多方參尋，最後一定會遇到真的善知識，能夠辨別真假。遇到真善知識的時候，我們當下就能夠辨別什麼是真？什麼是假？除非我們很傲慢，不然的話，善知識看到我們這麼恭敬虔誠的份兒，他會幫助我們的。我們當下就明白，原來我們以前所悟的那個清清楚楚、明明白白、處處作主的心，不是菩提心。原來這個才是真心。差這麼一點點就差遠了。然後我們就知道，接下去修道應該走的路。以上二點是針對解悟的人，我們所給與的一些建議，說明解悟之後，應如何悟後起修。

第二目　證悟明心者應求見性

第一點：開悟明心但仍無法眼見佛性的人，我們給他的建議是：如果你現在真正的悟了，可是你過去沒有讀過了義的經典，我們建議你先讀《金剛經、心經、般若經、維摩詰經》這四部經典。一定要去讀，不必急著求見佛性，先要把這四部經典讀過，來印證我們所證的這個真如對不對？如果我們所悟的真如，能用《維摩詰經》等四部經典來印證，譬如說「非覺非觀、法離見聞覺知。」等經文都能印證，那才是真正的悟。

要先確定我們所悟是真實之後，再來求見佛性。不然人家來問你：「許師姊！聽說你悟了明心，那你倒跟我講講看，什麼是真如？」那你要怎麼講？悟了之後沒有把這些經典讀過的話，你雖然悟得真，就好像啞吧吃湯圓一樣，心裏有數，可是講不出來。因為這是諸佛菩薩甚深密意，不可明講。我們悟後尚未閱讀這些了義經典，就沒有方便善巧－講不出來，有口難言。那人家就毀謗你：「這個怎麼叫做悟？」所以我們雖然說不必急著去讀另外其他三種悉檀的經典，但是《維摩詰經，心經，金剛經，無上依經，大方廣如來藏經，佛說不增不減經》一定要先讀，讀了之後才能夠跟人家講，才不會害人家造口業毀謗你。

接下來我們說，明心悟得真，並以這些了義經典印證沒有錯了，但是這個時候還不是我們去度人的時候。不管這位老師、這位師父，我們多麼願意去度他，但是現在仍然不是度他的時候。因為我們教門還不通，說出來，人家不相信。我們無法說服對方來相信我們所講的是真的；因為人家已經當老師、當師父很多年了，他教門精通，一句話就可以將你擢倒。所以馬大師座下八十四員大善知識，祇有三、五人能講。沒有悟的人祇要把名相學習精通，一句話就可以把他們問倒了，那些人就毀謗：「馬大師座下所謂開悟的人，也不過就是那麼一回事。」古時候就已經是這樣，何況現代的人慢心更重？所以我們雖然悟了，但是這個時候還不是我們度人的時候。

我們讀過這些了義的經典以後，應該要繼續深入去參究「如何是佛性？」要再繼續參究，同時要建立功夫，把無相念佛的功夫、看話頭的功夫鍛鍊得很好，否則我們去參究「如何是佛性」的時候，即使參出來了，還是看不見。因為要眼見佛性，除了慧力以外還要加上定力。這個慧力不是世間一般人所講的聰明智慧，而是指修學佛法的智慧。沒有慧力的人，雖然有功夫也不能一念相應；有功夫而沒有慧力也不能一念相應，無法眼見佛性。所以我們悟了之後功夫要去做，這些了義的經典也要去讀。以上是第一點的建議。第二點、第三點的建議，留到下週再向大家報告。

第二點：如果開悟明心後欲見佛性時，應勤修定力，即動中功夫、看話頭功夫。如定力鍛鍊夠，就有可能見性，所以定力鍛鍊很重要。有定力之後，應開始參究「甚麼是佛性？」**至於修學定力，主要是修動中功夫。應從念佛定下手，譬如無相念佛三昧。三昧修成後，改為看話頭，至少需看六個月。此段功夫之練習，雖淡而無味，但對爾後能否見佛性，有極大的影響，如無此功夫則很難看見佛性。從歷次禪三的經驗，我們發覺每一次禪三皆有人參出佛性是甚麼，但卻看不見。因無定力，故無法相應。**

無相念佛三昧及看話頭功夫，因從動中修得，所以不需打坐入定即能在動中眼見佛性。如無動中功夫，即使參得答案，仍無法眼見佛性，就會把感覺當成佛性，落入妄覺裏面去，或將妄覺之性當做佛性，就會成為大慢人。

《大般涅槃經》云：「若三昧多者，則修習慧；若慧多者，則修習三昧。善男子！十住菩薩智慧力多，三昧力少，是故不得明見佛性。聲聞、緣覺三昧力多，智慧力少，以是因緣不見佛性。諸佛世尊定慧等故，明見佛性了了無礙。」

此段是世尊對求見佛性者開示：如果三昧力很強就要轉為修習慧力，如果慧力很強的人就要轉為修習定力。然後又說十住菩薩雖然智慧力很多，但定力很少，故雖看得見佛性，卻看得不分明、不清楚。聲聞、緣覺這兩種人三昧力很強，可是慧力很少，因為這個緣故，所以看不見佛性。祇有諸佛世尊，定慧均修學到極等、相等，很平衡的緣故，所以眼見佛性非常分明，毫無障礙。因此應該要殷勤、努力地修習三昧，然後再來參究甚麼是佛性。

第三點：求見佛性不可太急躁。我們開悟明心之後而不見佛性，應當先在歷緣對境中以我們所悟的真如之理來對照，亦應該在靜坐中深入思惟真如之體性及相用。對真如佛性的相與性、體與用之間的關係要思惟整理得很清楚，再來求見佛性。

我們在參究尋覓佛性時所用的話頭或公案，應當先諮詢我們所參學之善知識；參尋之方法及知見，與參究真如略有不同，須當面向善知識請益。在此我們不公開說明，以免將來整理在書裏面，聰明伶俐的人讀了，成為解悟，他就不肯去鍛鍊功夫，不肯真參實修，不能眼見，便誤以為佛性是用感覺體會的，然後到處宣揚他所知的真如佛性，去求名聞利養。一切佛子如果因此就追隨於他，那就跟他一樣沒有功夫，便永遠無法眼見佛性，佛陀正法從此永滅，此罪過就大了。所以我們在此不明講甚麼是佛性，更不能明白地把如何眼見佛性之過程講出來；如果講出來，那罪過可大了！

學禪之人如果明心悟得真，並且已經有了功夫的話，不久之後必定可以眼見佛性，如果親見佛性的永遠不生不滅，他就見到了實相的即相離相，遍一切處。見到了山河大地，草木鳥獸莫不在說法。

親見佛性之後要做的工作就是保任，保任眼見佛性之境界要做上幾個月乃至一、二年。保任之功夫主要是在歷緣對境中隨時以六根對六塵來觀照我們的佛性，但亦需注意內攝外緣之均等，不可為了眼見佛性，就把我們的心全部向外觀照，以免定力退失掉。如果心全部外放去看佛性的話，定力便會漸漸散失，然後就漸漸無法眼見佛性。所以內攝與外緣的均等，在保任眼見佛性之過程裏是非常重要的。

第三目　閱經印證　學四悉檀

見性之後與明心之後，兩者所需閱讀之經藏略有不同。明心的人，我們通常指定他讀《維摩詰經、金剛經、心經》。但見性之後還要讀《楞嚴經、圓覺經、法華經》來印證自己親身體驗之真如佛性，還有一部《大般涅槃經》也要讀。

明心的人要印證自己所悟究竟真與不真，必須要讀《維摩詰經、如來藏經、無上依》，因為此三部經，可以說是禪門之照妖鏡。諸位來此共修，悟了之後，也不可以在我給你印證之後，你就當做一定沒錯。對我有信心當然很好，但是自己仍然應當再去閱讀此三部經典來印證自己所悟的能否與之相符合。

明心見性並讀過所應讀之經典以後，接下來就要探究定學。明心見性是慧學，慧學完成，悟後起修還得要修定。因為我們所走的路是祖師禪，不是如來禪，所以悟後起修要修定－要探究定學。探究定學不需讀很多，只需去讀二部書，即智顗大師所講的《釋禪波羅蜜，摩訶止觀》。

若欲隨善知識修學禪定，應先當面問明是否已證四禪八定？若未具足修證四禪八定，應問明已得四禪或初禪？並實際證驗無誤，方可隨學。近年多有佛子及道教信徒自稱已得四禪，而其實皆息脈俱在，誤將一念不生之未到地定，認作四禪之捨念清淨定。亦有誤將定中色身變大之幻觸，認作證得初禪天身者，佛子務必小心簡擇，以免人財兩失。

一面修定一面閱讀修習定學之論典，讀至很熟習的時候，再學習其餘之經論，如《阿含經》中之《長阿含、雜阿含》以及《增一阿含、中阿含》。四阿含讀過，才能明白聲聞人當年跟隨佛陀，他們的修行怎樣修，他們的修行方法、生活環境以及僧團的規矩如何？也能瞭解佛在四阿含中如何演繹大乘？如何隱覆密意而說如來藏？

阿含讀過後，再去讀經集部。經集部裏面就有很多的經典，譬如淨土三經這類經典均在經集部內。經集部讀完了，再讀大集部，主要的有《大集經》，讀《大集經》之目的是讓我們對佛門內各種不同之修行方法有個概略的瞭解。然後諸位如還有時間，再去讀密教部，瞭解金剛乘的修行次第，密教部的主要經典有《大佛頂首楞嚴經》以及一般常見的，譬如《大悲心陀羅尼經》、《佛頂大白傘蓋陀羅尼經》等，密教部不需全讀，選擇性的閱讀即可，因為絕大多數是仿造的外道偽經；了義的經典很少，多屬隨順世俗之說法。

如還有時間，再去讀律部之經典，律部主要是讀菩薩戒律部分。讀完後亦可讀四分律、五分律，此部分明心見性以後才可以讀，這是出家律，在家人未悟之前不許讀，解悟或所悟不真者也不許讀，請大家特別注意。讀完了之後如還有時間的話，讀一讀論藏更好，譬如《成唯識論、瑜伽師地論》。但不鼓勵諸位去讀《百法明門論》，因為讀了以後，大多會落在所說的法相上，反而忽略了能依、所依的八識本體，故不鼓勵大家讀《百法明門論》。如果真要讀，必須不離心體來對照著讀，否則就會落到法相上面，沒悟的人就會更難悟。

悟後如果去讀《成唯識論》你就會覺得它很親切。我們覺得很奇怪的是讀唯識的人很多，為什麼不能悟？我很納悶。因為世尊及玄奘菩薩明明已經把答案在裏面都講過了，可是為什麼不能悟？問題在於他們把唯識丟開而專門研究法相。法相唯識宗講的是甚麼？講的是一切的法相都從八識來。結果研究的人都不去注意「法相唯識」四個字的意義，就在法相上面一直鑽進去。

《瑜伽師地論》有六六〇種法相，天親菩薩把它濃縮成一〇〇法，稱之為《百法明門論》，但是從法相一直深入的結果，就把心體忽略掉了。忽略了唯識、而在法相上面鑽，因此不能悟。法相唯識如果研究得很透徹，其實裏面很多地方都把真如告訴我們了。讀法相唯識很好，但要從唯識上面下手，不要從法相上面下手。那如果悟後再讀過法相唯識以及上面所講的那些經典，三、五年下來你就可以說法無礙。

接下來還要讀一些禪門的典籍，譬如《傳燈錄、續傳燈錄、指月錄、五燈會元》等。讀這些禪門的典籍主要是增加大家的差別智，尤其是悟後沒有善知識教導的話，那就要自己去請閱。如果讀後有不懂的地方，就要虛心的請教善知識。千萬不要因為明心見性而對善知識生起慢心。

此外我們要說明的是，有了差別智後，對於禪門中很難體會的公案，我們就能夠明白了。到此地步，古今一切意識思惟所得的假名善知識，他們所講或所寫的書，均無法逃過你的法眼的鑑定以及覺照，那麼恭喜！台端就是大善知識。接下來就是要做思惟修的工作，亦就是說：我們須要以我們所悟之真如佛性來配合所閱讀之經教，然後於閱讀之中或定中來思惟。

第四目　思惟修

我們學禪的目的，就是要明白我們的真如，眼見我們的本性，識得真心本性，是要了生脫死。如今已識得真心本性，如果有一天生死到來要如何脫？脫得生死，四大分離時又要往何處去？要做甚麼事和業呢？這個問題可大了。

我們悟是悟得真心本性，真心是哪個心？真心叫做阿陀那識、阿賴耶識、異熟識、藏識、如來藏等很多名稱。那麼為何叫藏識？因為一切有情衆生，生生世世所做的一切業，落謝後成為業種，這些種子都在這個能藏之識內，通常叫做第八識。能含藏故叫藏識、阿賴耶識。

為何又叫異熟識？為何不叫真如？明心悟得真，有些人就講：「我悟了！我找到了真如，佛陀也是找到了真如。不是講明心成佛、見性成佛嗎？我現在見到了佛性，我亦是佛！」對不起！你現在悟了，允其量祇是相似即佛、分證即佛，尤其是祖師禪所悟得的，往往四加行觀行即佛的觀行功夫還沒做就跳過去，分證即佛、相似即佛還沒體驗過，怎麼能說悟了即是佛？還早得很！

為什麼早得很？因為你現在所悟得的還只是阿賴耶識，還談不到異熟識，更談不上真如。因為悟後還要修行。這阿賴耶識本身種子還在不停地進出，不但未離變異生死，而且還有分段生死。即使我們修到第七地滿足，進入第八地，分段生死已經了結，離開阿賴耶識這個名字，但還有異熟識這個名字等著，因為變異生死還未斷盡。

我們這個第八識還有變異生死種子進進出出，所以還不是真如，但亦不能說這個不是真如本體，所以這不容易講。如說這個第八識不是真如，那衆生就會誤會，往阿賴耶心之外面去找，那就變成心外求法。如果告訴他說這個就是真如，可是明明現在還有分段生死，還有異熟的變異生死，還不是真如。所以世尊說：「阿陀那識甚深細，一切種子如瀑流；我於凡愚不開演，恐彼分別執為我。」

因為如果講第八識就是真如的話，眾生就執著這個就是我；如果講第八識不是，離開了第八識又沒有真如，祂就是真如的體。還沒到成佛之階段，這阿賴耶識或異熟識裏面的業種進進出出，不停地在變異，因此說是亦不對，說不是亦不對，種子不停地在進出，所以很難說。

這些道理很難讓眾生瞭解。那些凡夫以及沒有智慧的人根本聽不懂，所以對於凡夫與愚人，世尊不開演此法，原因在此。那要到什麼地步才叫真如？要到了等覺地進入妙覺，此時已經沒有異熟。異熟的意思是說，現在所造的業，未來生受報，不是我作我受。那麼業不停的產生，不停的現行，一直到異熟斷盡，亦就是說進入妙覺位時，異熟這個名稱才算捨離。

然後到最後身菩薩，降神母胎，現有凡夫生、老、病及受五欲的各種現象、在人間大悟成佛的一剎那，這個異熟識轉變為真如，產生大圓鏡智，眼、耳、鼻、舌、身五識轉化清淨產生成所作智，此時才能稱之為真如。所以識得本心，見得佛性，還要悟後起修，到達成佛還有一段很長的路要走。因此除了最後身菩薩以外，一切人明心見性並不是究竟即佛。

那我們現在說明心見性、了生脫死。生死來時是什麼境界？我們常常聽善知識講：人死如作夢一樣迷迷糊糊。對不對啊？對！為什麼？人死之後，眼、耳、鼻、舌、身五根壞了，意根也就不能運作，前六識當然亦就斷了，意識一斷，就跟睡著一樣。

睡著時意識暫時斷了，昏迷時亦是一樣，所以不知不覺。人死的時候，意識斷了，當然亦是不知不覺，那這樣要怎麼了生脫死？諸位別怕！我們悟後體證真如，能將平常執著於世間五欲的那些習性修除掉，就沒問題了。

我們死亡的時候是進入無心位，在無心位中過一段時間，漸漸地離開色身。從哪裡離開？從我們眉心往後去觀照，從兩眼之後去觀照，我們閉起眼睛加以練習去觀照的時候，這一照照向何處？照向後腦勺。那麼悟後精進的修行，過幾年後頭頂中央會有圓圈突起，圓圈中央比較尖起來，在那尖頂圓圈的後方有個地方稍微凹下去，你就往那個地方去觀照，從那個地方你可以輕易地離開了。

離開後會有個中陰身，如果你不生無色界天（悟的人不可能下地獄、有可能升天，如果你的願不是升天－因為你對於天的福報沒有執著，所以不升天。）就會有中陰身出現，在那當下，你看見了好莊嚴的宮殿，又有天樂又飄來各種異香。你一進去宮殿，就生到天上去了。你想生於天上，就不要進那個宮殿。死後漸漸產生一個中陰身，這中陰身裏面有微細意識，就像我們現在活著一樣有個意識，此時你重新再把你所悟的真如佛性提起來，然後去等候有緣的父母，便可以正知往生了。

這有緣的父母還得有三個條件具足，我們才能投胎入胎。第[illegible]：父精不爛。第二：母身熙怡。第三：父母和合等三個因緣。父精不爛，以現代的術語來講就是說沒有精蟲稀少的現象。母身熙怡是說她的身體在一種健康安和的狀態，以現代術語說，就是正在排卵的時候。第三個因緣是說因緣具足，使他們可以和合。

此時，我們如果有緣的話，就會看見他們和合的景象。看見時，這中陰身一刹那就到了那個地方，如果你的貪欲未斷的話，那時就會像《菩薩處胎經》所講的眾生一樣起顛倒想，那就加入戰團裏面去了。來生應該生為男子的人，就於母起貪，於父起瞋心，因為覺得他礙手礙腳；然後起顛倒想，自己把母親當做配偶一樣，就加入進去行淫。因此被這個境界所拘束，到最後只看見女根之根門，就入胎了。

那我們見性的人該怎麼辦？那個時候不要起顛倒想，在旁邊就像這樣子：兩手抱在胸前，在旁邊觀戰。等到結束，入胎因緣具足時才入胎，這就是正知入胎。所以見性後到捨報前這段時間，如果貪欲未斷盡（係指貪欲的心而不是指欲的行為，請注意！免得鬧家庭革命。）淫欲的貪心未斷的話，屆時免不了又會起顛倒想，就成為不正知入胎了。

如果是將來該生為女嬰的話，那麼就顛倒過來，於父起貪愛，於母起瞋恚心，起顛倒想，也是加入戰團，然後被境界所拘束而入胎。所以諸位！我們每一個人的父母親的裸體樣子，我們過去其實都看過了，只是有隔陰之迷忘記了。那麼我們這個過程思惟清楚後，就知道將來捨報時，生怎麼脫，死怎麼離。知道入胎要怎麼樣入胎，就可以做到正知入胎。可是正知入胎後，中陰身便消失了，那你就進入隔陰之迷，住胎出胎就不清楚了。

「脫得生死，四大分離，往何處去」知道之後，我們要往生，遇見有緣父母時，還要觀察這個環境是不是我要的環境。如果這個環境不適合我，我來生要弘法，應該要另外一種環境，那就不入胎，等待下一個入胎的因緣，或求世尊安排亦可。我們入胎以後要保持正知住胎，正知出胎。如這兩點都沒把握，要怎麼辦？我們思惟到這裡之後，就知道我們見性以後要趕快修第三地的無生法忍和第四禪，第四禪修成後，隨即修成三昧樂意生身，就沒問題了。

有四禪的功夫仍不能生於色究竟天：因為有四禪的功夫，這個人加上明心見性，必定斷五下分結，最少可以生於色界五不還天；若能悟後修得道種智而入初地，方能生於五不還天的頂端—色究竟天。如果你已經證得三地滿心位的意生身而有其他的願，不生於色究竟天，你也可以自己作主，要生到哪個地方？哪個家庭？要早點走或晚點走？均可自己作主。並且可以正知入胎、住胎、出胎。

那麼如何了生脫死到此就明白了，我們已經知道無常來時，應如何脫離這個色身（死亡後八小時內—真如及末那識離開色身之過程，以及靈知心消失之過程與覺受，因各人生前修道層次高低、護正法破正法、及造善惡業之種種不同，而有許多差異。此須證悟後修學一切種智方知，非西藏生死書所能說，非如西藏度亡經所說之妄想境界；亦非阿羅漢辟支佛所能知，彼等不知如來藏故。但死後八小時中之演變過程，因牽涉如來藏密意故，不得公開詳述，謹向讀者致歉）。如何重新再進入下一期分段生死，去行菩薩行，這就是悟後起修—開悟的人該怎麼走的路，我們這裡已經跟大家介紹完了。今天共修就談到此，下面悟後起修還有幾節留到下回再談，謝謝各位。

第二節 修除煩惱 改變習氣

在開悟之前，每一個人的習氣各不相同，悟後就要去調整改變我們原來不好的習氣，這就叫做修道。改變習氣，首先要除掉煩惱；煩惱的消除，要從比較重的煩惱先除，重的煩惱除掉以後，輕的煩惱自然就可以消除了。煩惱除掉了，習氣自然而然就改變了。所以悟後起修，除了禪定功夫以外，最重要的就是修除不好的習氣。我們分為十目來說。

第一目　有疑速須問

在開悟之前，如果不曾讀過經典、論藏的話，而且沒有去做聽聞、思惟的過程和功夫，因此思惑都還沒有斷除。這樣的人，在明心見性以後，必須常常在坐中以及歷緣對境之中，去思惟真如佛性在一切法之中的性與相、體與用。如果有不瞭解的地方，就要趕快跟你所參學的老師去請益。

初見道就好像一個人本來是個王子，從來不曾參與國家大事，突然間接掌了王位，一時間他也不知道國家政務該如何處理。同樣的，本來是個窮光蛋，一時之間獲得了一大筆的財富，也不知道該如何處理。從來沒有讀過經教，參究的過程也很短，因緣福報殊勝的緣故，遇到了善知識，突然就悟入了，找到了真如，看見了佛性，但是不知道要怎麼用。遇見了個禪狐，也不知如何運用自己所悟的見地摧邪顯正，只會像講經説法的那些座主一樣去講，而不能夠大機大用。那就是説：真如與佛性在一切法之中的性相、體用未整理過，沒有融會貫通，所以無法運用自如。

因為有這種現象，所以我們特別為已明心見性的人開差別智的課。雖然明得心真、見得性明。但是，對於假名善知識，還是無法把他分別—不能辨別他，無法指出他的錯處。只是知道這個講法不對，但是不對在什麼地方呢？又講不出來。那就是說沒有在悟後從打坐的時候或歷緣對境的時候去思惟整理真如佛性在一切法中的性相體用。因此，悟後有一些很深入的、很細膩的部份，還是無法完全理解。所以如果我們所從學的師父或老師沒有教授差別智，在這種狀況的時候，我們一有疑問，就應該馬上去問，不要自己去揣摹、猜測。這樣我們修道才會迅速。

第二目　開放心胸

按理來說，明心見性的人，不需要交待他開放心胸。但是我們前面說過，有的人過去多生以來的習性，一直很閉塞，以一般世俗的說法來講，叫做悶葫蘆。不管什麼事情都放在心裡面不講。不管你說的對或不對，他抱定自己的一套看法，根本不跟你說。因此，在悟後雖然他也見到了一切法是空，可是無始劫以來的那一種自私、閉塞的習氣根深柢固很難轉。對這種人我們奉勸他要開放心胸，不要常常拒人於千里之外，不要把自己和一切的同修們隔離，這種習性應該扭轉過來。

對於根性比較差的人，我們悟了以後也知道這種人也有悟的可能。所以千萬不要不耐煩，我們應當要巧設各種的方便，讓他培養開悟的條件。使他開悟的因緣可以漸漸的成熟，漸漸的能夠進入第一義，最後終於能夠頓悟；不要捨棄下根人。對於中等人，也應該針對他的情況運用方便善巧，設計對治的方法，讓他可以進入，而不要藏私；這固然是為眾生，但其實也是為我們自己。因為這樣去做，做久了、習慣了，我們的自私、閉塞的習氣就可以漸漸的除掉了，這就是在除自己的性障，同時也利益其他的有緣眾生。

第三目　除諍勝習

諍勝的習氣就是說：凡是一切的事情都要站在別人的前面當首領，一切的場合都要出人頭地，不肯隱忍吞聲；一切的場合都希望每一個人佩服我自己，降服於我，這就是諍勝的習氣。

我們學禪的人，如今既然已經明心見性。我們也已經知道、已經能夠辨別當今在說法教禪的這些人之中，哪些人還沒有明心？哪些人還沒有眼見佛性？但是我們不去跟他諍勝，我們絕對不公開的指名道姓，說某一個人是沒有悟，某一個人是沒有見性。我們也不公開指出哪一個人開示錯了。當然哪！也不公開的說哪一本書、哪一個道場。我們只是純粹的針對他開示的錯誤的部份辨正知見，導正佛子們參禪的知見就好。所以，只是講這個道理是對，這個道理是錯，在哪裡錯？但不指名道姓說：「某某人講這個道理錯。」因為我們目的在辨正知見，不在諍強鬥勝。但若有假名善知識指說我們的法不是第一義正法，則不在此限。

但是不一定要每一個教禪說法的善知識都必須要悟才能講。雖然有些人還沒有悟，也在教禪說法，但是他們對於眾生修學佛法仍然有一定的貢獻。對於他們為那一些眾生而付出的福德或功德等長處，我們仍然應當隨宜讚嘆；除非他們仍在誤導眾生，或繼續否定了義法。

那麼悟了以後，務必要把諍強好勝的習氣除掉，尤其我們幾個共修的地方，現在明心見性的人已經很多了。在這樣的一個共修團體裡面，不管是台北這方面的幾個共修場所；或中壢、桃園、楊梅的共修場所都一樣。我們是一個整體的共修團體，雖然並沒有組織共修會或組織會員或收費入會（編案：蕭老師後於一九九七年六月與諸同修成立台北市佛教正覺同修會及佛教正覺講堂、台北麗水街共修處，一九九九年成立台中共修處⋯等），但是我們是一個共修團體，我們的共修團體裡面，如今有六、七十位見性的人。即這個共修團體的本身，就是一個菩薩僧團，我們要很小心，切忌於已經悟道的同修之中搬弄是非。講話要很小心，不然，可能一不小心就會成就自讚毀他、誹謗三寶及破和合僧的重大戒罪。

所謂自讚毀他是說：在同樣是見性、同樣是開悟的人之中去分別、批評同修悟得不夠深，他見性見得不真或他老早就退掉了；不可公開這樣去講。如果發覺有某一個人退失了，私下來跟我講，我來加以補救幫助他，這個可以。但不可以公開去講。為炫耀我修的最好，其他的人都不行，或批評某一個人根本不能與我相比，那就是自讚毀他。

如果在共修的團體裡面去分派別、搞小圈圈—我們幾個人是一黨、你們幾個人是一黨，搞分裂啦！就是破和合僧。使他分裂成二個僧團、五個僧團，這一種罪在菩薩戒裡面是犯重戒。我們大家都知道菩薩戒有受而無捨。因為菩薩戒是盡未來際受，菩薩戒犯了重戒便失去戒體。犯了重戒以後不通懺悔，是很嚴重的。不同的菩薩戒本有不同的戒相。《菩薩優婆塞戒經》裡面，他是盡一生受，有六重二十八輕。但是《菩薩地持經、菩薩瓔珞本業經、梵網經》所講的菩薩重戒，是十戒都盡未來際受。

《菩薩瓔珞本業經》卷上世尊開示云：「佛子有十不可毀戒、應受應持。一、不殺人，乃至二十八天、諸佛菩薩。二、不盜，乃至草葉。三、不淫（在家人不邪淫）乃至非人。四、不妄語，乃至非人。五、不說出家、在家菩薩罪過。六、不酤酒。七、不自讚毀他。八、不慳。九、不瞋，乃至非人。十、不謗三寶。若破十戒不可悔過，入波羅夷。十劫中，一日受罪八萬四千，滅八萬四千生故不可破。是故佛子初發心住，乃至二住、三賢、十地，一切皆失。是故此戒是一切佛、一切菩薩行之根本。若一切佛、一切菩薩不由此十戒法門得證聖果者，無有是處。」

那就是世尊告訴我們，有十個不能懺悔的戒應受、應持。我們一般人受了戒，如果犯戒了還可以懺悔，懺悔以後戒罪就消失了。但是這十個戒是不能夠懺悔的，懺悔了這個戒罪照樣在。可是世尊說：這十個戒必需要受、必需要持。

第一：叫我們不可以殺人，也不可以殺二十八天的天人、天主、天神、天子、天女，都不可殺。還有諸佛－如果有幸，遇到應化身佛不可殺，遇到了諸菩薩也不可殺。那你說菩薩不可能遇見啦！我怎麼可能殺得到？那可不一定。也許你遇到個人或是你遇到一隻有神通的狗貓，他受了菩薩戒，那就是菩薩，你殺了他也就是殺菩薩，所以要很小心。

第二：不可以竊盜。凡是有主之物，不要去動腦筋。譬如入了人家的宅院、莊園，你可不要漫不經心隨手摘了一片樹葉，地上摘了一根草，也是犯重罪。為什麼規定這麼嚴呢！那是說：要我們把竊盜的心和習慣從根本上拔除掉。

第三：不可以有淫行。這是出家菩薩，在家菩薩不可以邪淫。所謂邪淫－是非時行淫、不應當行淫的處所行淫是非處、於身體上不應當行淫的地方行淫是非道。此外於配偶之外的人、非人乃至畜牲男、畜牲女行淫也是邪淫。換句話說：非份之想不應當有，起心動念就是犯戒。

第四：不妄語，乃至非人。一般的妄語是騙騙人家，撒撒小謊。但是這裡指的妄語主要是指大妄語。沒有悟裝做悟的樣子、說悟的境界。沒有悟騙人家說我悟了，就是大妄語。如果你跟一隻貓打妄語，牠聽得懂，你大妄語的罪業便成就。因此，鬼、天或其他眾生如果聽得懂你講話的意思，你跟他說：「我開悟了、我是聖人。」你就是大妄語。所以沒有悟的人要很小心，不要妄語。

第五：不可說出家、在家菩薩的罪過。那意思就是說－專指他的身、口、意的行為。言行不檢點、貪財、貪名、瞋恨等者。但這件事與摧邪顯正要分清楚。摧邪顯正是為了不忍眾生走入非正道，要導正他們的知見。若有人知見講錯了，我們要說這個知見講錯了，但不可說某某人講什麼話，這樣錯了。此戒是指述說出家、在家菩薩的身、口、意的行為罪過，而不是破斥法上的錯誤。對別人的身、口、意行為不檢點的罪過，我們只能私下當面跟他說：「你這樣做不好，應該要改。」但不能跟別人講這菩薩做了什麼壞事！更不要聽了去轉述。

第六：不要釀酒、不要賣酒、不要開酒廊。因為酒能亂性，也會害衆生增長無明。

第七：不要自讚毀他。那就是說：「某某法師講那個什麼法？差遠了呢！層次太低了，他那個不夠瞧！」「某某大德寫了那麼多的書，其實都是亂講的。我講的這個才是正法，他那個都是錯的。」不能公開這樣講。如果有人來跟你請示這樣講法對不對？你可以說這樣講法錯了，錯在哪裡。但是你不可以出去公開講：「某某人那樣講根本就沒有悟啦！他根本就是胡說八道啦！」這樣講就是在自讚毀他。說：「我這個才是正法，那些都是邪魔外道，你們不要去學啊！你們不要中蕭老師的毒啊！」那就是自讚毀他。如果我們犯了這個過失是很嚴重的，待會兒解釋就知道了。

第八：不慳─也就是不吝嗇。如果遇到有個人來求布施，你知道此人拿了錢一定是花天酒地。今天要跟你借二千、三千元，你借不借他？有人搖頭、有人點頭。因為不慳嘛！所以要借他。不對！《瑜伽師地論》裡面，彌勒菩薩說不借、也不布施；因為布施了，你是害他。有人跟你借了錢是要去買刀子殺人，你借不借？不給他、也不借他，這與不慳不同。如果他沒錢吃飯你布施五十元給他買幾碗滷肉飯，就可以了。如果他說一餐飯要二千元，「對不起！我自己都捨不得浪費，我自己都節省得不得了。你真正吃飯的話，五十元可以吃飽了。」所以我們要有智慧，你不能不給，但要給得有智慧。

第九：不瞋，乃至非人。不要動不動就生氣，人家稍微批評一句話，就氣得不得了。我跟諸位報告：雖然我一直在幫大家建立功夫、建立信心、修學知見、乃至幫助諸位明心見性，而且不受供養；但是有的人背後還說我閒話，不知恩義；那我要不要生氣？我才不生氣呢！我生氣了便是傻瓜。有時遇到了一隻狗在那邊，每天看見你從那邊過就吠你，好像有不共戴天之仇；要不要生氣？不要氣。不光只是對人，乃至對狗也是一樣。或者說有那一天—譬如說欲界天的他化自在天的天主，每次你一上坐，他就幻化一個美女來，或一個俊男來引誘你，你氣死了。他每天來，你每天氣，那你就錯了。你只要冷眼旁觀，看他搞什麼花樣就好，你不要生氣。引誘不了你，他就走掉了。生氣了，你就犯了重罪。

第十：不謗三寶。不謗三寶這一戒，大家要很小心囉！很多人說：「只要我不講出家人的過錯就好了，我就不會毀謗三寶了。」可是什麼叫出家人呢！小心囉！我們前面講過了：有形相出家，還有真出家。《大寶積經》不是講過嗎？凡是明心以上的人都是出家人，不管他身穿白衣、黑衣，統統是出家人，所以我們要評斷外面的善知識時，不管他是出家在家的形相，都要很小心。我們要評斷某一個人有沒有悟的時候，你必須要確定，你有很確實的證據，確定這個人是沒有悟的人，你才能夠說他沒有悟。不然的話，你就是毀謗三寶。不要以為這個人是在家人便可以毀謗，因為他悟了，他就不是在家人囉！雖然現在家相，但本質上已不是一個在家人。因為他的三縛結已經斷了，所知障已打破了，你如果批評毀謗到他，你就是毀謗三寶。更何況現出家相的比丘、比丘尼！不管是真出家或形相出家，統統不能毀謗。

然後世尊告訴我們，如果破了這十個戒，不能悔過。那有人就跟我講，《地藏經、藥師經》不是說：唸過《地藏經》、唸過《藥師經》，再大的重罪都可以消失掉嗎？可是經典一點都不糊塗的，在《地藏經、藥師經》裡面有沒有說：那一些罪是什麼罪呢？他有沒有指明是受了菩薩戒以後，犯十重罪？沒有。他說的只是一般的五逆十惡。所以要知道，這菩薩十個重戒犯了不通懺悔，懺悔了重罪還是不滅，還要去受，入波羅夷之罪。波羅夷是什麼？翻過中國話叫做斷頭。頭已經斬斷了，能不能再接上去呢？接不上去了。犯了這些戒就是斷頭罪，無法再補救了。犯這些罪，十劫之中要在地獄裡面每一天受罪八萬四千。因為滅八萬四千生，將來八萬四千生不聞佛法、不見佛、不憶佛，這個戒不可破，因為這個罪很嚴重，所以千萬不要犯。

有人說：「前面你不是講過明心見性的人是斷三縛結嗎？他永遠不入三惡道啊！」對不起！這個是說你不犯這十種重戒。犯了這十個重戒，別說你是個菩薩初果；世尊告訴我們，犯這十個重戒將失去初發心住、乃至二住位；十住、十行、十迴向等三賢位也失去，甚至於初地到十地，一切皆失。修到十地犯了這個罪尚且要失掉，從頭再來，何等嚴重！所以要很小心檢點，真的要攝心為戒。

反過來，我們如果想：這個戒這麼嚴重，就不要受好了，免得一切失去嘛！但是世尊又告訴我們，這些戒是一切佛、一切菩薩行的根本。如果你過去生沒有受過這菩薩十無盡戒，你就沒有因緣可以明心見性。所以來到這裡，待得下來不害怕、不起煩惱，能夠持續一直修下去，你就知道過去生一定受過菩薩戒了，不然的話，老早就溜掉了。

世尊又告訴我們，如果一切佛、一切菩薩，不經由這個十戒法門而能證入賢位、聖位的話，是沒有這個道理的。所以這個戒必須要受。因此，以後禪三的報名審核，會考慮報名的人有沒有受菩薩戒。因為這個戒是一切菩薩、一切佛的根本。不肯發菩薩的大心，不肯受菩薩的戒，而要得菩薩最深妙的法，沒有道理嘛！所以這點要列入考慮。

另外有一種人，他喜歡表現自己比別人好。我們剛剛講的這十個重戒，主要的是說：我們最容易去犯的毀謗三寶、自讚毀他、破和合僧，說出家、在家菩薩罪過，這些最容易犯。其他的比較不會，因為會犯這一些重罪是有道理的。就是心裡面有一個諍勝的習性在，而這個習性很難轉，所以特別提出來講，讓我們謹慎在意。

另外有一種人，他喜歡炫耀，那也是一種諍勝的習性。所以他到處去問，聽說那一位師姊見性！聽說哪一位師兄見性了呢！就趕快問，每一個人都問。自己不肯下功夫實際上去參究，只是問。然後每一個人都問過以後，把它整理、思惟，當做自己的東西來炫耀。所以凡是不在我們共修團體裡面的人，或雖在此團體中，而不肯死心踏地做功夫的人，向諸位問答案、或見地、或境界時，請諸位要特別注意提防這樣的人。

還有一種人，譬如說：我過去初發心的時候，粗心大意，沒有注意到或者是拉不下臉皮嚴格去勘驗，所以曾經有過二、三人被做了錯誤的印證。雖然後來我重新對此二、三人加以檢討，但是，因為我不曾公開說明哪一個人是我初發心的時候，勘驗經驗不夠老到而做了錯誤印證，所以諸位也不明白這二、三人究竟是誰？我向他們說：「你悟得不真，要重新再參。」這些人從此就不見人影了。但是卻繼續跟我們一切已經見性的人逐一的去連絡，去探問。可是我們這裡見性的人大部份都很直爽，沒有想到這一點，然後就把答案講了。毫無遺漏的跟他討論，然後他就死在這個地方了。他就會出去亂講，難免就會破壞正法。因為有這種人，在這裡我特別提出來向大家提醒。如果很久沒來共修了，你就知道是這種人，講話就要小心。否則他就會問了很多人以後，加以集合整理，然後出去就亂講了。

真如佛性無比神聖，自古以來，千聖不傳，不可以明講的真諦，我們就不要明講。明講了以後，衆生不相信，一定不肯承當。然後就會毀謗正法，我們何苦害他下地獄呢！所以我們慈悲很好，但是不要濫慈悲，要有智慧的慈悲。那麼！因為世間真的有這種人，來了不好好的學法而到處探聽，探聽了以後你跟他講了這個境界，明天他就馬上說他有了那個境界了。後天張三又跟他講了另一個境界，大後天他又馬上有了那個境界了。其實都是聽來的。我們一直認為：這樣的人是自欺欺人，是自己在害自己，學禪的人絕對不會這樣做。但是世間真的有這種人，我真的遇見了、領教了。我們要避免明講害到他，所以講話要特別小心。

第四目　掃除慢心

慢心跟諍勝心不一樣，諍勝心是想要贏過別人、蓋過別人。但是慢心的人不爭人首、不當第一，他也不想把別人降伏。他只是心裡面存有一種優越感，認為自己比任何人都行，但是他不想降伏你。可是因為他心裡面有優越感，所以他就不肯低下心來聽聽別人的心意。當他表現他的優越感時，如果人家不相信，他就起瞋心了。譬如有的人，悟了之後，不管他悟得真悟得假，悟了以後就去告訴別人：「真的可以開悟呢！我已經悟了，你趕快來學。」可是人家不相信，他心裡面就氣得不得了，起瞋心了。這個瞋心就是從慢而來，這樣就是沒有悟。

另外有一種，他的慢比較深沉，他的瞋也沒有明顯的表現出來，因為他悟得真，只是習性還轉不過來。因此他就告訴人家說：我們中信佛學社禪法講座，那是真正的無上大法，可以幫你開悟，你趕快來學。可是人家說：「什麼時代了？還在講開悟？還在講明心見性？末法時期不可能啦！不要騙我啦！」我們聽了可別不高興。因為第一義甚深極甚深，絕大多數的人聽了都很難相信的。更何況現在是末法時期啊！所以人聞不信，事屬平常。既然是平常事，我們不耐煩做什麼？我們生氣做什麼？所以不應當因為慢心而生氣。

有的人福報大，遇到了真的善知識，在一年兩年之中就開悟明心，乃至見性。這樣的人最忌諱的是對於了義的法生起慢心，因為得的太容易了。所以他就認為所謂了義之法，求之不得的法，也只不過是如此而已，慢心就生起來了。

其實，一切修學佛法的人，想要明心乃至見性，都必須要很多劫，精勤努去求才能得到，這不是一生、兩生、十生、百生、千生的事情。就像我們一般人買獎券中獎一樣，對中獎的人來講非常容易，一點都不困難；但是對其餘的人來說，要得到大獎真的是難如登天。

短期中就能明心見性的人，那就好像中獎一樣。我們要想一想，還有許多學佛的人，連「明心見性」四個字都聽不到，也有許多的人修學功夫或參禪，直到老死都摸不著邊，連個話頭都看不見，更不要說開悟。這樣的人，隨處可見，比比皆是。

如果從最近的情形來看，外面有很多開悟的人被印證了，似乎是佛法興盛。但是我們遇到好多個被印證的人，勘驗下來都不是悟，所以真正的開悟很困難。因此，能夠一年兩年就可以明心見性，那是福報大，所以才能夠得到這樣的境界。可是，千萬不要因為福報大證悟了，就對了義的法生起慢心，說「甚深了義法也不過如此而已，沒什麼稀奇嘛！」我們要知道：對一般的參禪人來講，開悟真是稀奇得不得了，難遇難求，所以應當珍惜。

此外，我們悟後也不要對別人生起慢心。如果悟是悟得片段，難以完全體會真如佛性，便會生起慢心。如果是解悟，不能體驗真如的境界，那慢心就會更重。我們真悟得根本的人，不可能有嚴重的慢心，因為我們親眼看見一切的有情衆生都是平等不二，沒有差別。所以不應該任由過去所留存下來的慢習，障礙我們悟後起修的道路。

另外有一種人，他過去由於卑慢或者傲慢的習性很嚴重，所以悟後雖然看到自己的真如與衆生沒有差別，而得到一些受用。但是他也看到自己與諸佛的真如沒有差別，因此就生起了慢心，從此不禮佛，更不敬他的師父了。

可是他沒有想到開悟的明心見性，雖然名為轉識成智，那也只不過是轉六識生妙觀察智，轉七識生平等性智而已，前五識還沒有轉生成所作智，阿賴耶識還沒有轉生大圓鏡智。更何況六、七識所轉的境界還只是初品轉而已，以後七地進入八地的時候，還有中品轉，等覺進入妙覺地的時候，還有上品轉。怎麼可以說我們悟了就跟佛一樣呢！還差得遠呢！再說福德：光只是一個禪定三昧，我們就差很遠了，所以不應當生起慢心而不禮佛。

《菩薩瓔珞本業經》云：「從初一住至第六住中，若修第六般若波羅蜜，正觀現在前，復值諸佛菩薩知識所護故，出到第七住，常住不退。若不值善知識者，若一劫二劫乃至十劫退菩提心。」

這意思就是說，菩薩修行十信滿足進入初住位一直往上修到第六住位，如果修學菩薩六度的第六度般若波羅蜜，而正觀現在前；也就是明心了，悟得真如法身了，如果這個時候遇到了諸佛諸菩薩或者善知識為我們護持的話，我們才能夠離開第六住、進入第七住常住不退。

如果悟了真如法身之後，沒有遇到諸佛諸菩薩或善知識跟我們護持，我們就退失掉了，不敢承當。諸位不要說佛已經入滅了，不護持我們了；其實不然，佛的應身雖然入滅，可是報身、化身還在人間，尤其是祂留下的最珍貴的化身，那就是三藏十二部經，尤其是了義經，還在人間護持我們。

我們悟得真如法身之後，去把了義經拿來對照，看能不能印證？如果能夠印證，那我們所悟的就是真的。這就是佛為我們護持，或者有緣遇到了大菩薩跟我們護持，要不然的話，還需要善知識的護持。

如果您開悟，悟得真如法身以後，遇到了惡知識，他根本沒有悟，他就懷疑你所悟的這個不是真如，因為他的名氣很大，你就被他所轉，退失掉了；就否定所悟本心，想於本心之外另尋本心，變成心外求法的人。

如果沒有遇到諸佛菩薩善知識的護持，自己悟了以後難免起懷疑，這樣懷疑的結果，或者一劫，或者兩劫，乃至十劫，就退菩提心了。因為懷疑的緣故，就必須於本心之外繼續找尋，就會變成心外求法，但是心外求法一定永遠找不到真心，如此經過一劫二劫乃至十劫，就退掉了。

所以，我們悟後不應當對佛菩薩、對師父生起慢心，應當要知道我們悟道只是修道的開始。乃至菩薩進入第十法雲地的時候，還需要諸方十地菩薩來為他灌頂，這亦是如來神力建立、護念加持。十地菩薩尚且如此，何況我們剛剛明心、剛剛見性，只是七住十住而已，怎麼可能就和佛一樣呢！

對於幫我們明心見性的師父，也不可以生慢心，因為我們悟了以後，還需要跟隨我們的師父學差別智、學禪定功夫，怎麼可以說我們明心見性時就跟師父一樣呢？

以上所講的都是因錯誤知見而生慢心，是因為我們思惑未斷；斷見惑以後，思惟惑沒有斷盡，所以有這種過失。我們要知道：禪宗裡面雖然講頓悟成佛、見性成佛，密宗裡面雖然講即身成佛，但是，這些所謂的佛不是究竟即佛，而且密宗的佛根本只是外道凡夫。天台宗說，佛有六種：

一理即佛：從理論上來講，每一個有情眾生都有佛性，都是佛。

二名字即佛：聽到有善知識講，一切眾生都具足佛性，本來就是佛，明白了這個道理，就是名字即佛。

三觀行即佛：熏習般若知見，於知解上所知之真如而作觀行，欲證得真如：如密宗四大派古今諸師大手印大圓滿之修證，彼等諸師所修觀行境界尚未證得如來藏，即是觀行即佛。

四相似即佛：七住菩薩明心證真，十住菩薩眼見佛性，顯現了義智慧，也通文字般若，能代佛宣說第一義諦，名為相似即佛。

五分證即佛：譬如三賢位滿足的菩薩明心見性而發起莊嚴報身，輪寶現前；或戒慧直往菩薩悟後修得道種智，永伏三界惑及發十無盡願，名為初地菩薩分證即佛。

六究竟即佛：到達佛地，四智圓明，福慧圓滿。

但是所謂的見性成佛，大部分人還談不到分證即佛。雖然證得真如法身，只是相似即佛，未到初地。若得輪寶及莊嚴報身現前，或悟後修得道種智等，充其量不過是分證即佛而已。密教四大派祖師所說的即身成佛，大多是觀行即佛，猶未到相似即佛階段，而且連觀行即佛都觀錯了，怎麼可以說是究竟即佛了呢？到了佛地，才算是究竟佛。因此，頓悟成佛，見性成佛或者即身成佛，都不是究竟佛。所以，不要誤以為悟了之後跟佛就完全一樣了。說佛的境界不過是如此而已，就起慢心，其實，還是天壤之別啊！

還有，悟後要掃除慢心，有個很重要的目的，是要幫我們除掉習氣。習氣不除，性障就很嚴重。習氣不除，性障不消，悟後起修要邁向初禪、二禪、三禪、四禪，禪定就不可能現前，所以要趕快掃除慢心。

第五目　勿急度人

這是針對慈悲心重的人來講，我們交代他不要急著去度人。慈悲心很重的人，悟了之後，就想趕快去幫別人明心見性。在四年多以前，我就是這樣。但是四年多共修下來，我今天發覺當年是操之過急，所以有許多的後遺症。

見性之後，我們應當先從我們的自受用功德裏面去廣泛的思惟，斷見惑之後還要再去斷思惑。此外還需要修習禪定功夫，還要去轉變我們過去無量劫累積下來的各種習氣，用斷見惑與思惑的功德、以及修學禪定的功德、消除習氣性障的功德，來莊嚴我們自己。

我們看菩薩的畫像，胸前配戴瓔珞，頂上又有天冠，手上還有手環，手臂還有臂釧，這些莊嚴是給衆生看的，其實你見到的真正菩薩是沒有這些東西的。這些瓔珞臂釧只是一種象徵，象徵菩薩所應該具備的各種功德莊嚴。

《菩薩瓔珞本業經》告訴我們，菩薩以攝善法戒—願修一切善法為瓔珞；以饒益有情戒－願布施一切有情財物、無畏、以及佛法為瓔珞；攝律儀戒－以十種盡未來際受持的十個重戒為瓔珞、不侵害一切衆生為瓔珞、護持三寶為瓔珞。

所以菩薩的這些莊嚴是一個象徵，表示我們以各種的禪定智慧、三昧的功德以及各種的福德來莊嚴我們自己，用這些莊嚴來度衆生。我們還沒有修集基本的菩薩瓔珞本業的時候，何必急著度人呢？所以度人不要心急。我們度人要隨緣。

每一次禪三，我都要求大家要發願廣度有緣人，但是這個廣度是要度有緣的人，所以不要心急，應當隨緣。有緣的人他自己會來，如果跟了義的法門無緣的人，任你說破了嘴皮，他都始終是不相信。因為不相信，所以反過來就會毀謗我們，就會毀謗正法。

我們不需要為那些人著急，因為想要進入無上了義甚深微妙之法，必須要無量劫累積了許多的福德、慧力，修除疑心、慢心才能夠得到。我們也不要為了那些廣大的佛子們所跟隨學習的師父或老師不是真正明心見性的人，而為他們感慨。我們應當知道，那些人跟他們的老師、師父，必定有過去生的某一些因，今生的某一些緣，才能夠相聚，那是因緣使然。他的福德因緣還不具足，無法修學了義的法，所以他們必須要跟那些師父或老師學。

我們雖然很慈悲，想要幫助這些人能夠頓悟入理，但是這些人未必就能夠接受，因為他們的福慧因緣還不具足的緣故。如果我們遇到了專門做佛學研究的人，也不可以為他們講禪，因為他們聰明善辯，所以慢心會比較重。我們初悟不久，很難使他產生對我們的信仰，必須等到他的慢心除掉了，自然會低下心來參訪。那個時候才可以為他說明心見性的法。

如果他慢心消除了，我們跟他講禪法，而他能夠悟入的話，他悟了之後，只需要一段很短的時間整理思惟，就立刻可以出去宏揚宗門教法，那就是廣大佛子們的福氣。我們如果沒有等待他的慢心消除，急著為他說了義的法，反而會障礙他修了義之法的道。

祖師們常常說：「涅槃心易曉，差別智難明。」真如佛性這個本心，雖然說很難悟明，但比起差別智來講，悟明真如佛性又容易多了。

而差別智這麼難學，這麼難明瞭，但是一個已經具足差別智的人要度佛學專家，尚且很不容易，更何況我們還沒有具足差別智，剛剛才開悟而已？所以度人不需要心急。

第六目 心存感恩

從世間法來講，對於師父的恩尚且要念念不忘，何況我們學出世間法，尤其是了義的法？有善知識講，「人成即佛成」，但是我們不贊成這句話，我們說「人成而後佛成」。人間的法具足了，是一個完人，但是完人還不能成佛。成為一個完人只是成佛的衆多條件之一而已，成佛要有許多的條件。

那麼從世間法來講，忘恩負義非人也。我們跟著一個師父學做木器的法，跟著一個師父學音樂，跟著一個師父學書法，學成之後竟然忘恩負義，這就不是人了。一個證悟的人，他跟著師父所學的是了義的法，證悟之後，反而忘恩負義，甚至回頭反咬一口，那不是比凡夫還不如了嗎？

所以我們悟後起修要常常心存感恩，感恩是感誰的恩？感恩之後報恩是報誰的恩呢？感恩是要感念三寶的恩。所以悟後對於佛法僧要常常念恩，對於幫我們悟的師父要常念恩。念恩有益於我們悟後的修道，這是自利利他的事情。悟後常常感恩就不會障礙我們修道，慢心就不會產生。

三寶與師父不會因為我們常常心存著感恩之心而獲得任何利益。因為真如法身不增不減。有的人喜歡悟了之後，趕快買禮物來供養我，那我真的是很為難。如果我收了禮，不明究裡的人就會毀謗，我便害他造口業了。我若不收嘛！當面這個人就覺得很難堪，說「老師不肯收我一點小小的供養」，所以很為難。

我希望諸位明白，感恩是要你把它放在心裡面，不必買什麼東西來供養。我既不缺錢，也不缺各種物資，我老年的生活已經安排好了，不期望大家供養什麼。所以諸位如果有心的話，常常來這裏護持道場，我們辦禪三時你來護三。這就是悟後最好的感恩報恩的方法。

將來我們這個法繼續弘揚，我們印的書送完了，你來幫忙印，這也是供養；你來護持這個正法道場度衆生，把這個正法一直延續下去，這就是供養。不在物質上的供養，也不在口頭上見了我就來讚嘆我；讚嘆了我，我的真如又沒有增加，何必呢？所以我們心裏面常常存著感恩的念頭，對於我們所感恩的三寶並沒有什麼增益，但是我們卻可以藉著心存感恩而消除掉我們的慢心，對我們的修道有很大的幫助。

我們看密教裡面，很多人去學法的時候，上師、喇嘛、活佛首先教甚麼？供養。我們看密勒日巴，變賣了家當以後，換成黃金去供養他的上師，雖然他學的不是了義的法，他也是以全部的家當去供養。

但是上師也不白受供養，他收了這個弟子，就當做是自己的兒子一樣去疼愛他，把所有的法傳給他。法傳完了，又告訴他：「你要再去學更好的法。」然後就介紹他去找另外一位上師，或者喇嘛，或者活佛。弟子要走的時候，他就把這個弟子以前所供養的黃金，如果是十兩黃金，他可能再添上二兩三兩不等，做賠錢生意，再增添一些，把這些交給弟子轉呈另一位上師。所以，在密法裏，如果不懂供養上師的話，這個人沒有資格學密，尤其是對根本上師。根本上師是什麼？幫助你證得大手印的那位上師就是你的根本上師。一生之中就這麼一位，他是唯一能幫助你證得第八識如來藏而使你進入內門實修佛法的偉大上師。禪門裏面也是一樣，幫你開悟明心的上師，一生只有一位，你不在他身上種福田，反而去供養別人，豈非愚癡？禪門裏的禪師通常都不要求物質上的供養，但是要求法的供養。所以很多禪師對某些弟子會這樣講：「若然，他後不得辜負吾。」怕弟子辜負他。有的弟子不知感恩，所以悟了之後就走掉了。悟後走了，他就沒機會學差別智。

此外，禪師要求弟子行法供養，不是為他自己，而是為了將來的眾生及現在的廣大眾生。不過密法裏很重視物質的供養，為什麼？是為了幫助這個弟子培植福德，如果他的福德不夠，這上師會告訴他：「你的供養還不夠，再去多準備一些錢來，再去多準備一些黃金來。」以前馬爾巴對密勒日巴就是這樣：「除非你供養更多的錢，不然我不傳你深妙的法。」因為弟子的福德因緣還不具足，所以不停的折磨他，讓他去修集很多的福德。可是這一些世俗的供養，只是為了培植福德、產生信心，所以這些供養只是方便，不是真的供養，只有法的供養才是真正的供養。因為法供養可以遂行師願，法供養可以利益眾生。但在密教四大派中廣作供養都是無用的，因為上師都落在意識境界中，受學的弟子怎能斷我見及開悟明心呢？

我有時候會跟大家報告說：「我每天或者水果、或者飲食、或者餅乾供養世尊、供養觀世音菩薩。」我每天做這種供養。但是，我也常說：「每天做這些供養，其實微不足道。我每年有兩次的大供養，那就是在每年兩次的禪三之後，我把這些明心或者見性者的報名表拿來供佛，這才是最殊勝的供養。」這是法的供養。因為這個供養可以遂行佛陀度化衆生證得真如佛性的願心，因為這個供養可以利益廣大衆生，使佛種不斷的緣故，所以這個供養最殊勝，稱為大供養。

我們明心見性以後，為什麼要心存感恩、行法供養呢？因為我們明心的人，仍然需要善知識跟我們護持，以免退轉。要不然的話，我們悟後如果起了懷疑，聽到大名聲的惡知識說這個不是，懷疑了就可能退轉。那我們就需要師父或老師用方便善巧，或者引經據典跟我們開示，為我們證明—為什麼我們所悟的這個是真如？確定無誤。我們有他的護持，就可以避免退轉。

此外，見性以後，雖然眼見分明，可以不需要師父的護持，但是我們所見的佛性是真是假？是不是大悟成片的時候，把明心時見到真如運作當作是見性呢？是不是眼見佛性呢？這就需要師父來勘驗我們所見的是真還是不真？如果見得不真，需要他來跟我們指導－怎麼樣才可以眼見分明，所以要行法供養。

另外，我們見性之後還要跟著師父學差別智，乃至將來想要到達牢關，以及到牢關之後想要破牢關，還需要師父跟我們指示。因此，明心見性之後，如果我們有能力當老師，就應當出去當老師，把正法不停的流傳，讓一燈能夠點燃千燈，燈燈相傳，無窮無盡，這才是法供養。

我們悟後要去幫助過去所親近過的還沒有悟的師長師父，幫他悟入見性，這才是對過去我們常常親近的師父或者老師所做的真正供養，也就是真正的報師恩。我個人也在等待這種報恩的機會，所以我希望諸位也能夠起這個願心。過去我們跟一位或二位師父學了很久，現在我們有能力辨別他有沒有悟；如果他沒有悟，我們要去幫他開悟。這個才是我們對這位師父所做的真正的報恩。

報恩不在於幫他廣建道場，不在於幫他勸募很多錢，不在於幫他打開很大的名氣，不在於幫他吸引很多的信眾，因為這些都是假的，只有一期生死而已。

我們幫他悟明心性，讓他永遠不入三惡道，讓他可以一步一步的究竟解脫，這才是真正的報恩、這才是真正的供養。若我們常常有這種存心的時候，修道就會更迅速更順利，我們悟後起修的障礙就會越來越少。因此，心存感恩是自利利他，對我們只有幫助，沒有障礙。

第七目　嚴防陰魔

我們今天繼續來談第七目—嚴防陰魔。談這一目的緣故，是針對初學佛而且知見還不具足，因為善知識的引導機鋒，突然間悟入或見性的人而說。這種人福報大，卻沒有具足知見，因善知識的幫助而在三五個月、六七個月內建立看話頭的功夫；而善知識沒有讓他親自經歷一段參究的過程便幫助他見性，因此他的知見不透徹，所以他悟後一時之間自己也無從思惟整理，不能斷思惟惑。

再加上過去無數生以來，自卑而產生的傲慢習氣沒有去除；又因為知見不具足，無從思惟整理，所以他的見地功德，還沒有大部份顯現出來。在這個時候，如果心裡面希聖希賢，以為自己開悟證果了，慢心就從卑劣慢轉為傲慢、高慢、或者增上慢，念念不忘的是自己已經證果，這樣就落入陰魔境界了。在這種情形下，鬼神魔就得到機會，控制了他的色身。剛開始是先讓他見到一些特殊的境界，聽到一些以前聽不到的音聲，然後漸漸地深入，最後色身就被祂所控制了。心裏面雖然明瞭，但是自己沒有力量去對治排遣，這都是因為一時間失察，生起慢心而被陰魔乘虛而入。這個時候，顯現出來的現象是力大無窮，也不會疲倦睡覺。然後他會告訴別人：「我是某某佛。」或者「我是某某菩薩再來。」要別人來聽他的法，來頂禮他，供養他。這種現象出現的時候，要趕快救治，時間拖久了，就很難救了。

救治的方法，要三管齊下：第一、先把他送進精神科醫院去，由精神科醫師施打鎮靜劑，讓他服用鎮靜劑，三天至五天中，把他置於藥劑控制之下。那麼這三五天之中，除了到該吃飯、活動的時間以外，都控制他，讓他處於昏沉睡眠的狀態，讓鬼神無法應用這個色身。在這種狀沉裡面，陰魔與鬼神魔覺得沒什麼意思，無所表現，時間久了以後，他便會漸漸地消失了。

我們要瞭解的是，鬼神魔以陰魔為媒介，這陰魔其實是經由五陰而產生。色身的五根，尤其是意根以及六識裡面的意識，因為六識作用，所以才能夠產生妄想而裝神弄鬼，然後外面的鬼神就會侵入配合。他們之所以能夠顯現作用，是因為有五陰，如今我們透過精神科醫師，用很重的鎮靜劑來控制他的五勝義根。五根昏沉、意根及六識就無所能為，因此陰魔無法作用，鬼神自然也就覺得無趣而自然離去。

第二方面，要由他的親屬每天跪求釋迦世尊、觀世音菩薩，來幫忙排除。家屬要持誦楞嚴咒、大悲咒、大白傘蓋咒等，（結手印或者不結手印都可以）來加持淨水，每天混在飲水裡面，或者混合醫師所開的藥，當做白開水讓他飲用。

第三個步驟，要請這個人的師父或老師，每天在他短暫清醒的時間裡面，為他開示：「五陰是虛幻的，有我證果，能感覺到我的存在，就不是正法。神通的境界是虛幻的，證果之法也是從五陰施設來講。世間法是無常的，一切的境界都是不實在的，都是因緣所生法。所謂賢聖的果位，都是因為解脫層次的表示而施設。果地的證果，其實無果可證。

真如佛性之中，無聖無凡。所謂證果，對真如佛性而言，亦無所證亦無所得，唯有真如佛性常住不滅，唯有真如佛性這個空性才是真實。」

從這些方向加以引申解釋，讓他理解，引導他以所悟的真如，所見的佛性配合這一些知見思惟整理，這樣幫他導正知見。如此，三管齊下，一定可以痊癒。痊癒以後，自己再深入思惟整理，見地就可以漸漸地圓融，那才是真正的賢聖。

從此以後，自己本身有過這種體驗，已經離開了陰魔鬼神，我們就建議他要趕快去探究《楞嚴經》，辨明各種魔境，以後就可以永遠免除陰魔以及鬼神的侵擾。所以對於知見不具，有福報而迅速修得功夫，並且很快見性的人，我們要提示他：必需嚴防陰魔。

第八目　深入思惟　增益見地

我們悟後起修，應該要常常思惟真如佛性的性與相、體與用，真如是佛性的體，表現於外有各種的相；真如是體，表現於外是佛性為用。我們要常常思惟性相體用，要常常觀察真如體性空無所有。從本以來，無得無失，無造無作。自己與別人，乃至一切的有情衆生完全如是，無二無別。然後才能夠因為這樣思惟整理，深入體會空性而漸漸消除掉煩惱或習氣。

悟後起修最重要的是消除煩惱，但是煩惱並不是在我們開悟見道時，一時之間就可以消除；重要的是靠我們深入去思惟體驗，以我們所悟所見的真如佛性出發來整理思惟，增益我們的見地以後，才能夠漸漸地除去。

說到煩惱，悟後的人，剛開始還有關於色身的煩惱、財利的煩惱、權勢的煩惱、家庭眷屬的煩惱。但是，這些煩惱要趕快去轉變，不是逃避煩惱，而是我們應該做的事情，應該履行的義務，趕快去把它完成；不管是對家人或者對社會，對我們服務的機構，應該盡的義務就去做，做完了就丟開，不生煩惱。

過一段時間以後，就只剩修行的煩惱。譬如說：自身不能免於世間五欲的煩惱。但是其實有五陰在世間做為工具來修行，我們就必需要維持五陰的正常運作，那就無法免除掉五陰在人間的色聲香味觸的煩惱。雖然不能免除色聲香味觸，但是心中不要起煩惱，還是如同凡人一樣去應用它，做為修道的工具。

再接下來，就只有度衆的煩惱。有好多人悟了以後，悲心大發—看到好多修行人那麼虔誠，那麼恭敬，那麼精進，但是十幾年二十幾年下來，毫無所得，毫無修證，因此起憐憫心。可是當他要去幫忙那一些人修行的時候，那些人偏偏又不肯相信，所以我們心裡面，又為這些人生起悲心，憐憫他們。

悲的是末法時代，這一些衆生精勤努力學佛一生，而只在多聞上面用心，不肯求悟。《圓覺經》上講：「末世衆生修學佛法，無令求悟唯益多聞，增長我見。」就是這個現象。因此為這些衆生起大悲心，卻又無可奈何，這是度衆生的煩惱。

但是當我們經過一段比較長時間來度衆生以後，就會發覺原來是我們的思惟不夠深入，不夠細膩。我們從來只為衆生憐憫悲嘆，但是我們卻沒有想到：無上甚深了義之法—第一義聖諦的修證，必需要無量無數劫累積了許多的福德因緣、慧力、定力，才有機會可以修證。

因此一般的衆生在多聞上用功，而不在功夫與求悟上面用功是正常的現象。我們經過一段時間的度衆，和深入思惟整理，增益了自己的見地以後，終於才能體會到這一點。而這一些過程需要自己去體會，親自去度衆生才能夠體會得到。因此度衆生也可以幫助我們自己增益見地。

第九目　自悟者須見眞知識

當年我自己自參自悟之後，也求善知識印證，但是無法獲取印證，因為找不到真善知識。雖然如此，今天我還是要跟大家說—自參自悟的人，還是要去求取真善知識的印證。我們舉兩個例子來說：

有個僧人去參訪巖頭全豁禪師，巖頭說：「黃巢過後，收得劍否？」黃巢之亂是中國歷史事件。黃巢大亂以後，遍地是死人，遍地是刀劍，這個時候，你有沒有撿到刀或者劍呢？這個僧人說：「有。」那麼巖頭就問：「劍在何處？」巖頭的意思是說：你既然悟了，真如在何處？你參禪這麼久，就好比黃巢之亂一樣，如今亂事平定了，你參過了，悟了，真如在哪裡呢？這僧人就做一個拿劍要砍人的姿勢出來，巖頭就把脖子伸出去，說一聲：「嗶！」意思是說我的頭被你砍掉了，轉身就走。他還沒轉身走開前，這個僧人就哈哈大笑說：「師頭落也。」師父你的頭被我砍掉了。這個僧人不知道巖頭之意，遭了賊了，還在那邊洋洋得意，巖頭就哈哈大笑，轉頭就走了。

然後這個僧人，又去參訪雪峰禪師，雪峰問他：「你曾見什麼善知識來嗎？」這僧人就把這過程敘述了一遍，雪峰聽了，就說：「把巖頭落下的頭拿來我看。」這僧人不知所對，雪峰捉了棍子就打，一直打到山下去。那就是說，參禪非同小可，要悟不是那麼容易的事情，巖頭在這僧人肚子裡面走了好幾回，他還不知道，他還以為佔了上風，所以雪峰就把他連續打下山去了。

又譬如：龍牙居遁禪師，他在悟前先去參訪德山宣鑒禪師，這德山宣鑒禪師，尋常有人來參時，進門就打。可是這一次奇怪了，見了龍牙來，沒打。這龍牙就問：「學人仗莫邪劍欲斬師頭時，如何？」莫邪劍很利呀，相傳干將與莫邪夫婦二個人，鑄劍天下第一等有名。後來有個國王，找到天下稀世精鋼，但是找不到能夠鍊這二塊精鋼的劍師。據說後來干將莫邪費盡了千辛萬苦把劍鍊成了，再把自己的血加上去才能鍊就，所以這二把劍，一雄一雌，一長一短，是稀世神器。那麼這莫邪劍呢！禪門裡面就拿它比喻真如佛性。現在龍牙禪師說：「我仗著這把莫邪劍要砍德山宣鑒禪師你的頭的時候，你怎麼辦？」因為這莫邪劍很利，據說我們把它拿到桌上來，劍尖垂直向下，一鬆手這莫邪劍掉下去的時候，自然就穿透了桌子，這麼利，當然要砍頭一定可以砍掉了。

這時德山宣鑒禪師，就把頭伸出去，說：「嘩！」意思也是說，我的頭也是掉了，轉頭呵呵大笑也走了。這龍牙禪師呢，也是洋洋得意，也走了。後來去見洞山禪師，洞山就問：「見了什麼善知識來？有何言語？」龍牙就洋洋得意把這個故事講給洞山聽。他講完了，洞山就說：「好，既然你斬了德山落下的頭，那你把德山的頭，借給我看一看。」龍牙倒不愧是個禪子，這一聽知道錯了，著了人家的道兒了，趕快沐浴更衣，點了香跪下來，望德山的方向懺悔。

所以，諸位大德！參禪這件事情，非同小可。悟得不真時，毫釐有差，天地懸隔，不是那麼容易的事情。古時候的禪師，哪有像我們施設許多的方便？又施設各種方法及權巧方便讓我們練功夫，然後又施設一些讓我們可以悟的機鋒？古時候沒有這麼方便的。

因此自參自悟的人，應當要去見真正的善知識，即使真的善知識很不容易尋覓，我們也要一個一個去見過，所有的善知識都見過了，才能夠算數。如或不然，錯把妄知妄覺當作真如佛性，自己就以為無事可做了，等到無常來的時候，叫苦連天，天也不理，地也不應，又無法開口說話，那個時候能求誰呀？只好又輪迴生死去。

萬一悟得不真，又以聖人自居，開大口說：「我悟了，我證果了。」下一輩子就不在人間了，大妄語的惡業成就，只有下地獄去。所以自參自悟的人，必須要見真的善知識求取印證，免得耽誤自己，又耽誤別人；一盲引衆盲，自己大妄語不打緊，又害許多人跟著造大妄語業，這種人下了地獄恐怕就沒機會出來。

第十目　習氣煩惱非因悟一時俱除

我們前面說過，悟後的功德有很多，但是如果悟後沒有繼續精進修行，如果悟後遇到一個惡知識、假知識，他名氣很大，他說你悟的這個不是，你就被他所轉，就退失掉了。那麼前面所講的那麼多悟後的功德，跟你就不相干了。

有人不相信我，要去相信惡知識，我也沒辦法，他就退轉掉了；好不容易爬到七住位或者十住位，這一下子又退掉了。所以習氣煩惱還是照樣一大堆，不能夠消除。然後就開始誹謗正法，誹謗正法的結果，只有下地獄一條路。如果僥倖沒有遇到惡知識，可是我們沒有再悟後精進的去修行，因此功德不現前，煩惱與習氣就無法很快的消除掉，然後就會跟著沒有悟的人一樣起懷疑。

未悟的人，他們把悟這件事情想得很玄很妙，因為大善知識常常開示：「悟了就有六通。」怎麼今天我悟了沒有六通呢？錯會了。禪師講悟了有六通，是指真如於六根之中互通，佛性於六根之中互通，不是講悟了之後有六種神通。然後就會跟一般的人一樣說，悟了以後應該就沒有貪求、沒有貪欲，悟了以後也不會生氣，悟了以後根本就不用睡覺，因為真如不睡覺嘛！因此他認為悟了的人，就可以忍受一切不合理的對待，他也認為悟後就應該散盡家財，捨去眷屬。

錯了，《楞嚴經》跟我們講得很清楚：「理則頓悟，乘悟併銷；事非頓除，因次第盡。」真如佛性是理，一悟了你就具足了，你就看見了。可是煩惱和習氣是在事相上的修行，這不是頓時可以除盡的，而是要在歷緣對境之時，將我們六根無始劫以來，累積下來的無始虛習要一步一步的去斷除，這是有次第的。

因此，悟後不貪嗎？不對。凡夫貪求錢財，多多益善；菩薩悟了以後，對於錢財也是多多益善，不過他不是集聚為事。錢財多多益善，是要拿來弘法度衆生。有很多錢財也不煩惱，弘法時要用很多的錢也不煩惱，這才叫做不貪不瞋。如果說必須要現不動明王相，必須要現怒目金剛相，才能度人，那我就現瞋怒相，絶對不會因為人家一句話說：「悟了就不會生氣了。」就被這句話限制住了，他反而能夠揮灑自如。

也不是說悟了以後就應當要忍受一切不合理的惡意對待。該做的事，該應對的事，還是照樣去應對。因此不可因為善知識還有殘留一些貪瞋癡的習氣沒有修除淨盡，就去誹謗他，否則本身就會因此而當面錯過真的善知識，就失去了佛法之中證道的因緣。而加以誹謗的結果，便種下了今生和未來生障道的因緣。

此外，在我們這個共修團體裡面，處理事情和說話都要很小心。因為我們這個團體有很多的共修處，在這些共修處裡面，有許多已經明心見性的人，《大寶積經、大集經、維摩詰經》都告訴我們，見道的人就是菩薩僧，不管他是出家相在家相。如果我們在這裡面挑撥是非，搬弄口舌，而造成見道者之中，某些習氣未盡者因此產生誤會，而造成隔閡分裂，那我們便成就破和合僧的重罪。

破和合僧在菩薩戒而言是重戒，犯了不通懺悔。因此我們說話要很小心，因為我們共修團體裡面，有許多的菩薩僧，所以這個共修團體就是菩薩僧團。因此在這共修團體中，不管已悟未悟的人，說話都要很小心，要避免無意之中犯了過去的習氣，而有兩舌的現象。

第二章　自度：修學三昧

第一節　進修禪定三昧　永離隔陰之迷

第一目　修學禪定三昧

禪宗之禪是六度中之般若、智慧、無生智，非禪定。我們學禪很久，如今無生智既然已經現前，接下來，要不離布施、持戒、忍辱、精進、智慧來修學禪定，不離所悟的真如佛性來修學禪定。明心見性是明白真如，眼見佛性。真如佛性從來不生，永遠不滅所以是無生。有了這個智慧以後，不再被世間的境界所轉，是分證慧解脫。

但是因為一念無明還沒有斷盡，所以還要修學盡智，也就是　切後有永盡的智慧，那純粹是斷煩惱的功夫，斷煩惱就是斷一念無明，完全斷盡的時候就具足了慧解脫。

具足了慧解脫之後，還沒有辦法到達俱解脫的地步。我們想求俱解脫的境界，就應該要進修各種三昧。而修學各種三昧，要以四禪為根本。也就是初禪有覺有觀三昧，初禪後二禪前的中間定－無覺有觀三昧，二禪三禪四禪是無覺無觀三昧。以這些三昧作為基本，才能進修無量百千三昧。

我們已經明心見性以後，無生智現前，要修定就比一般人容易多了，因為性障煩惱漸漸地開始消除了。我們也經過一段從散亂心、定心、無相念佛、看話頭的修定階段而悟得真如佛性，因此我們也比一般人更能明瞭修定的知見，以及定中的昇進轉折，所以我們比一般人容易修各種禪定三昧。

還沒有得到無生智者，修學禪定大部份會停住於未到地定裡面，在定中暗無覺知，空無所有，他就會誤以為是證得空性，因此而生起大我慢，就不能導向解脫。因為性障所障的緣故，不得初禪，只得到他化自在天的天福；因此智者大師云：「魔是未到地定果。」

如果我們能夠先修得智慧，能除掉煩惱性障，一者容易發起初禪，免除以後捨報進入他化自在天為魔子魔民。二者我們知所轉進，就容易獲得四禪。如果反此道而行，只怕勤苦終生最多也只能得到未到地定的境界而已。我們今天就先談到這裡。

上週我們說如果不除性障的話，反此道而行，勤苦終生，恐怕也只能修得未到地定而已。

譬如《維摩詰經》有三十二位菩薩各說入不二法門，這三十二位菩薩的入不二法門，是以自在菩薩的無生智為第一，擺在最前面。這個無生智就是明心見性，是我們學佛的首要。佛子學佛最重要的，也是最先要追求的就是真如無生智，它能作我們未來在佛法大海裡面的導航。這位菩薩因為得到無生智，所以名為自在菩薩。

既然已經得到無生智了，思惟之後，知道應該深入修學四禪八定及首楞嚴三昧等，以這些禪定三昧來自度和度他，一直到最後究竟成佛為止。故《法華經》云：「佛自住大乘，如其所得法，定慧力莊嚴，以此度衆生。」

佛陀在世間，雖然講聲聞法、講緣覺法、講人間法、天道的法，也講菩薩的法，但是佛陀自身卻住於菩薩大乘的法裡面。依照菩薩所應修的法，圓滿具足，究竟成佛。他以各種禪定三昧和智慧力來莊嚴自己，以這種定慧的莊嚴來度衆生。所以見性以後，依照次序，應該要修四禪，再修觀禪、鍊禪、熏禪、修禪。

觀禪譬如九想不淨觀或大不淨觀，一切處觀、白骨觀、乃至淨土的觀經裡面的十三觀。鍊禪是指九次第定：從初禪、二禪、三禪、四禪，再進入空無邊處、識無邊處、無所有處、非想非非想處，再入滅盡定，稱為九次第定。熏禪是指獅子奮迅三昧；獅子奮迅三昧是說十方三世諸佛—包括諸位將來成佛以後—要入涅槃的時候，就要用到獅子奮迅三昧，稱為熏禪。

諸佛入涅槃怎麼入？從初禪開始，不會從別的地方開始。因為諸佛常在定，無有不定時，隨時隨地都在初禪裡面。然後從初禪進入二禪，轉入三禪、四禪、空無邊處、識無邊處、無所有處、非想非非想處，然後再退回無所有處、識無邊處、空無邊處，四禪、三禪、二禪、初禪；再從初禪到二禪、三禪、四禪，於四禪入涅槃，十方三世諸佛都是這樣入涅槃的。我們將來終究要成佛，捨報的時候也是要用獅子奮迅三昧，這就要把九次第定練得非常純熟，才能夠做得到。

所謂修禪就是超越三昧；超越三昧是從初禪進入，卻從四禪出定。

從非想非非想處入定，卻從初禪出定。從二禪入定卻從無所有處出定。跳過來跳過去超越，這叫修禪。

這觀、鍊、熏、修四種禪定修好之後，過去世若曾修神通加行，五種神通在我們修各種三昧的過程裡面，自己會發起。如果還沒有發起，在四禪的時候可以專門修學神通。四禪之中修神通可以隨學隨得，或者過去世曾修神通的人，在修觀禪的時候，自然會發起。另外還有一種漏盡通—明心見性的無生智就是漏盡通，但是還不具足，因為尚未獲得盡智—一切後有永盡的智慧。也就是煩惱還沒有斷盡，所以還要繼續修學。

四禪之後應該要修四無量心：慈無量、悲無量、喜無量、捨無量。但是我們修四無量心的時候，不應該以希求梵天天主的果位而修，應以修集菩薩的慈、悲、喜、捨的心來修。如果修四無量心的時候，是以求得梵天天主的果報而修，這色界十八天的天主，他們就會感覺到，因為他的宮殿會震動，他就會找：「是什麼人威脅到我的寶座？」那個時候你要修四無量心就很困難，他會來阻礙你，因為你威脅到他。所以為避免這些遮障，我們不應以求諸天天主的果報為目的而修，應以菩薩的慈、悲、喜、捨的心量來修四無量心。

四無量心修學完成之後，要繼續再修楞嚴大定。修楞嚴定所修證的五陰盡的行相，我們這裡不說，請大家自行請閱《楞嚴經》就明白了。我們在悟後起修各種禪定三昧的過程裡面，應該要嚴防陰魔。

一般說來，自參自悟的人，經過很長的參究過程而悟入的人，不會受到陰魔的干擾。如果功夫知見還不具足，就因善知識幫忙而悟的話，可能在悟後起修的過程會有陰魔的打擾。所以我們主張悟後要常常思惟真如的體性，從空性無我的部份去思惟，從無所得的部份去深入整理，這樣的話就不會求有。不求三界中的有，那我們接下來修行如法，而且加上世尊護念的緣故，我們就不再畏懼諸魔。在《楞嚴經》裡面說，一個見道的人「心尚不緣色香味觸，魔事云何得能發生？」那就是說我們心不再攀緣於三界各種的法，所以魔事就無從發生。

所以修學禪定三昧之前，應當先見諦、先悟道，就不會有陰魔的困擾。如果我們能夠依照這個次第精進修行的話，我們今生可望離開隔陰之迷。如果再深入，漸漸的就會成為菩薩摩訶薩了。所以六祖大師遵照五祖弘忍大師的吩咐，見性之後隱居了十五年才出來弘法。

石霜楚圓禪師特地造了一間枯木堂，供弟子們悟後修定，香山無聞禪師見性以後，也曾經換了三個山頭，專門修習禪定功夫，經過十五年才生死自在，然後再出來為佛子弘揚禪法。而我卻顛倒過來，老婆心切，一心要幫大家明心見性，就沒有想到自己悟後起修重要。好在如今已有六七十位見性了，再共修二年下來，大概正法的弘傳相續沒有問題了，我就要跟諸位告假一段時間，在鬧市裡面隱居，專心修練禪定三昧。**但是悟後要尋覓能教我們修定的師父或老師時，必須先證驗他是否已修得禪定功夫？有許多假善知識錯將幻覺認作證得初禪。許多師父和老師，錯將一念不生的未到地定認作第四禪，猶不知四禪息脈俱斷之理，粗淺的初禪善根發之境界都不曾體驗，便敢狂言已得四禪。更有初禪二禪未得之人，便敢表示能教人修學楞嚴大定，能助人證入五陰盡境界。凡此皆屬狂妄之人，佛子若欲隨學，應先以智慧判斷，免被導入歧途，慎之！慎之！**

第二目　悟後修定乃是正行

有人質言：「初禪至四禪果低，見性果高，何以先求見性，後修四禪？豈非顛倒？」我們還是要引經據典來答覆這個問題。《六度集經》世尊言：「若聖弟子離欲、離惡不善法，至得第四禪成就遊者，如是聖弟子則隨如來住不移動，彼於爾時則能堪忍饑渴、寒熱、蚊蟲、蠅蚤、風日所逼。惡聲捶杖，亦能忍之。身遇諸疾，極為苦痛，至命欲絕，諸不可樂，皆能堪耐。彼於爾時，除諸曲惡、恐怖、愚癡及諛諂。清淨止塵，無垢無穢，可呼可請，可敬可重，實可供養。為一切天、人良福田也。」

這一段世尊開示說：如果聖弟子（這是指已經悟道的菩薩為聖弟子），能夠離欲，遠離各種惡不善法，因此而發起初禪，由初禪漸修得第四禪的話，這樣的聖弟子，他可以跟隨如來住於不移動的境界。他們在那個時候，就能夠忍受饑餓、口渴、寒冷、炎熱、蚊子、昆蟲、蒼蠅、跳蚤，乃至強風烈日逼迫。別人惡聲辱罵他，或者拿棍棒來打他的時候，他也能夠忍受。色身遇到各種疾病非常的痛苦，一直到命都快要喪失了，各種不可樂的境界都堪能忍耐。這些聖弟子們，在這個時候已經完全除掉不直的心、惡心、恐怖心、愚癡的心，以及阿諛諂媚的心。心中沒有任何的塵垢，非常的清淨。像這樣的聖弟子，可呼可請，可敬可重，值得一切人天的供養，可以說是一切人天的良福田。

我們讀過世尊的這段開示，就知道修學六度而先悟道證果的聖弟子，悟道之後，應該要修四禪的功夫。所以不必先修四禪而後再來證果。因此初禪到四禪果位雖然低，見性的果位雖然高，我們還是應該先求明心見性，再修四禪。

譬如外道之中也有修四禪八定，乃至修到非想非非想定，而結果仍然還在輪迴之中。其原因就是因為沒有無生的智慧，所以不能解脫。證果是因為發起智慧而證果，解脫是發起智慧之後斷除各種煩惱而得到的果報，不是因為一般的世間禪定所能證得解脫。如果要從修定而證得解脫，只有佛門之中聖弟子有無漏慧，有四念處觀，修到非想非非想定的時候，發起捨心，慧光圓通，入滅受想定，這樣才能解脫。但是他的解脫不是因定而得，而是由於盡智——了知能斷無色界有的智慧——而離輪迴。

我們前面也提到過，明心見性的人三縛結已經斷了，永遠不入三惡道。經云：「極盡七有，天上人間往返，必盡苦邊。」這個是懈怠鈍根的菩薩初果。連同薄貪瞋癡菩薩二果、斷五下分結菩薩三果、斷五上分結菩薩四果，這些人都是聖弟子。這些人想要求生死自主，而不必待緣；想要生生世世在世間自己做主，而不取涅槃；並且求生處自在、生死的時間自在的話，應該要修四禪才做得到。所以禪定所證的果位雖低，但是他有許多的福德威勢和各種的力量能夠達到這個目的。所以悟後應該要修四禪。

譬如國王雖然廣有國土財富，若無軍將，不如敵國一位小小武將，就能置人於生死之地。聖弟子們如果沒有禪定的福德威勢，難以廣度人天，難為一切人天所尊重修學，所以見性以後，應當要修四禪。長蘆宗賾禪師云：「坐脫立亡須憑定力。若無定力，甘伏死門；掩目空歸，宛然流浪。」學人宜三復斯言也。

第三目　修學禪定　除障爲先

有人問：「修定者極多，何以未到地定久不能得？尤以修得未到地定已十數年者，定力甚強，何以初禪久不現前？」對這個問題，我們必須說明「事障未來，性障初禪」的道理。

有很多修行人學習禪定：數呼吸、持咒、念佛、止觀已經很多年了，但是久久不能修得未到地定。這是因為不知道應該要由繁入簡、從有入無的道理，再加上沒有辦法每天都撥一些時間在動中或靜坐中來修持。

我們修學各種法門必須把握一個原則：禪定的功夫必須是要由繁入簡、從有入無。譬如數息—學數息法必需要修六妙門。講數息而不談六妙門，那是只學片段。

我們學數息—一個呼吸數一個數字，數到十又從頭來。但是當我們數不好的時候，始終數不到十，就出現妄想就斷掉了，這要怎麼辦？這個時候反過來又由簡入繁：心既然愛攀緣，那我們就一個呼吸數十個數目字—在身體上，從鼻頭開始，到丹田為止，定出五個點。然後每一個呼吸就數到十，吸氣時從鼻頭開始一個點數一個數。數到丹田是五，呼氣從丹田開始數六，數到吐氣完了到鼻頭是十，從一數到十，總共十個數字。那這樣子呢？心就很忙了，心忙的時候，就忘了打妄想了。

但是這只是一個方便善巧，數到妄想不起之後，要回復到一般的數息，一個呼吸數一個數字。數到妄想不起後要改為隨息，心隨著呼吸上下出入，從鼻頭吸入到小腹，從小腹呼出到鼻頭出去，心隨呼吸上下就可以啦。如果心仍不動，那就離開呼吸，止於一境，不做任何的攀緣。修止一段時間以後，如果妄想還不起，便可以用觀—觀察微細的境界。我們就尋覓微細的境界安住。如果妄想仍不起，繼續深觀，會出現更微細的境界，又轉進去。不停的轉進更微細的境界。這是數、隨、止、觀。

如果在這一些過程裡面，發覺到妄想出現了，沒有辦法安住，就要還—退回剛才的層次去。從觀的微細境界退回到粗一點的境界試試看。粗一點的還不能安住，再退到更粗的境界；如果還不能安住，就退到止的境界；如果還不行，再回到隨的境界；如果還不行，再回到數的境界，這就是還。

如果可以安住啦，妄想不起了，再往前推進，或數、或隨、進入到止、然後進到觀。以觀的方法漸漸轉進更微細境界。這過程是數隨止觀還。經由這樣的方便善巧一直修學，我們心就越來越清淨，定就越來越好。這數、隨、止、觀、還、淨，稱為六妙門。所以數息要有事修的方便善巧，這事修的方法不會，就障礙未到地定，稱為事障未來。

那麼持咒、念佛也是一樣，都要由繁入簡，從有入無，才是會修禪定的人。有的人知道這個道理，但是他另有事障；每天要打坐的時候，事情就來了，沒有時間打坐。有的人有時間打坐拜佛，但是親戚朋友多得不得了，每天談不完的話，被打擾。有的人是根本沒有時間去打坐拜佛修行，因為肚子都填不飽了，哪有時間修定？以上所說不知事修的善巧方便及事修的因緣環境不具足，叫做事障未來。

有的人有時間拜佛打坐，也沒有人打擾，但是拜佛打坐時，心裏面煩惱一大堆，被俗事牽絆住，耽心得不得了。其實沒什麼事情，自尋煩惱而已，因此散亂攀緣，這就是被五蓋之中的掉悔蓋所障礙。

定不好的人有掉有悔，定好的人有掉無悔。到了第四禪，無掉亦無悔，那麼，因為掉悔或昏沉，以及最重要的—貪欲的執著，瞋恚的執著，導致心無法定於一境，所以無法修成未到地定，便無法發起初禪。

但是說到未到地定，很多人以為必須要在打坐靜中來修，其實不一定；動中修也可以修得成。善於修定力的人，能夠修得未到地定的定力，但是他不進入定境。有的人已經得到未到地定，能夠入定三天、五天、十天、半個月，可是初禪久久不能現前；那就是說他被性障所障住了。所謂性障，就是我們以前在小止觀裏面講的貪欲蓋、瞋恚蓋、睡眠蓋、掉悔蓋、疑蓋，五蓋之中，對發起初禪最大的障礙是淫欲之貪著，於男女欲有貪，初禪便永不現前。

有很多人（不管出家、在家都一樣）誤會了初禪的修行，是不停的增強未到地定的功夫，總認為是入了初禪以後才離五蓋。而其實是應該要先離五蓋，然後才能得初禪。所以智者大師在小止觀裡面，把棄五蓋放在第三，正修行放在第六，道理就在這裡。

古時候的人修定很容易，現在的人修定很困難。因為古時候的人性障少，事障也少。我們現在的人，事障、性障俱足。我們現在的人從出生開始，三、四歲就上幼稚園，有的人幼稚園讀了五年，有的人讀了四年，一般讀三年。幼稚園讀完了，小學又讀更多啦！現在小學生所學的東西，有許多是我們所不懂的，我們四十幾年前所學的東西，沒有這麼複雜，更何況初中、高中、大學，乃至有的人甚至讀研究所、博士班。而且生活形態非常繁忙：忙著享樂、忙著打牌、忙著郊遊，忙著看電視、忙著看電影。工作也是一樣，大家走路都是匆匆忙忙趕時間。像這樣的話，掉悔非常嚴重，所以要得到未到地定就很困難。

如果已經修得未到地定而不能發起初禪，那是因為這個人聰明伶俐，貪、瞋、癡、慢、疑，樣樣皆不離。他懷疑有沒有初禪？懷疑真的能夠悟道嗎？懷疑老師教的對不對？師父講的是不是錯了？怎麼我修這麼久了，還不能發得初禪？見了師父就不恭敬。

我們看到很多人，他到寺院裏面去，只願意學法，每天跟著他們的師父學法，從來不供養他的師父，從來不供養三寶，從來不護持他所學法的寺院。我以前在一個寺院裏面就發覺有許多這種人，不是一位兩位。這種人錢財看得太重，就不容易修道。五蓋中的貪欲蓋主要指欲的貪著，執著淫欲之樂，甚深難拔，就障礙初禪。所以智者大師講「性障初禪」—被性障所障了。我們常常強調悟後起修，要修初禪。但是初禪的善根發有二個條件：第一條件是除五蓋，性障微薄，心調柔軟。第二條件必須具備未到地定的定力。但是我們看現代修定的人，大部份只知其一，不知其二，所以每天空心高坐，百無所思，沉浸於未到地定之中，在裏面苦候初禪，認為這樣就是精進。下座之後，就貪求利養名聞，用懷疑的心態，不信任的心態、傲慢的心態來對待別人。他不知道五蓋之中的貪欲和瞋恚（主要是傲慢），如果不除掉的話，初禪永不現前，他就會把未到地定裏面的輕安清涼，那些觸覺，誤會就是初禪的境界。

初禪有八種的觸，這八種觸出現的時候，每一種觸，都有五支功德，但是未到地定裏面的觸，出現的時候，只有二支功德：第一支一心，第二支樂（此樂劣陋，難比初禪），別的沒有了，所以這個不是初禪。一般人不明白—性障所障的人，初禪善根發的境界，永遠不會現前。雖然他在未到地定中，有覺明、一心、清涼，但這個不是初禪。在未到定中，有觸皆偽，都不真實。

但是現代的人要除掉性障，非常的困難，所以我們主張應當要先求見性，不僅僅是開悟明心而已。開悟明心而不見性的人，因為定力不足，導致不能見性。因此既然是定力不足，他就會有貪瞋轉盛的現象。要除掉性障就很慢，就比較困難。如果有動中的功夫，就容易見性。悟境不失，見性分明，身心明淨，不久就能夠進入薄貪瞋癡的境界，漸漸離開了五蓋，不久性障就消除啦。

有動中功夫的人容易跟初禪相應。因為初禪是有覺有觀三昧，動中容易相應。因此在性障消除之後，每天於行住坐臥之中，他只須止觀分明或者一念相續，或者一念不生，保持在這種境界裏面，初禪善根自然就現前；或者在我們打坐的時候，或者正在走路的時候、吃飯的時候、睡覺的時候，乃至蹲馬桶的時候，隨時隨地都可能會忽然出現。

如果在出現的時候，是一剎那間遍身如雲如霧，內外相通的話，這個就是色界身出現於欲界身中，那你就體會到色界天的天人色身怎麼回事啦！親自體驗了。這個時候，遍身都有樂受，全身每一毛孔都有樂觸。這就是初禪的善根發具足。如果沒有親自的証驗這種境界而閱讀祖師的經論說的那些定法，思惟整理以後，就跟門徒說：「初禪人斷團食，所以不需要吃飯。」那就是誤會了斷團食的意思，此人未得初禪。

如果善根發，他是運運而動的話，這有二種：一種從下而發，一種從上而發。從下而發的話，或者從腳或者從會陰（男女根與肛門之間稱為會陰），從這裡運運而動，漸漸遍滿全身受樂，這也是善根發具足。但是這一種善根發，不能體會色界天人的身體。

如果運運而動，從上而發：從頭或者喉間發起的話，這個樂通常會退失掉。從頭而發漸漸到脖子，然後又退回去，又不見了。有時候從頭而發，漸漸的樂觸到達胸腔，然後又退回去，又不見了。這個叫做善根發不具足，是退分初禪。此種人善根發以後要更努力修定，努力消性障，不然的話，必定會退失初禪。

我們必須要瞭解：初禪不是努力精進去求而得，乃是性障消除以後，在我們四威儀中，保持動靜恆一狀態之中，不求自得。從此以後就可以隨時隨地在動中或者靜中，只需要把心往內收斂。在收斂時，心稍微一提，初禪的癢觸的樂，就會遍滿於胸腔之中。因為有這種微細樂，從此配合明心見性的功德，就漸漸的開始可以遠離淫欲的樂。

如果我們能深修初禪，接下去會經歷虛空粉碎及大地落沉的境界，這個是有覺有觀三昧，不離初禪的境界，還不是開悟。如果曾經修過觀禪成功的人，或者已經有五神通的人，當他進入較深的初禪境界時，會產生光音無限的覺受，這也是初禪定境，不是悟。

如果繼續精進而捨離樂觸的話，接下來胸腔的樂觸消失了，再經過一段時間的努力，然後發起一種捨心，覺得什麼都無所謂啦！只有修道是樂，定力繼續增強，有一天突然間在你起了一個念，捨離一切執著的時候，微細樂就現前了。以前體驗的八種樂觸是粗糙的，現在這種樂觸變成微細的樂觸，沒有那麼強烈，但是更細膩，更殊勝。

如此繼續再修，過一段時間，性障除得更徹底，然後一樣的捨離覺觀，繼續努力，漸漸的可以發起無覺有觀三昧。剛發起無覺有觀三昧，一剎那又退出來了，然後繼續再努力。要証入無覺有觀三昧定境須打坐中修，但是更須藉無相憶念拜佛法增強定力。要証入定境須在坐中修、靜中修、要不受打擾。然後漸漸的再去體會第一次進入無覺有觀狀態時是怎麼樣進入的。體會過之後，重新再依照那一次的經驗一步一步走進去，然後他可以安住三秒鐘，二秒鐘，突然起一個心：「我終於進來了！」剛起一念，又退出去了。這樣不停反覆的練習，習慣了，終於可以安住無覺有觀三昧。欲進入初禪之前或進入無覺有觀三昧之前，通常會出現虛空粉碎或大地落沉境界，此是定境，與禪悟不相干。

無覺有觀三昧成就的時候，只要把觀捨掉，很容易就進入二禪。無覺有觀難修，無覺無觀就容易啦。但是對一般人來講，初禪最難，從凡夫地到初禪地，是一段很長的距離，因為定力難得，性障難除。初禪地現前接下來要修到無覺有觀三昧，這段距離也是很長，但是已經不像修初禪那麼難了，稍微簡單一點。這無覺有觀三昧獲得的時候，接下去要修到四禪就容易了。**現在有許多人在教內觀禪，聲稱可以幫人修成四禪八定，但是這些老師們十之八九不曾體驗我方才所說的初禪到二禪的經驗，如何能幫人修證四禪八定？佛子們必須小心揀擇才是。**

有覺有觀三昧現前之後，想進入四禪，還是要繼續增加定力，並且要斷除更微細的各種煩惱習氣，然後漸漸的可以從初禪後的無覺有觀三昧進入二禪，進而到三禪到四禪。話說回來，我們現代的人，如果沒有先明心見性的話，性障難以消除，要得初禪，難於登天，更不要說第四禪。所以應當要先求見性，然後再修禪定功夫。

第四目　欲求見性非必四禪

我們常常強調：可以眼見佛性，別的道場有位老師不服氣，就說了：「人家要見佛性得要有四禪的功夫，那你們在修得四禪的功夫之前，就說看見佛性，有問題。」因為有人產生這樣的疑問，提出質疑，所以我們補充這一點。

人們會產生這種錯誤的觀念，是因為虛雲老和尚是先修得第四禪，然後參禪參了二十五年之後才悟入，所以近代就有許多的善知識以為要眼見佛性必須先得第四禪。但是，有很多人不瞭解學禪因緣有遲有疾，有快有慢。

在以前要想聽聞祖師禪非常地難，要有很大的因緣才能聽到禪──了義之法。所以當年虛雲老和尚修定一直修到第四禪，然後住在山裡面吃野菜、樹木的果實過日子，冬天飢餓的時候吃松葉，口渴時飲白雪，但是他很快樂。衣服破破爛爛的，有一段時間甚至裸體，因為衣服已經破得沒辦法穿了，他也很快樂，自以為四禪天人也，以為這就是禪了。

後來遇到個善知識跟他講：「你這個是定不是禪，智慧還沒有出生，你應當要參禪尋覓善知識。」而他也沒有善知識可以請教，所以就自己參究，從話尾摸到話頭。因為他有四禪的功夫，所以自己會話頭。

然後，有一次正在參的時候，參到忘了外境。人家跟他倒開水，他也不懂得把茶杯湊過去，所以行堂的師父可能不高興，就故意漏了一些開水燙到他的手。這一燙，手一抖，「杯子撲落地，響聲明瀝瀝，虛空粉碎也，狂心當下息。」就這樣通了。他先得四禪，然後才悟得祖師禪，走的是大乘禪的路。那是因為他的禪緣晚，而且當時禪法難聞的緣故，所以先得四禪再見性。

那我們諸位說：「禪很容易就聽到了，有什麼困難？」在座有很多人一接觸佛法，馬上就聽到這了義的法，很簡單，沒什麼困難的嘛！

其實禪這個法到處有得聽，只是聽來聽去十之八九在相上轉，不然就在意識思惟心上轉，再不然就是聲聞禪。

真正的禪，以現代來講還是不容易得聞，因此禪—了義之法，不是那一些沒有福德因緣的人所能夠輕易接觸得到。所以古來很多學禪者聽不到禪，只好往定去修行，因此修得四禪八定的人比比皆是。但是明心見性這回事情，那就沒有什麼因緣可以聽得到。因此，大部分是先得第四禪，然後再眼見佛性。

但是有的菩薩像諸位一樣因緣好，一開始就接觸到了義之法，因此是沒有得四禪之前就眼見佛性。我們前面說過要眼見佛性之前，必須要先鍛鍊看話頭的功夫才能眼見佛性。

但是這看話頭的功夫，不要說比第四禪，要跟初禪比，還是差很遠，所以十住菩薩眼見佛性的時候並不須要很強的定力。對一般人而言，看話頭這個功夫已經不得了了，但是對於證得禪定功夫的人來講，這功夫就差遠了，因此說十住菩薩慧多定少，原因在此。

第二個理由我們舉出《六度集經》一段世尊的開示來說，《六度集經》卷七云：「比丘見諦去離五蓋，猶彼凡人免上五患。蓋退明進，衆惡悉滅，道志強盛即獲一禪。自一禪之二禪，……以二禪之三禪，以三禪之四禪……。」這意思就很清楚告訴我們了。《六度集經》講的就是菩薩六度修行的方法，既然是菩薩法，則菩薩法所講的見諦就是明白第一義，就是明心見性。

這一段經文的意思是說：先見諦—明心見性以後，能夠去離五蓋（就是貪欲、瞋恚、掉悔、無明就是疑，以及睡眠蓋）。這五蓋所帶給我們的遮障消除了，覺明就現前了，一切的惡行漸漸地消除掉了。因此修道的那個意志、願力非常地強盛，性障微薄，就獲得了初禪。

有初禪之後漸漸地就可以從初禪進入二禪，藉著二禪進入三禪，以三禪來獲得四禪的境界。所以應當要先求見諦斷結才容易修得初禪，見性的人如果能夠發起初禪，然後一步一步進修四禪，到第四禪以後，於色界頂—色究竟天，如果你找到了物質邊際處，這個時候發明捨心，也就是說過牢關了，那麼慧光圓通，就能夠永遠安住於真如，永遠不起妄心、真心之想，一念無明就斷盡了，永遠離開了妄想和夢想，這個時候就常住於真實無妄的境界之中，就是實證了涅槃。

當你有一天見性之後漸漸除掉了一切煩惱—這是事修，要一步一步地去做。煩惱修除，一方面修學定力到達第四禪的時候，發明捨心，一切牽掛全部不存在，五上分結斷盡，永遠沒有妄想也沒有欲想，那你就知道—我已經斷盡一念無明，獲得盡智，親自證得涅槃，獲得解脫境界，因此你就知道究竟解脫是要怎麼樣才能達到。

這就是意謂著你的解脫知見已經具足了，這個時候你就知道所證得境界就是菩薩阿羅漢的境界啊！聲聞阿羅漢雖斷一念無明，而不斷所知障，不明真如，不見佛性；菩薩阿羅漢不但斷一念無明也破無始無明，破所知障，明心見性了然分明。接下來，因為是菩薩人，所以以大悲心的緣故不取證涅槃，而繼續進修無量百千三昧，永遠伴隨衆生，自度度他，一直到成佛為止，永遠都不離開衆生，這就是大般涅槃，不同於聲聞的涅槃。

此外，我們依照《六度集經》所講的這段經文的道理，也可以拿來仔細地去觀察一切的善知識—凡是外表示現謙虛，而內心慢習很重，貪求名聞四海，好大喜功，沒有包容心的人，我們就知道他被性障所遮住，這樣的人必定沒有初禪的境界。不管他把初禪說得如何深妙，其實他是沒有證得初禪的，因為他被性障所遮住了。從《六度集經》世尊的這一段開示，便知應先求明心見性而後再修初禪乃至四禪。

第二節　一切大心佛子應修四禪八定

有知識說：「四禪八定是定性聲聞所修，參禪念佛人是大乘行者，不須修持。」對這一點，我們分為三目來說明。

第一目　一切佛子應修四禪八定

菩薩六度之第五度禪定，不是指祖師禪、般若禪，而是以四禪八定為主要的三昧。既然四禪八定是禪定度的主要內容，而禪定是菩薩六度之一，那我們就不可以說大乘行者不須修四禪八定。

四禪八定通於聲聞、外道，但是外道修行四禪八定是以證得四禪八定的境界為目標。他們不修聲聞的無漏空智，也不修緣覺的緣起智慧，更不修菩薩的大乘無生智，所以雖然已經修得無色界頂－非想非非想處，而仍然不免要輪迴生死。

聲聞的俱解脱大阿羅漢，修四禪八定到了無色界頂的時候，他們依照所悟的聲聞無漏的智慧而證入滅受想定，成為大阿羅漢。

大乘法裡面也有菩薩修四禪八定，依照他所證悟的真如佛性無生的智慧，而證得滅受想定，但是他不取證涅槃。

參禪人明心見性獲得無生智，這是慧解脱。悟了之後有無生智，或者七生天上七生人間、或者一來、或者不來，於色究竟天解脱。或者此生斷盡一念無明，獲得盡智而得解脱。在修得俱解脱境界之前他必須要待緣生死，生的時間、死的時間要等待因緣，不能提前取涅槃。必須要修學第四禪的功夫以後，才對於生死的時間和未來將在何處出生，完全自己作主。

要得到四禪八定以後才能夠修學觀、鍊、熏、修，四種三昧，然後才能成就無量百千三昧，菩薩以此自我莊嚴而度衆生，乃至成佛，所以四禪八定非常重要。

世尊在《六度集經》開示云：「若菩薩心淨，得彼四禪。欲得溝港、頻來、不還、應儀，各佛如來至真平等正覺無上之明，求之即得……自五通智至於世尊，皆四禪成。」所以要想修得第四禪必須先要能夠淨心，沒有性障遮障，才能夠漸漸修得第四禪。

修得第四禪以後只要有一個因緣，想要獲得初果、二果、三果、四果乃至佛如來至真平等正覺無上之明都很容易。又告訴我們從世間粗淺的五神通的智慧一直到最究竟的世尊的境界，都要靠四禪才能具足成就。所以諸佛世尊包括各位菩薩未來生成佛的時候在內，都必定在第四禪大悟成佛，將來捨報入涅槃的時候，也是在第四禪之中取涅槃，所以四禪非常重要，一切大乘行者必須修學。

此外，在第四禪中也可以獲得菩薩的俱解脫果，在《楞嚴經》卷九云：「從是有頂色邊際中……若於捨心發明智慧，慧光圓通，便出塵界，成阿羅漢，入菩薩乘。」從這一段世尊的開示，我們也可以證知四禪之重要。

參禪或者念佛人是菩薩行者，菩薩六度的禪定不是指般若禪，而是禪定，主要的內容根本上是在四禪八定，依據所修得的四禪八定來進修各種百千三昧，所以參禪人、念佛人見性以後應當要學四禪八定，再進修無量百千三昧，方能成為究竟佛。

第二目 諸佛菩薩以四禪為根本

大乘菩薩藉四禪的功夫自主生死，不入涅槃而度眾生，不同於外道以四禪誤為涅槃，或以四禪的威德果報為他所追求的目的。所以四禪於諸佛菩薩及諸佛子為「根本淨禪」，因為我們是以四禪八定作為證入各種境界的根本，而不是以四禪的境界作為所追求的目的，所以稱為根本淨禪。

《六度集經》云：「自五通智至於世尊，皆四禪成。」所以菩薩應當修學四禪功夫。菩薩以大悲心而常住世間度眾生，所以應該在悟後修學五種神通。未到四禪之前修學神通要花很多的時間，如果已修得四禪，再修五種神通，隨修隨得。而神通的獲得是因禪定功夫配合神通加行而得，不是因為明心見性的智慧而得。

此外還有一個觀念，大家應該弄清楚，念佛求生淨土，其實不僅僅是極樂世界而已，還有滿月光如來的淨土，有藥師琉璃光淨土，我們這個世界以及彌勒菩薩的內院也是淨土。

《華嚴經》說到釋迦牟尼佛常住於十方無量世界，在經裡舉出其中的一百個世界，所以淨土其實很多。但是求生極樂世界的人，如果是見性以後求生，在我們還沒有往生之前，還是應當隨緣、隨分、隨力來修四禪八定。

如果因為大悲心，不捨衆生而度衆生，自己沒有時間修學的話，可以暫時不須要修學四禪八定，但是往生到極樂世界以後，仍然必須要修；不但要修四禪八定，甚至比四禪八定還要更深更廣的無量百千三昧都要修，因此並不是往生到極樂世界後就沒事了。

我們大家應當明白，除了上品上生及中品上生以外，其他的人往生到極樂世界去都要住在蓮胎之中，少則半天，多則十二個大劫，所以我們常說，想求生極樂世界應該求上品上生，所以就要在這裡先悟，見性之後再去，可以上品上生，坐蓮花金剛台去，到極樂世界時，立刻見佛聞法，不必住在蓮花中。

如果上品中生那就要坐紫金蓮啊！有蓮台也有紫金色的蓮花，既然有蓮花，往生到那裡去，上品中生要在蓮花中坐一個晚上，相當於我們這裡半個大劫，相差很遠！而且花開後聞佛說法，所悟的果位相差很大，所以應當求上品上生。

但是即使是上品上生，往生到那裡去之後，有的人是四地菩薩，有的人成為五地，有的人成為六地，有的人成為八地菩薩，有的人卻只有得到初地。這中間的差別在哪裡？那就是在於悟有深淺不同，悟後有沒有除性障？有沒有修學各種禪定三昧？因此有各種不同。

一般人錯以為「我能下品下生往生就好了」。但是下品下生的人往生到那裡去，要在蓮胎中住十二大劫。不要說十二個大劫，只要七天就好，七天是我們這裡多久？七個大劫。到底是多少年呢？不知道。這七個大劫之中，我們坐在那個蓮花裡面做什麼？

事實上，我們在蓮花裡面要待上幾千萬億年，在那裡面漸漸地把性障的種子消滅掉。怎麼消滅？讓你沒有各種的五欲境界，這些種子不容易現行，放久了漸漸地失去效用。同時我們所住的這一朵蓮花在七寶池裡面，這一個七寶池裡面有八功德水，這八功德水有它的作用，現在我們唸一段經文來證明我們的說法。

世尊說法理路分明，初善、中善、後善，只是我們讀的時候有沒有理路分明地去讀它呢？所以就誤以為往生極樂就統統沒事了，不對！到了那邊要學的更多。現在我們看《無量壽經》卷下云：「生彼佛國諸菩薩等，所可講說常宣正法。隨順智慧，無違無失。……無我所心，無染著心，去來進止，情無所係。……離蓋清淨無厭怠心。等心、勝心、深心、定心。……得深禪定，諸通明慧。」

凡是往生到極樂世界的那一些菩薩，他們日常講話不談柴、米、油、鹽、醬、醋、茶，不談我家兒子，你家女兒，所可講說常宣正法。一切的行為舉止都隨順於智慧—真如佛性。沒有任何的違犯和過失。沒有一個我，也沒有我的心所，也沒有一切的染著，來來去去之間，沒有任何的攀緣執著。遠離一切蓋，所以心清淨，修學佛法沒有厭怠之心，平等看待一切菩薩，其心精進勇猛，志願非常深厚，所以各種神通非常的清明，各種神通的發起運用的智慧具足，這是明心見性之後，並且加上有了禪定的功夫才能夠做得到。

如果不到這個境界，那就要在蓮苞裡面坐，坐在蓮苞之中，所為何事啊？那就是《觀無量壽佛經》這一段：「其摩尼水，流注花間，尋澍上下，其聲微妙，演說苦、空、無常、無我、諸波羅蜜。」

我們在蓮苞裡面坐，下面的八功德水會順著蓮花的莖、葉、花這樣的上上下下，在上下的時候，我們就聽到有聲音，這些聲音讓我們體會到苦、空、無常、無我、六波羅蜜，而能夠獲得解脫的法門，一直到我們業障消盡，基本的定根定力已經具備之後，才能夠花開見佛，聞法而得悟無生法忍或無生忍，明心見性。

悟了以後也不是就沒事，還要從四禪八定再努力去修無量百千三昧、十力、四無所畏、四無礙辯、十八不共法等等，都必須要學，不僅僅四禪而已。

所以經中講無量壽佛常聚衆說法，並且在《彌陀經》裡面說：「化現衆鳥，出和雅音，宣揚佛法，所謂甚深念住、正斷、神足、根、力、覺、道、支等無量妙法。」因此並非往生極樂世界花開見佛以後就具一切功德，仍然要在聞佛說法以後，再修學禪定三昧等無量法門。

所以《無量清淨平等覺經》云：「中有在地念經者，中有在地思道者，中有在地坐禪一心者，中有在地經行者……中有在虛空坐禪一心者，中有在虛空經行者。」菩薩花開見佛悟無生忍後還要念經，還要在地上思惟佛法，還要在地上坐禪保持一心，還有地上經行，或者甚至於有的菩薩福德因緣比較好，他在虛空坐禪一心或者經行。可以證知：往生極樂世界以後，還是要修學無量百千三昧，豈止四禪而已。

我們念佛門裡面的念佛人不應該侷限於持名才是念佛，我們讀了《蓮宗寶鑑》，或者閱讀淨土宗歷代祖師的開示，可以知道門門莫非念佛門，有什麼法門是我們不應該修的呢？

我們如果以無相念佛的方法來修四禪八定，或者甚至說以念佛心而用數息、止觀、持咒各種方法來修四禪八定，那也是念佛。

精進的念佛人應該由持名念佛轉進心念心聽，心念心憶，無相念佛憶佛，體究念佛，而進入實相念佛，也就是明心見性。還沒有到實相念佛的人，不須要去修四禪八定。如果已經親見自性彌陀，悟得真如佛性，得到實相念佛三昧的人，在捨報往生之前，度人的閒暇，應該要隨力、隨分地去修學四禪。如若不然也應該要修觀想念佛，不要浪費光陰才是精進的念佛人。

如果能夠這樣，就可以超越一般上品上生的人，往生後的果位在初地、五地、六地、八地，因為所證的果位很高，所以在極樂世界不需要停留很久，就可以迅速地回到我們這個娑婆世界來度這裡的苦難眾生，也可以不離極樂世界而在賢劫之中，承事供養娑婆世界即將出生的九百九十六位世尊。

如果不明白這個道理，而主張所有的念佛人都不應該修四禪八定；或者認為四禪八定是小乘行者所修，大乘行者不應當修；或者認為實相念佛的人不需要修學禪定，這樣說的人，他就不是實相念佛的人，他沒有證得實相念佛的境界。

我們學念佛、學參禪，既然已經見性，親見涅槃，如今想要實證大般涅槃而又不取證涅槃，就應當修學四禪及首楞嚴大定。《大般涅槃經》卷二十五云：「云何菩薩修習五事？所謂五定。一者知定，二者寂定，三者身心受快樂定，四者無樂定，五者楞嚴定。修習如是五種定心，則得近於大般涅槃，是故菩薩勤心修習。」

《大般涅槃經》世尊開示：菩薩應該修習五件事情，便是五種的定。第一知定，就是初禪。有很多人修習禪定很用功，證得未到地定以後，一入定就是十天、半個月，但是初禪始終不現前，所以他心裡面就起懷疑，究竟有沒有禪定？可能只有到未到地定嘛！因為我已經這麼深入了，還是沒有禪定啊！

等到有一天有人指點：你要趕快除性障，離五蓋才能發起初禪，等到他聽到這些話而修除五蓋之後，終於發起初禪了，終於知道原來真的有禪定。你要證知究竟有沒有初禪、二禪乃至四空定，先要發起初禪，發起初禪你就確定真的有禪定，所以初禪稱為知定。

二者寂定，是指二禪，初禪之中有很多功德受用，有覺有觀，所以心有點吵鬧，因此要離開覺觀進入到二禪之中。心止於一處，無所攀緣，那這個時候心處於寂滅而無所攀緣的狀態，這是二禪—無覺無觀三昧。

之後，發覺這個境界還是不能發起很大的受用，所以又轉進，到了三禪身心俱樂。初禪身樂，二禪心喜，在三禪之中具足初禪身樂與二禪的心喜，身心受快樂定，這個境界只有聖人才能捨離，一般人沒有悟明心性的話，證得這個境界他就會起貪著。明心見性的人證得這個身心快樂定之後，知道不究竟，還會離開它，捨離一切的覺觀，捨離一切的樂觸，心喜湧動也把它捨離掉，捨念清淨成為無樂定，這就是第四禪。

到了四禪之後要修楞嚴定，但是楞嚴定也包括前面的四禪在內，所以《楞嚴經》所講的定包括欲界定、未到定，乃至四禪四空定。因此，我們講無相念佛，也可以用第二十四種的圓通法門—憶佛的方法進入欲界定、未到定，發起初禪、二禪、一直到四空定。然後轉修楞嚴大定。

為什麼要修這五種定？世尊說修習這五種定心，我們就可以一步一步地接近大般涅槃，所以菩薩應當要精勤地修學這五種定。因此，不僅要修四禪，還要修楞嚴定。而其中的第四禪，因為定慧均等，所以諸佛於四禪大悟成佛。也在第四禪取涅槃，所以我們就知道一切大心菩薩應修第四禪。《大智度論》卷二十云：「涅槃城有三門，所謂空、無相、無作。四禪等是助開門法。」又云：「是三種智慧，若不住定中，則是狂慧、多墮邪疑、無所能作。若住定中，則能破諸煩惱，得諸法實相。」

故悟後應修四禪。

繼續上週所談諸佛菩薩以四禪為根本－《大智度論》卷二十云：「涅槃城有三門，所謂空、無相、無作，四禪等是助開門法。」又云：「是三種智慧若不住定中則是狂慧，多墮邪疑、無所能作。若住定中，則能破諸煩惱，得諸法實相。」四禪之所以重要，《大智度論》裡指出要到究竟的涅槃，也就是說：親見大般涅槃－真如佛性本體的不生不滅的境界之後，要親證涅槃，必須要功夫，所以告示我們涅槃城有三門：空、無相、無作，四禪是幫我們開涅槃城的方法。

空是指真如非色非相，沒有去來，不生不滅，所以謂之空。空無所有是說－沒任何形相法相，沒有形相法相就是無相。因無相我們就不須有任何的慾望，不須要去追求。既然真如不觸六塵，從來無所得、無所失，我們就不須去追逐一切的有為法，追逐這些有為法全是五陰所得；失去一切世間的有為法是五陰所失。真如無得無失，就不須起任何的慾望而有各種的造作，因此稱之為無作。所以明心見性就是空、無相、無作三昧，這三三昧即是進入涅槃城的三個重要門戶。

但是找到這三個門戶要進入涅槃，就得要有功夫才開得了門，否則就得像慧解脫阿羅漢一般，要等到命終時才能入涅槃。四禪就是助我們開啟空、無相、無作的涅槃城門之方法。這三種智慧若不住在定中就稱為狂慧。

我們常說要明心見性就必須作功夫，因為如果想證入真如，心要非常的細膩；心要細膩就必須不散亂，常常制心一處，才能明白真如。如果福報大，因緣好，福德因緣具足，不須要自己參究，有善知識幫忙，即使沒有很深厚的定力，心不是很細膩，還是可以明心，但見不了佛性。如果要自己明心見性，功夫要很好，心要很細膩，才有可能參得出來，要能在一切的行住坐臥之中不離定，沒有這個功夫就不能悟入。

看不見話的前頭，那表示我們定力不夠，不能常常住於定中，只好依靠意識思惟。而意識思惟所得的悟，十之八九會落在能知能覺的心裡面去，但這個是識神。因不是真正證得真如，以能知能覺的心為真如的時候，心裡不免懷疑。疑見不斷，則他為眾生宣說的知見，就會落入邪法，不正確，因此遇境則滯，不能通流。

我們常說明心的時候六根皆通，見性的時候六根皆通，六祖慧能大師也說：「道在通流」，不能通流就表示所悟不真。

我們若以清清楚楚明明白白了然分明的覺知的那一念心為真如，這一念心在意根可通，但在眼耳鼻舌身五根就不通了，真如是在六根之中相通。以意識思惟所悟的，會有這種邪疑，境界出現的時候，就沒有辦法互相通流而有凝滯的現象，因此無所能作。倘遇到了善知識隨便拈出一則公案來問，就答不出來，因此說無所能作。如果有定的功夫，常常都能安住於話頭之中，這即是定的功夫，在這種定中一旦參透，就能漸漸破除各種的煩惱，然後證得諸法的實相。

眼見色，耳聞聲之法……乃至意根所知之法都由真如來，真如佛性遍於六根，這才是實相。如果只有意根之中有，其他五根不通，便會以感覺為佛性，那就不是真如佛性，不是實相，因此必須先學定力。

縱使見到佛性，明白真如，證得三三昧六根互通的現象，要真正進入涅槃，還須要有四禪的功夫，具備捨念清淨定，才能在斷盡一念無明後，自己決定捨報的時間和地點。若想達到俱解脫阿羅漢隨時可以進入涅槃的境界，還得要有四禪的功夫，方能證得滅盡定的功夫，因此四禪八定必須要修，但以四禪為根本。

第三目　坐脫立亡非參禪究理之極則

自古以來修學佛法的人大多以定為禪，因為一心在修定方面努力的緣故，未到地定修得很好，一入定就是十天半個月。有這個功夫就生起慢心，以輕慢心來對待別人，他不知這個只是定，不是解脫。還有人自認為能坐脫立亡、生死自在就是解脫，自認我坐著隨時就可以走，站著也可以走，那就是解脫了，但是這個不是解脫。

如果沒有明心見性，或明心不真，以感覺為見性的話，這不是真正的無生智、無生忍。沒有親證本心，沒有親眼看見佛性，即使有四禪功夫可以坐脫立亡，要死就死，但仍然沒有解脫。

為何這麼說呢？一般的外道修行人凡是修學到四禪的功夫，都能坐脫立亡，想要捨報立即可以捨報，但是仍然沒有解脫，仍在三界之中輪迴受生。當他坐脫立亡之後，必定往生到色界天去，色界天的天福享盡了又回到人間、畜牲道、餓鬼道或修羅道，都不一定。

因他不明白這些境界都是五陰所有。色界天有微細五陰，無色界天有四陰—受想行識存在。因此即使有定的功夫可以坐脫立亡，但捨離這個色身以後，仍在三界之內—或色界天或無色界天受生，天福享盡，還須人間道、畜牲道、餓鬼道或修羅道隨業受生，和大菩薩隨願受生不同。這種人與大菩薩的受生不同，其原因在於參禪究理的智慧的有無而產生差別。

三乘聖人所證的無為法差別不同也在這裡：聲聞雖證涅槃，仍不明真如佛性；緣覺雖證涅槃，仍沒有明心見性，此二乘都還有理障。若菩薩四果證得涅槃而不取涅槃，但是已破理障，破了無始無明—明心見性。因此《金剛經》講：「一切賢聖皆因無為法而有差別。」所以證得四禪而能坐脫立亡的人，若未明心見性，並不是究竟解脫，沒有明心見性的無生智之故，仍須在三界中輪迴。

譬如古時石霜禪師入滅後，闔寺僧衆要推舉首座當住持，但是九峰勤禪師不贊同。他說：「先得勘驗首座親得先師意旨否？」這首座聽聞，便叫人找九峰禪師去，就問「汝不肯我？」九峰禪師就講：「如果你明白石霜先師真正意旨，那我就同意你當住持，侍奉你猶如先師一般。」九峰便問：「先師曾道：『休去歇去，一念萬年去，寒灰枯木去，一條白鍊去。』且道：明什麼邊事？」石霜首座就講：「此尚是一色邊事。」這還只是定上面的功夫而已。九峰禪師便說：「師父的真正意旨你還是不明白。」首座便說：「汝不肯哪！裝香來。」你還是不肯定我，那你裝香來，我證明給你看。

九峰禪師真的將香裝了來：「好！你要死就死給我看。」首座就講：「香煙起處，如我不能坐脫立亡，我就是不會先師意。」香著了火剛熄，煙才升起，他就已經走了。但是九峰禪師走近他身邊，上下撫著首座的背就說：「坐脫立亡則不無，先師意未夢見在。」人死了，他還講風涼話說：「坐脫立亡的功夫你是有啦，但石霜禪師真正的意旨你連作夢都還不知道。」

所以我們應當瞭解：參禪學佛之人如把坐脫立亡當作是參禪究理的極則，那就錯了。因即使坐脫立亡以後，他還是在三界之中受生，不是解脫。我們應該明白：祖師對大衆的訓示，常常是觀察當時環境的不同而作不同的開示。

譬如說，在六祖以前，學佛的人都是修定聽經。而禪宗在當時通常一代只傳一人，尤其在西天時，只要傳到一個人，上一代的祖師就入滅了不再住世。下一代的人成為祖師也一樣，只要傳到一個人，他馬上入滅不再住世，只有一個人住世。

所以六祖以前要聽聞禪法，非常困難，所以修學的法門都在四禪八定範圍之內，那時有許多人都已修成四禪八定以及坐脫立亡的功夫，都有神通，但不能見性。所以六祖就講「唯論見性，不論禪定解脫」，因此六祖之後，一花開五葉，結果自然成。從此禪宗有很多宗派開始出現，到處弘揚；演變到唐宋以來禪風鼎盛，再傳到元明，大部份學禪的人都不修四禪八定，只在口頭上談論，都落在談論參訪上面，而不作功夫了；即使悟了，沒有四禪的功夫，便不能隨時取證涅槃，所以長蘆宗賾禪師就倡言：「若無定力，甘伏死門，掩目空歸，宛然流浪。」

如果明心見性了，但是沒有四禪定力就沒有辦法自己作主。若有四禪功夫，我現在不想走，閻王老子也奈何不了我；我要提前走，閻王老子也阻擋不了我。沒有這個功夫只好被死魔所控制。你說「我度衆因緣還沒結束，還有很多事要去做。」但是死魔說不行，你現在就得走；閻王老子說我等你很久了，那時不走就不行了。就好像一個四處流浪的人，隨著因緣到處走。自己作不了主，宛然流浪。所以長蘆禪師提倡必須要定力。

到了民國，現代工業革命以後，知識爆炸。一個小學生所要學的東西，古時候的人聽都沒聽過，算術、雞兔同籠的問題，古人有幾個聽過？又有幾個會？更不用提初中理化，高中物理化學，大學微積分。而且現代生活形態，職業繁忙，所以人們大部份聰明伶俐，因此也就心識散亂，連基礎的定力也沒有。所以虛雲老和尚不得不鼓吹大家努力修學看話頭的功夫，作為參禪的基本條件。

我們看從古至今的演變，就知道大悟徹底的人，即使你過了牢關，沒有四禪的功夫，仍然無法坐脫立亡說走就走。必須要等候捨報的因緣。如大悟徹底後，用幾年的時間去斷盡一念無明的話，他捨報時就能進入涅槃，這才是解脫，否則難免要七次人天往返才能取涅槃。

大悟徹底的人如果想要提前捨報還是須有四禪的功夫，但坐脫立亡是從四禪的定力而得，這不是解脫，因尚未明心見性，無生智慧沒有現前，所以即使能坐脫立亡，捨報之後仍須要輪迴受生，所以牢關才是參禪究理之極則。

第三章　度眾—為眾說法

第一節　度眾應知

第一目　隨緣度人

參禪的人無論是開悟或者見性乃至過牢關，都可以依照他所證所修的法隨緣度人，但是只可對少數的有緣人說法，多的話不超過二百人，說法的時間每週不超過三天。我們要小心謹慎，不要超過這個程度，否則的話，心識就會散亂，時間不夠分配，自己也無法悟後起修。

也不要去籌備建設大道場，否則的話，事情衆多，自己想要再進修就很難得。談到道場，我們要提出一個觀念—道場的大小不在於地皮及建築物的大小，而是在於有沒有正法，有沒有真正明心見性的人來說法；在於有沒有度人明心見性的成績，而不在於寺廟的大小、僧衆或信徒的多寡。所以我們悟後度人時，不須廣作宣傳求名求利。各位看到我們現在所貼講經海報，本來是要印大張的，而且要求我把搭衣的相也要印上去。但我認為不須大作廣告、到處張貼。我們要度的是有緣人，所以才改成現在的大小，也不印我的相片。

有一些人不忍衆生南北奔波卻學不到正法，而起悲願，要廣作宣傳，利益廣大佛子，但如此一來，一九九七年的六月底我便無法如期閉關去（再版按：蕭老師之閉關日期已經延後）。因為道場一多，名聲廣大時，那麼事和業必然會很忙，就沒時間自己進修三昧，那就是障自己的道。十年八年一直弘法下去，我個人終究不免隔陰之迷，要完成今生所訂目標就遙不可及。所以我們要有個觀念：對那些廣大的初機學佛的人，有那些大寺院、有名的師父去度就好，我們只度少數根性較好，福德因緣具足而沒有慢心的人。

我們要注意的是：如本身學佛時間不長，也沒有教門基礎，是靠善知識幫助而不是自己參究出來的人，明心見性以後，本身的差別智和擇法眼未具備者，我們建議他悟了以後，不須去當座主，而應當選擇師兄弟之中已經悟了，且又具備差別智，通宗通教的師兄弟當座主，我們去幫助他，讓他全心全意度人。一直等到自己差別智成熟，也通達教理之後才可以去當座主，這才度得了末法時期那些伶俐的衆生啊！

如果已悟的人自己不當座主，而想護持別人弘法，也不一定選同門師兄弟，但要選擇已經真正悟入的人。譬如有些人沒悟而裝作悟的樣子，有些人是所悟不真，因這些人講出來的禪法就等於以盲引盲，你去幫他們，就等於誤導衆生，難免要同負誤導衆生的因果，這點要很小心，要戒慎恐懼才好。

第二目　續佛慧命

悟後發大悲心，想當座主度衆的話，先要廣泛閱讀教門經典，以自己所悟的真如佛性，貫通宗門與教門，把理與事、定與慧、體與用、性與相，融會貫通以後才可以當座主。如此當座主以後，「手段出諸方，不久生獅子」，此時你可以左右逢源，上下通達，善巧方便，手段都能自己施設出來，你的手段可以超過諸方善知識；兩三年下來，就可以出生金毛獅子—門下便會有很多明心見性的人。

如果還沒度人明心見性，不可以把度人的職責放棄，應該要度一些人見性了以後，並教導他們差別智，建立了擇法眼並且能夠去度人了，然後我們才可以把度人的責任交付出去。如此佛法的慧命才不會斷絕，才不會使得佛教之中只剩下教相名相，宗門無人。

如果我們交付了度人的責任以後去閉關修行，有幸證得俱解脫的境界，並已經遠離隔陰之迷了，那我們就應回過頭來，將全部身心、全部時間投入於廣度法界眾生的一切事和業。如有人能夠這樣，那就是娑婆世界廣大有情眾生的大福報了，因其所度不只是人，包括另外四道的眾生也能度化。

所謂續佛慧命也就是度人明心見性，這件事很殊勝，功德極大。《大寶積經》卷五九云：「若有能令三千大千世界所有眾生，一切皆得阿羅漢果或復置於緣覺之地；若復有能置一眾生於佛菩提，此之功德甚多於彼。何以故？不由聲聞緣覺出現而佛種不斷，以佛出現令佛種不斷，亦復出生聲聞緣覺。」

世尊開示如果有人能夠使得三千大千世界的眾生也就是一個銀河系（有二千億個太陽系），這麼多世界的所有眾生都能夠獲得聲聞四果阿羅漢的果位，或者都能證得辟支佛的果位，這個功德大得不得了。這功德雖然很大，但如果有人能夠度化一個人明心見性，證得佛菩提，這功德勝過度化三千大千世界所有眾生證得阿羅漢果位。因為世間並不因有聲聞羅漢以及辟支佛的出現而能讓佛種不斷。世間如果沒有佛就沒有聲聞，也沒有緣覺，沒有阿羅漢也沒有辟支佛。因為佛出現世間，能讓佛種不斷，也能產生阿羅漢和辟支佛。若度一人明心見性，這個人就必定會走上成佛之路；這個人走向成佛之路，就會使世間佛種不斷，陸續有佛出現，而且能夠出生阿羅漢和辟支佛，所以度人明心見性功德大得不得了。

在下也常講：度一千個人受三皈五戒不如度一人出家，度一千個人出家不如度一個聲聞人斷三縛結，度一千人斷三縛結成為聲聞初果，不如度一個人得佛菩提；得佛菩提就是悟明真如眼見佛性。但是我這個說法遠不及世尊比喻的功德大，因為明心見性的人永遠不再喜歡聲聞法，也不會喜歡跟人講聲聞法，因為他已經成為菩薩種性的緣故，將來必定會成就佛道的緣故。

第三目　行四攝法

我們弘法度眾時不要離開四攝法，就是布施、愛語、利行、同事。

作佛法布施時不可開口要人來供養，講話也不要惡言惡語擺出一副大善知識、大老師、大師父的樣子，應以平常心溫言軟語去應對修學的人。平常領眾也跟大家同行共事，不要顯示出跟大眾不同的地方。有些人講的不是了義法，但是一出場就擺出場面，還要四人八人金剛護法；如此迎請，那就是慢，就不是平常心，所以平常領眾不必高座自尊。

只有兩種情形例外：第一、講的是了義法時，那時為莊嚴佛法故，應披僧伽梨或菩薩戒衣。在家菩薩說了義經要穿海青、搭衣以及高座。或誦戒時要高座，這是世尊所規定。

另外一個情形是在短期精進共修、剋期取證時，也要高座說法；因為這是選佛之時，無比慎重的時候。在這段時間內前前後後所說所作都是了義之法，都是無上甚深微妙之法，所以必須穿海青或披僧伽梨、搭衣，緣故在此。

除此之外都要與大眾同行共事，不可高座自尊，並且在同修之中不要因修證的高下而有分別的待遇，一視同仁；除有疾病才有例外。

當老師的人很容易生起慢心，所以我個人一向奉行四攝法，不以老師自居。對每一位同修都以師兄弟看待，決不疾言厲色。如果度眾過程中，發覺自己所作的事情不夠圓滿，使學人心生不滿時，不管自己所做是對是錯，我都可以向學人賠罪認錯，消弭他的怨氣。如果學人因此對我不恭敬，那是他的事，我卻可以因此消除慢的習氣，使自己盡量消融掉「我」的執著，更快斷除五上分結。我把自己的看法提供給諸位，但不勉強諸位跟進。為了消除身為老師者的慢心，所以我主張平常領眾共修，不必高座自尊。

平常接引眾生說法，必定由淺至深；因緣未具足的人我們不為他說第一義，先從布施持戒忍辱精進這些法引入，等到因緣成熟，再教導他學習功夫、鍛鍊定力。知見定力功夫都具足了才為他說了義之法。說法當從淺入深，次第漸進，不妄說了義之法。

身為在家之人，雖因為開悟而斷結，名為出家，但既然身現在家之相，仍然不應妄受供養，且當儘量避免受人頂禮，除非是在參究印證的時候。至於一般人如聽聞我們見性悟道，而想要布施於我們的話，原則上能推辭便儘量推辭，不能推辭的話，我們就轉施貧困之人。如此，布施予我們的人得到了福報，我們受布施的人同樣地也藉此機會修福，並可避免使得不明究裡的衆生造口業。

在度衆時如受到責難、質問，不要在意，而仍要常以柔軟的心態、溫婉的語調來應對，不可離開四攝的法門，但有的時候可以開緣。譬如對某些衆生，我們觀察這個人如果不現憤怒相就無法度他，但只要我們現憤怒相就可以得度的話，何妨現出憤怒相？但在現憤怒相時，心中卻不可有瞋恚心。

我們講四攝法的意思是說：出去度衆時，可以用這樣的方法使我們得以消除性障，以及遮止慢心。因為除性障、遮慢心在歷緣對境的狀況下最容易達成，所以鼓勵大家明心見性以後要出去當老師，去歷緣對境除性障、遮慢心；同時亦可利益衆生，使正法得以永續地流傳不絕，而以上這些都要以度人做為因緣。

第四目　度眾即修行

有的人見性以後，尚未通達教典，也未研讀教典中的定學，而且又沒有深入地去思維，所以當他聽到善知識說「見性以後要去修學禪定及各種三昧」之後，他便捨棄所有的同修，而自己閉門修定。但是，他不知道悟後度人乃是修定的前方便；這前方便不做，而專門在定力方面去增強，那他便很難發起初禪的功夫。悟後度人能幫我們消除性障，性障消除之後，初禪的善根才可能發起。

我們去度人，是由前方便調和諸緣，一直說到明心見性的了義之法；但了義之法難聞，聽到的人也很難相信，而相信的人又很難理解，理解了之後要證入更難。尤其是末法時代，佛子們聽了大多不相信、不接受。

我們悟了以後，滿腔熱忱，想要把我們參學的經驗奉獻給別人，但因為我們並沒有建大道場，也沒有大名聲，所以諸位出去度人的時候，聽到的人往往用一盆冷水來報答你，從頭上就倒下來。乃至有的人對你質疑、背後誹謗，種種逆境接二連三不停地出現。

但是我們已經見性之後，不需要為這些事情寒心，應當要瞭解這一切的逆境都是我們的逆增上緣，有時候甚至是菩薩示現逆境，使得我們可以藉此機會來消除性障，我們如果能夠在各種逆境之中不屈不撓，心無惱恨、心不動轉，泰然處之、熱情如故的話，我們性障不久便可以消除，配合繼續增強的定力，初禪必定會現前。所以度人入道，主持道場的共修，乃是我們漸除一念無明煩惱的前方便。

說到除一念無明，我們有一些話要提出來加以說明。譬如說，我們這個共修團體有許多個共修道場，都不收費，所有主持共修的老師也都不受供養，完全是義務的奉獻。但是我們的同修之中，有人明心見性以後學了差別智，但卻不念恩。他的能力足以為人師，也足夠去度人，但並不肯發願去度衆，反而急著要求證入涅槃，想要迅速斷盡一念無明，所以就不告而別。私下還跟別人說：「有另一位老師，有法可以馬上就斷盡一念無明。」

殊不知一念無明乃是煩惱障，是自心現業流識；斷一念無明，除見一處住地以外，其餘三個思惑都屬於事修的功夫，必須要悟後漸漸地淨除，不可能頓除。所以《楞伽經》卷一世尊云：「譬如明鏡頓現一切無相色相，如來淨除一切衆生自心現流亦復如是，頓現無相無所有清淨境界。」這是說理的部份——真如佛性的境界要頓悟。就譬如明鏡，在一剎那之間就可以現出一切的色相或者無相的清淨境界。

如來為了淨除一切衆生心中的煩惱（一念無明也是一樣），突然間讓衆生頓悟無相無所有的清淨境界，這是頓悟入理。頓悟而在那一剎那間見了無相、無所有、清淨的境界以後，已經可以確定自心現流的虛妄，然後就必須要漸除了。所以大慧菩薩問云：「世尊，云何淨除一切衆生自心現流，為頓為漸？」

佛云：「漸淨非頓。如菴摩果漸熟非頓，如來淨除一切衆生白心現流亦復如是漸淨非頓。譬如陶家造作諸器漸成非頓，如來淨除一切衆生自心現流亦復如是漸淨非頓。譬如大地漸生萬物，非頓生也，如來淨除一切衆生自心現流亦復如是漸淨非頓。譬如人學音樂書畫種種技術，漸成非頓，如來淨除一切衆生自心現流亦復如是漸淨非頓。」

世尊為了很明白地告訴我們自心現業流識──也就是一念無明的斷除，是需要漸漸地淨除，而不是剎那間就可以頓除，所以舉出了果實的漸熟非頓；製造陶瓷器的過程是漸成非頓；大地能夠產生各種物資的生長也是漸生，又舉出人學音樂書畫以及各種技術都是漸漸地成就，而非一刹那就可以成就來作為證明。因此，要斷一念無明、取證涅槃的這個過程是漸漸地成就。理是頓悟，但現業流識——一念無明，需要依照事修的過程，於歷緣對境之中消除性障煩惱，才能夠逐漸達成。

只有一種人例外，他在過去生精進用功，已經斷煩惱。但因不知五蘊苦、空、無常、無我的道理，所以繼續在人間出生。當他遇到世尊開示時，殘餘的微薄煩惱頓斷，而證得盡智——一念無明斷盡，證得涅槃。但這種人也是在過去無量生漸漸斷除一念無明煩惱，不是今生一時斷盡，依舊是漸淨非頓。

以上世尊的開示非常明確，所以我們不應當懷疑；若有能力為人師的話，就不應該逃避度衆生的責任。度衆生主持道場共修最容易除性障，因為衆生根器千差萬別，所以會有很多種逆境出現。當老師、度衆生，是讓我們悟後修除自心現業流識、斷除修所斷之一念無明煩惱，以及將來取證涅槃之良方。如果只為了自己急於求取涅槃，這就是取我、著我；如此想要求證涅槃，必定轉求轉遠。所以應該本著我們明心見性以後五陰無我的見地，於度衆之時在歷緣對境之中，漸漸淨除自心習氣及現業流識才是正途。特別是當老師、度衆生最好，符合我們求道時所發的願，世尊也讚嘆，諸菩薩也讚嘆。

但是當我們度人三、四年以後，已經有弟子明心見性，並且和我們學好了差別智，而我們本身也已經在這個過程中發起初禪，漸漸地經驗了虛空粉碎、大地落沉的境界之後，轉入微細樂觸，此時就是我們應該要交卸度衆責任的時候了。這時，我們就該準備離開所有同修以及大衆，閉關修二禪、三禪、四禪，以及參究牢關，斷五下分結，乃至斷五上分結，求證俱解脱的境界。並且可以在四禪之後加修五種神通，而漏盡通這時候已經具足了。我們到這個時候永離隔陰之迷，就可以生生世世住於娑婆世界，弘傳釋迦牟尼佛的正法。因此，從這個過程我們便知道度化衆生的本身也就是修行。

第五目　應受菩薩戒　修六度萬行

我們今生如果尚未受持菩薩戒，應當要設法求受。如果還沒有因緣受持菩薩戒，可以先自行於佛像前自誓受戒，等候將來因緣具足時，仍然應當依照菩薩戒經的説明，向已經受菩薩戒的菩薩法師、菩薩居士或菩薩僧求受菩薩戒。

我們講的自誓受戒可以不必誦戒相、不取相為戒，因為這是對已經明心見性的人而言。明心見性的人過去無量生必定常常受持菩薩戒而不棄捨，因戒體從來不失的緣故，所以今生能夠明心見性。今生已經明心見性就獲得了大乘心地戒，也獲得了道共戒。並且因為已明心見性就是菩薩僧的緣故，所以自誓受戒時不誦戒相、不取相戒；唯除菩薩律儀十重無盡戒。

我們在此簡單地擬出一則自誓受戒的方法，供已經見性的人自行增刪使用：

這自誓受戒的法不需要揀擇時間、日期，但我們建議以白月，也就是農曆初一到十五的六齋日—初八、十四、十五三天最好。自誓受戒前應當先於早上十一點之前，備妥燈、香、花、果、乳、酪、酥、飲食等物，但飲食不可用香辛類以及五辛類來炒熟供養。五辛譬如葱、蒜、韭菜、大頭葱這類東西不能用。此外，我們做菜時也應盡量避免有辛味的食物，譬如蘿蔔、芹菜、香菜等。

我們準備了這些供養物品供養釋迦世尊，然後胡跪上香稟告曰：「弟子○○○今於本師釋迦牟尼世尊聖像前自誓，盡未來際皈命十方過去、現在、未來一切出世三寶，擁護現在、未來一切住持三寶，受持大乘菩薩心地戒，盡未來際持菩薩十重戒，盡未來際修學一切菩薩應修法門，盡未來際饒益一切有情衆生，受此三聚淨戒，生生不失此戒，世世生於佛前，得佛護念，常隨佛學，而亦不捨一切衆生。」

以上這段文詞諸位可以做為參考，自己依照個人不同的別願增加或者刪減，但是其中說到三聚淨戒的部份不可以刪減變更，在佛前三說三拜。這種自誓受戒的方法，未悟或者所悟不真的人不得使用，因為還沒有明心見性，還不是菩薩僧的緣故。見性之後因緣具足了，還是應當依照經典所講的戒法去受戒。

《菩薩瓔珞本業經》卷下云：「受戒有三種受，一者諸佛菩薩現在前受，得真實上品戒。二者諸佛菩薩滅度後，千里內有先受戒菩薩者，請為法師教授我戒，我先禮足，應如是語：『請大尊者為師，授予我戒。』其弟子得正法戒，是中品戒。三，佛滅度後千里內無法師之時，應在諸佛菩薩形相前胡跪合掌，自誓受戒，應如是言：『我某甲白十方佛及大地菩薩等，我學一切菩薩戒。』是下品戒。」

所以，自誓受戒是下品戒，可能的話，應當要求已受戒的菩薩為我們傳戒。而上品戒非常難得，如果我們在自誓受戒時，有佛或菩薩現前為我們做證，那是真實上品戒，但是須有天眼通，親見佛菩薩化現或放光作證才能確定是上品戒。所以，因緣不具足者先自誓受戒以後，有因緣的話仍應要求受中品戒，那就需要請已受戒的菩薩為我們傳菩薩戒了。

下一段說：「佛子受十無盡戒已，其受者過度四魔、越三界苦，從生至生不失此戒，常隨行人乃至成佛。故知菩薩戒有受法而無捨法，有犯不失，盡未來際。若有人欲來受者，菩薩法師先為解說讀誦，使其人心開意解，生樂著心，然後為授。其師者，夫婦六親得互為師授。其受戒者，入諸佛界菩薩數中，超過三劫生死之苦，是故應受。有而犯者，勝無不犯；有犯名菩薩，無犯名外道。」

以上這一段是世尊為我們開示受菩薩戒的十無盡戒，也就是攝律儀戒，受此戒者可以超越四魔，也可以超越三界之苦，四魔因此不能干擾，不能遮止我們修道，所以應當受。受菩薩三聚淨戒以後，我們從此生或者說已在過去生受都一樣，生生世世不會失去這個戒體，一直跟著我們到最後成佛為止。

所以說菩薩戒有受戒而無捨戒，不像五戒、八關齋戒，也不像比丘戒、比丘尼戒、沙彌戒、沙彌尼戒、式叉摩那戒一樣可以捨戒。受菩薩戒之後，只有犯戒但不會失戒，直至未來際都跟隨著我們，唯除犯十重戒。

諸位已明心見性或尚未明心見性的人，若已受過菩薩戒也可以為人傳戒。如果有人要來求戒的話，我們那個時候就成為菩薩法師，應當先為對方解說，誦讀菩薩戒的戒相，以及三聚淨戒的精神，讓這個人心開意解，產生了喜歡受菩薩戒的心，然後我們才為他傳菩薩戒。所謂菩薩法師，甚至夫婦、父母、師長、兄弟、姊妹等六親也可以互相為菩薩法師為對方傳戒。所以，傳菩薩戒不必一定要比丘或比丘尼，只要曾經受過菩薩戒，而能夠宣說菩薩戒的三聚淨戒、十無盡戒和其他戒相的人，都可以成為菩薩法師。

受了菩薩戒以後就成為佛子，成為菩薩的一分子。受菩薩戒的人可以超越三大劫的生死之苦；換句話說，可以提前三大劫成佛，或者提前三大劫證得究竟解脫的境界，所以應當要受菩薩戒。有受持菩薩戒的人免不了會犯戒，犯菩薩戒是正常的事情。受菩薩戒而犯戒的人勝過沒有受戒而不犯戒的人，犯過菩薩戒的人是菩薩，而從來不犯菩薩戒的人是外道。

上面這一段經文明白跟我們說明：已經受過菩薩戒的夫婦、六親可以互為師授；不論已經證悟或沒有證悟，也不論是出家人還是在家人都可以傳菩薩戒，不一定要現出家相才能傳菩薩戒。

《瑜伽師地論》卷四十，彌勒菩薩開示云：「當審訪求同法菩薩已發大願，有智有利；於語表義，能授能開；於如是等功德具足勝菩薩所，先禮雙足，如是請言：『我今欲於善男子所，或長老所，或大德所，祈受一切菩薩淨戒。』」從這一段論文可得知：已受菩薩戒的在家菩薩（就是善男子）、長老（就是出家菩薩）、大德（是指已證悟的人），皆可以傳菩薩十重無盡戒。

還沒有見道的人，我們建議他可以到台北農禪寺去求受菩薩戒，聖嚴大師對於菩薩戒有其精闢獨到的見解。他以四不壞信法、三聚淨戒的精神來傳菩薩十善戒和十無盡戒，很適合未見道乃至已見道的人來受持。有人希望我為他傳戒，但我不想做這件事情，因為已經有很多地方在做，我們不需要為這件事情再來產生麻煩。因為有的人不瞭解菩薩戒的傳授，若是我們傳菩薩戒，他可能會生煩惱，乃至誹謗。所以求受菩薩戒還是讓大家到各個寺院去受戒就好。（編案：今已隨順因緣傳戒）

第六目　不得濫用神通度人

如果我們悟後度眾生，當法師或當老師的時候，或是在悟前就有報得或修得的神通，我們只能用它來私下觀學生的根器，不可以濫用。其實，有通也應儘量不要讓人知道，因為如果把有天眼通的事實宣佈出來或讓人家知道以後，接著就會一傳十、十傳百，而且不久之後，貴府就會「户限為穿」──門檻就會被人家踩平了。每天就有應接不完的不速之客要求你用天眼通、宿命通為他服務；如果你拒絕，他就誹謗你。你也沒有辦法度衆生了，因為所有上門來的人都是聞通而來的，而這些人大多是俗人。經上講：「智慧度學人，神通度俗人。」所以，有神通時最好自己私下受用就好，千萬不要張揚；除非你想要度俗人，那就另當別論。

我們用神通度人應該有一個原則：如果某人無論我們示現神通與否，都無法度他進入佛法的話，我們便不應當現神通；如果某人是真正的學人，那麼我們只要用智慧跟他說法就可以度他學法的話，我們也不必要現神通；如果這個俗人有一些根性，是個根器，我們不跟他示現神通，他就不進入佛法，但一為他現神通，便可以入佛法，這樣的人我們才可以為他現神通，引他進入佛門之後，就漸漸地引導他修學智慧、禪法。

度衆的過程中如果學人有障道的因緣在，我們可以用宿命通為他觀察。如果觀察出來之後，知道他的障道因緣了，可以教他對治的方法解除冤結。但是要把握一個原則：不可以違逆因果的法則。如果我們為了度人而違逆因果法則，我們就要為他擔待那個因果。小的因果無大傷害，但大的因果在我們還沒有得四禪六通及四無量心之前，只怕還是擔不起的！所以儘量不要違背因果法則，以免自取禍殃。

第二節　欲爲禪師當自勘驗　差別智足方可爲人

若依教生解，非證悟而教禪者，不敢承認開悟，於弟子真悟得本時，不敢印證亦不敢否定，印可與否定皆大妄語故；為有此事，特羅列不同層次公案，以供將來欲為禪師之人自行勘驗，免蹈覆轍：

第一目　開悟明心公案三則

一、洪州水老和尚初問馬祖：「如何是西來意？」祖乃當胸蹋倒，水老和尚大悟，起來撫掌呵呵大笑云：「大奇！百千三昧，無量妙義，只向一毛頭上，便識得根源去。」禮拜而退。住山後告衆云：「自從一吃馬師蹋，直至如今笑不休。」此即開悟，明白真心也。

《平實云：「且道：如何一蹋便悟真心？若也會得，當下便從心眼得覺真心。」又云：「善知識若無惡意，必不以言語說破，留此餘地而施機鋒，令學人自悟，則不致猶疑而不肯承當也。若以言語說破，又乏定力，盡成解悟。」》

二、夾山善會禪師，博覽經典，世智聰辯。曾參諸方，自以為悟，擅於說法乃為座主。然非真悟，為法相名相所縛，不得無生智。後因道吾禪師指示，往參船子德誠禪師。船子問云：「座主住甚寺？」善會云：「寺即不住，住即不似。」船子云：「不似似個什麼？」善會云：「目前無相似。」船子云：「何處學得來？」善會云：「非耳眼所到。」船子笑云：「一句合頭語，萬劫繫驢橛。垂絲千尺，意在深潭。離鉤三寸，速道！速道！」善會擬開口，船子便以竹篙撞落水，善會落水大悟。船子當下棄舟而逝，莫知所終。

《平實云：「且道：『為何一撞落水，便明真如法身？』」又云：「平實落水也。」》

《又打葛藤云：「至此若猶不會，且自潛修看話頭功夫——一念相續、透聲蓋色—然後請來吃我一杯冷水潑面，卻得會去。」》

三、香嚴智閑禪師：祐和尚知其法器，欲激發智光，一日謂之曰：「吾不問汝平生學解及經卷册子上記得者：汝未出胞胎，未辨東西時，本分事，試道一句來，吾要記汝。」香嚴懵然無對。沈吟久之，進數語，陳其所解，祐皆不許。香嚴曰：「請和尚為說。」祐曰：「吾說得，是吾之見解，於汝眼目，何有益乎？」

香嚴遂歸堂，遍檢所集諸方語句，無一言可將酬對。乃自嘆曰：「畫餅不可充飢」於是盡焚之曰：「此生不學佛法也，且做個長行粥飯僧，免役心神。」遂泣辭溈山靈祐而去。抵南陽忠國師遺跡，遂憩止。一日，因山中芟除草木，擲瓦礫，擊竹作聲，俄失笑間，廓然惺悟。遽歸，沐浴焚香，遙禮溈山，贊云：「和尚大悲，恩逾父母，當時若為說卻，何有今日事也。」乃述一偈云：

一擊忘所知，更不假修治；動容揚古路，不墮悄然機。

處處無蹤跡，聲色外威儀；諸方達道者，咸言上上機。

《平實云：經是佛語，禪是佛意。經教名相，猶指月之指。佛子必當循指得月，方是正行。若執名相經教，不肯死心求覓佛心佛性，是求指捨月，非佛子本分事。故香嚴將其平生所集諸方語句名相，一火焚之，都無吝惜，宜其開悟也。且道：作麼生是香嚴擊竹開悟明心處？》

第二目　見性公案二則

甲、臨濟義玄辭黃蘗，黃蘗指往大愚，大愚云：「什麼處來？」曰：「黃蘗來。」大愚云：「黃蘗有何言教？」曰：「義玄親問西來之意，蒙和尚便打。如是三問，三轉被打。不知義玄過在何處？」大愚云：「黃蘗恁麼老婆，為汝得徹困，猶覓汝過在。」義玄言下大悟，云：「佛法也，無多子。」大愚乃搊義玄衣領云：「適來道：我不會；而今又道：無多子。是多少來？是多少來？」義玄向大愚肋下打一拳，大愚托開云：「汝師黃蘗，非干我事。」

義玄卻返黃蘗，黃蘗問云：「汝回太速生？」義玄云：「只為老婆心切。」黃蘗云：「這大愚老漢，待見，與打一頓。」義玄云：「說什麼待見，即今便打。」遂鼓黃蘗一掌，黃蘗哈哈大笑。

《平實云：「且道：義玄悟後，為何打大愚一拳？大愚云何不受？」

再云：「義玄為何推黃蘗一掌？黃蘗云何大笑而受？」

三云：「若知前拳，便會後掌。若使得如此拳掌，可為禪師也。」》

乙、克勤圜悟禪師，忿然離五祖法演而去，祖曰：「待你著一頓熱病打時，方思量我在。」圜悟到金山，染傷寒困極，以平日見處試之，無得力者，追憶五祖之言，乃誓曰：「我病稍間，即歸五祖。」病痊尋歸，五祖一見而喜，令即參堂，便入侍者寮。方半月，會部使者解印還蜀，詣祖問道。祖曰：「提刑少年曾讀小豔詩否？有兩句頗相近：頻呼小玉元無事，只要檀郎認得聲。」提刑應喏喏，祖曰：「且仔細。」

圜悟適歸，侍立次，問曰：「聞和尚舉小豔詩，提刑會否？」祖曰：「他只認得聲。」師曰：「只要檀郎認得聲，他既認得聲，為甚麼卻不是？」祖曰：「如何是祖師西來意？庭前柏樹子！嗄？」圜悟有省，遽出，見雞飛上欄杆，鼓翅而鳴。自謂曰：「此豈不是聲？」遂袖香入室，通所得，呈偈曰：

金鴨香銷錦繡幃，笙歌叢裡醉扶歸。

少年一段風流事，只許佳人獨自知。

祖曰：「佛祖大事，非小根劣器所能造詣，吾助汝喜。」祖遍謂山中耆舊曰：「吾侍者參得禪也。」

《平實云：「且道，如何是圜悟大師聞聲見性處？」自代云：「眼

前燈色明，庭園桂花香。」》

第三目　智權密意公案三則

甲、溈山靈祐一日喚院主，院主來，祐云：「我喚院主，汝來作什麼？」院主無對。《曹山聞後代云：「也知和尚不喚某甲。」平實云：「大小曹山，作第二句。且道：如何是第一句？」》又令侍者喚第一座。第一座來，祐云：「我喚第一座，汝來作什麼？」亦無對。《曹山聞後代云：「若令侍者喚，恐不來。」法眼別云：「適來侍者喚。」平實云：「曹山、法眼，吃酒糟漢，不識酒味。且道：如何是知酒味人底一句？」》

乙、張無盡寓荊南，以道學自居，少見推許（他人）。克勤圜悟謁之，劇談華嚴要旨，曰：「華嚴現量境界，理事全真，初無假法。所以即一而萬，了萬為一。一復一，萬復萬，浩然莫窮。心佛衆生，三無差別，卷舒自在，無礙圓融。此雖極則，終是無風匝匝之波。」公於是不覺促榻。圜悟遂問曰：「到此與祖師西來意，為同為別？」公曰：「同矣。」圜悟曰：「且得沒交涉。」公色為之慍。圜悟曰：「不見雲門道：『山河大地無絲毫過患，猶是轉句。直得不見一色，始是半提。更須知有向上全提時節。』彼德山、臨濟，豈非全提乎？」公乃首肯。

《平實云：「且道：山河大地無絲毫過患，如何是轉句？不見一色，如何始是半提？彼德山、臨濟，如何是向上全提？」》

《又云：「向上全提時，明心者多，見性者少。師家若不知此，大遠在。為人師則耽誤人家男女。自家懷胎三十年，生不得兒子也。」》

丙、南泉普願與歸宗、麻谷同去參禮南陽國師。南泉於路上畫一圓相，云：「道得即去。」歸宗便於圓相中坐。麻谷作女人拜。南泉云：「恁麼即不去也。」歸宗云：「是什麼心行？」南泉乃相喚迴，不去禮國師。

《平實云：「若道麻谷歸宗錯，是未悟人。若言南泉錯，亦是未悟人。且道：三人俱無錯，為何南泉不去禮國師？若悟後猶不知此，且來聽平實推辭一句。若真知者，是五百人大善知識。一切禪子應當承事參學。」》

第四目　現代公案一則

楊老師曾受大禪師印證為悟，今要求印證，平實勘云：「如何是汝本來面目？」云：「一念不生，能知能覺者是。」平實云：「這個不是。」楊老師云：「若此不是，哪個才是？」平實喚云：「鄭讚煌！」煌迴身，平實擲出皮套，煌便接。平實云：「這個才是，見得麼？」楊老師無對。

《平實云：「看官且道，阿那個才是？」》

《又云：「一則公案，二露法身，猶不見。本份草料，直須駿馬方消得」》。

《三云：「若真會得，且來看我揮手，卻得見性。若不會，且向腳根下做得動中功夫來，卻好商量。」》

以上九則若真會得，應為禪師，方便接人，萬勿故謙，眾生有賴。

第五目　牢關公案七則

請依排列次序參究。須見性分明不退後，方可參究。

一、曹山問德上座：「佛真法身猶若虛空，應物現形如水中月。作麼生說個應底道理？」德云：「如驢覷井。」山云：「道即大煞道，只道得八成。」德云：「和尚又如何？」山云：「如井覷驢。」

《平實云：「且道，驢覷井，井覷驢，有什麼淆訛？直須檢點才好。」》

二、趙州常示衆云：「至道無難，唯嫌揀擇。才有語言，是揀擇，是明白。老僧不在明白裡，是汝還護惜也無？」時有僧問云：「既不在明白裡，護惜個什麼？」州云：「我亦不知。」僧云：「和尚既不知，為什麼道：不在明白裡？」州云：「問事即得，禮拜了退。」

《平實云：「且道：既然不知，為什麼道不在明白裡？」》

《又云：「我亦不知。」》

《三云：「如井覷驢。」》

《四云：「知也，知也。落草也，落草也。」》

三、中邑洪恩禪師，是馬祖大師座下八十四員大善知識之一。乃仰山慧寂之叔祖。時仰山年輕，甫受戒已，往中邑覲洪恩謝戒。為報傳戒之恩，故意問曰：「如何是佛性義？」洪恩輕仰山年少，托大便曰：

「我與你說個譬喻——如室有六窗，中安一獼猴。外有人喚云：狌狌！獼猴便應。如是六窗俱喚俱應。」仰山云：「只如獼猴睡時，又作麼生？」洪恩不覺自下禪床執仰山手，作舞云：「狌狌與爾相見了也。」

《平實云：「禪子們且道：作麼生是洪恩捨下身段，下禪床親執仰山手作舞之理？」》

《再云：「如何是『狌狌與爾相見了』之道理？」》

四、雪峰住庵時，有二僧來禮拜。峰見來，以手托庵門，放身出云：「是什麼？」僧亦云：「是什麼？」峰低頭歸庵。僧後到巖頭，頭問：「什麼處來？」僧云：「嶺南來。」頭云：「曾到雪峰麼？」僧云：「曾到。」頭云：「有何言句？」僧舉前話。頭云：「他道什麼？」僧云：「他無語，低頭歸庵。」頭云：「噫！我當初，悔不向伊道末後句，若向伊道，天下人不奈雪老何！」僧至夏末，再舉前話請益。頭云：「何不早問？」僧云：「未敢容易。」頭云：「雪峰雖與我同條生，不與我同條死。要會末後句，只這是！」

《圜悟大師云：「會得末後句，始到牢關。」看官且道：如何會此

末後句？》

《又云：「只許老胡知，不許老胡會。」》

五、招慶大師一日問羅山云：「巖頭道：『恁麼恁麼，不恁麼不恁麼』意旨如何？」羅山召云：「大師！」招慶應喏。羅山云：「雙明亦雙暗。」招慶大師禮謝而去。三日後又來問：「前日蒙和尚垂慈，只是看不破。」羅山云：「盡情向汝道了也。」招慶大師云：「和尚是把火行。」羅山云：「若恁麼，據大師疑處，問將來。」招慶云：「如何是雙明亦雙暗？」羅山云：「同生亦同死。」招慶大師禮謝而去。

《平實云：「且道，如何是雙明亦雙暗？如何是同生亦同死？若真會得，許汝牢關解悟。」》

六、雖具擇法眼，能摧邪顯正，得牢關解悟，仍斷不得五下分結，只合賣弄嘴皮，不得透牢關之解脫功德。須是牢關解悟後，能放捨自修自了之私心，實在的去度人明心見性，並教此等人學差別智，發大願心，荷擔如來正法，並有初禪、二禪以上之定力，然後可用後舉第七則公案入手，親自經歷體驗一回後，重新整理前舉五則所參得底，方過祖不肯度人見性，不肯放下自修自了之心，不肯消除五蓋，不肯生生世世荷擔如來正法者，雖到牢關，欲求證悟，遙不可得。私心慢心禪子若是不信，何妨一試？

七、牢關證悟：天目高峰禪師自舉：「悟後被和尚問：『日間浩浩，作得主麼？』答曰：『作得』。又問：『睡夢中作得主麼？』答曰：『作得。』又問：『正睡著無夢時，主在何處？』於此無言可對，無理可伸。和尚云：『從今不要你學佛學法、窮古窮今。只要飢來吃飯，睏來打眠。才眠覺來，抖擻精神：我這一覺，主人公畢竟在什麼處安身立命？』乃自誓拼一生做個癡呆漢，定要見這一著子明白。經及五年，一日睡覺正疑此事，忽同宿道友推枕子落地作聲，驀然打破疑團，如在網羅中跳出。自此安邦定國，天下太平；一念無為，十方坐斷。」

八、平實解悟牢關年餘而過不得。因第一次禪三度十一人見性功德，世尊冥助，方得過關：因禪三透支體力故，解三返家，午後閱經疲倦，欲入初禪安歇，世尊神力遮障，竟不得入。正瞌睡間，筆落桌上作聲，驀然打破疑團，從此天下太平，坐斷十方野狐衆口。

若有見性不退者來，平實便問：「如何是末後句？」若有解悟末後句者來，平實便問：「正睡著無夢時，主在何處？」若透得此句，且與平實狉狉相見，可以上報佛恩也。此時方會得趙州道：「真如佛性盡是貼體衣服，亦名煩惱」之道理。僧問：「一物不將來時如何？」趙州云：「放下。」說的便是這個時節。達摩大師云：「上上智人內照圓寂，明心即佛，不待心而得佛。是知三身與萬法皆不可取、不可說，此即解脫心成於大道。經云：佛不說法，不度衆生，不證菩提，此之謂也。」為接來者，平實乃作一偈云：

只因不知有，臣下皆欺君；臣下若知有，萬民皆稱臣。
家臣欲朝君，尊貴不受禮；文武齊建功，方知君王力。
同生不同死，有佛有衆生；同生亦同死，無佛無衆生。
最初明不得，方會末後句；末後與最初，不是這一句。

若有人解悟此偈以為透得牢關，向平實云：「我已知睡著無夢時，無有知主在何處。」平實便云：「錯！」若有人道：「睡著無夢時，主在者。」平實亦云：「錯！」知與不知俱錯，且道：「睡著無夢時，主在何處？」

那麼，以上所說全部都是公案，想要當禪師的人，應當要把這些東西弄清楚，至少也得要把牢關以前的公案弄清楚，才好去當禪師。

可是我們看許多善知識寫了很多解釋公案的書，或在他們的禪坐會上解釋公案，結果十個人中倒有十個人說錯了。在還沒破參之前，我也曾經聽一位大法師講公案，那時我是每週必到，聽得好歡喜哦！但是前些時候，我整理了一些舊的資料，準備丟掉，把那些會訊上所記錄的關於他所開示的那些公案的解釋，重新讀了一遍，才發覺到每一則都講錯，沒有一則說對。我就奇怪了，當年我不也是聽得好歡喜嗎？今天怎麼都不一樣了？

我們有一位老師也說過：以前還沒破參，他也同樣的去聽那位大法師開示禪宗公案。在影印資料發下來時，他先在心裡面自己作一遍解釋，然後再聽。看大法師、大禪師怎麼解釋？結果解釋下來和自己心裡預先解釋的一樣，好歡喜喔：「原來我解釋得沒有錯，那我一樣是悟的人了。」等到後來破參了：「啊！原來以前統統錯了。」

昨天，在建國北路共修處共修（編案：成立正覺同修會以後，已移至會內共修）下課後發問的時間，楊老師就談起最近因為好奇的關係，所以就去書店翻了好多本的善知識解釋公案的書，他說：「沒有一本對的，每一本都錯了。以前我們讀那些書的時候，好崇拜那些善知識，居然能解釋公案，但是今天一看，統統錯了。」

談了好幾位老師，不能把許老師給放過。許老師以前遇到個女衆，那個女衆自稱是個開悟的人。許老師就拿了一則公案問她：「這一則公案，妳既然悟了，就應該知道，妳解釋給我聽聽看。」這女衆一看，沒辦法解釋了，她就講：「唉！你不要拿那些公案來考我啦！那些公案老掉牙了，很陳腐了，不適合現在用了啦！」

最近也有禪師這麼講：「公案因為過去的時空與現在的時空不一樣，相隔這麼遠，所以古時的公案跟現在其實是不能相應的，因此不能用公案來勘驗人。」一般人沒有悟的時候，初聽這話好像有道理：「一千多年前、兩千多年前的公案，太陳腐了，早就老掉牙的東西，你還拿來問人？」也沒錯嘛！

但是我們在這裡要說：公案其實沒有新舊。公案這個東西，越陳越香，比老酒還要好。為什麼我們說公案不會老掉牙？永不陳腐？因為，實際上公案這個東西，是萬古常新的，即使經過了這一劫到了下一劫去，他依舊是禪子們非常受用的東西。公案絕對不陳舊，絕對不陳腐，因為公案所講的是真如；真如之體永恆不變，以前的公案既然能夠講這個永恆不變的真如，為什麼到了今天就陳腐了呢？絕對不陳腐。公案弄不懂，或解釋錯了，那是指這個人，他沒有悟得本心－初參都沒有破。

近年來，有好多人說：「祖師禪已經失傳了。」但是我們要嚴正的聲明：「祖師禪不但沒有失傳，而且現在正好方興未艾，正在發揚光大。」

而且我們要說一句老實話：「要悟得真如，必須要參公案；不參公案就悟不了真如。」若用月溪法師那種向心中黑暗深坑一直觀下去的方法修，最多只能見性，永遠不明真如。見性後便會像他一樣把佛性當作真如，體用不分。不明心，更不知牢關，便誹謗祖師道：「禪只有一關，三關是後人偽造。」把古來大悟徹底的祖師們全部否定掉。

那諸位也許要問：「既然要參公案才能悟，那你教我們禪三前一定要看六、七個月的話頭，那我豈不白看了？」我說絕對不白看。看話頭、參話頭要悟是很難的。所以我們常常講：「當我們要選一個話頭參究的時候，應當跟善知識先請教過。」否則的話，要悟非常非常的困難。因為有的話頭直接，有的話頭非常的間接。

有的話頭譬如「萬法歸一，一歸何處？」這很難參，太間接了。有的話頭說「生從何來？死往何處？」意分兩頭，這很難參的，太間接了。老實說一句話，「參禪是誰？」這個話頭還不是很直接的。我們有一位老師叫一位同修改參這一句：「拖死屍的是誰？」這就直接了。所以話頭也有很多類。

但是話說回來，叫大家看話頭是有用意的，因為如果沒有作好看話頭的功夫，明心之後，想求眼見佛性，非常困難。所以要先看話頭──看而不參。

為什麼我們只讓大家在禪三前的一個月才開始參？在參之前都用看話頭？這意思是說，要想破參，難如登天；讓大家去參一個月，只是讓大家起疑情而已。要想悟入，其實是要靠禪三裡面我們所施設的引導、以及機鋒，才有希望悟入。不然的話，要靠自己參究得悟，非常非常困難。為以後眼見佛性作準備，所以叫大家看話頭，看過六、七個月或一、二年以後再去參。

進入禪三期間，我們都不用話頭。話頭這個東西是平常作功夫用的；如果像來果禪師那樣，到了禪七期中，才來講怎麼看話頭，怎麼樣照顧話頭，那都是扯葛藤，與禪扯不上邊。所以，在禪三期間，我們只用公案－無量無數的公案，有祖師的以及我個人施設的公案－讓大家進入疑團裡面去，再施設各種機鋒，讓大家去悟。

因此真正會參禪的人，要用公案參。話頭是讓我們作功夫，以後可以眼見佛性、以及起疑情用。到了禪三裡面去，你平常參的那個話頭，根本使不上力的，我們完全用公案，因為公案才是禪。

但是，祖師禪－公案禪不容易參。無門慧開大師也跟我們說，即使你參祖師禪，破初參明心，過重關眼見佛性，接下去祖師還設了最後一關，叫祖師關，通常稱為牢關。無門大師跟我們講，參禪如果沒有透過祖師關的話，也都還是「依草附木精靈」，因為未過祖師關的話，心路不絕，所以悟要悟得妙。怎麼樣才妙？就是要像高峰原妙禪師那樣過牢關，「原來就妙」，所以稱為原妙禪師。

第六目　南堂勘驗綱要十門

無門慧開大師云：「參禪須透祖師關，妙悟要窮心路絕。祖關不透，心路不絕，盡是依草附木精靈。」祖師關者，牢關也。故南堂禪師示衆云：「夫參學至要，不出最初與末後句；透得過者，平生事畢。其或未然，更與爾分作十門，各用印證自心，看得穩當也未？一、須信有教外別傳。二、須知有教外別傳。三、須會無情說法與有情說法無二。四、須見性如觀掌上，了了分明，一一田地穩密。五、須具擇法眼。六、須行鳥道玄路。七、須文武兼濟。八、須摧邪顯正。九、須人機大用。十、須向異類中行。」又云：「此十門，諸人還一一得穩當也未？若只是閉門作活，獨了自身，不在此限。若要荷負正宗，紹隆聖種，須盡此綱要十門，方坐得曲彔木床，當得天下人禮拜，可與祖佛為師。若不到與麼田地，一向虛頭，他時異日，閻家老子未放爾在。」

祖師關就是牢關，所以南堂禪師跟大眾開示，就列出十門，他說：「參禪最重要的就是最初一句，跟最末一句。」最初一句就是破初參，最後一句就是末後句，那就是牢關。這牢關不容易過，要過牢關有許多種的條件，過了牢關還有許多事情要做，所以他就講了十種的層次。

南堂元靜大師說：「我開出來這十個階段，你們大家去檢討一下，看看每一個階段有沒有都做得很穩當？如果你只是關起門來，自己獨善其身，那就不在此限，就不要管這十門。如果你想要承擔如來宗門正法，要出來讓佛種不斷，要繼續度人見性、談禪說道的話，那你就得要把這十個次第全部弄通。這樣子你才能大剌剌的坐在禪床上，受十方人來頂禮。如果你這祖師關過不得，啊！你不要自認為你是人天之師，坐在那邊，受天下人禮拜。因為你若不到這個田地，一向虛頭－沒有悟得根本－還受天下人的禮拜，我告訴你哦，他時異日捨報的時候，閻王老子可不放過你，那可不好玩哦！」南堂元靜禪師就這麼講。

這十門是哪十門呢？我們先簡單的說明前面兩門：

第一門　須信有教外別傳：到現在還有人寫書這樣講：「實際上沒

有教外別傳，教外別傳也是從經典上來的。」那這種人就是不信有教外別傳。這種人通常會把聲聞禪當作就是祖師禪，當作大乘禪。如果沒有教外別傳，那意思就是說當年世尊拈花微笑這故事是假的了，就是有人杜撰的了。那麼如果沒有拈花微笑，西天二十八祖哪裡來？就因為有教外別傳，所以才有西天二十八祖，然後才有東土六祖。一直傳下來，才有禪宗。

悟了的人就會相信真的有教外別傳。未悟的人，心裡面多多少少還是會有所懷疑，為什麼懷疑？因為教外別傳之法難信、難解、難入，要相信都很難。有時候稍微相信，去聽人家講教外別傳、講禪，聽來聽去，聽不懂。如果說真正悟的人講禪，我們聽不懂倒也罷了，偏偏是未悟的人跟你瞎扯淡，說禪是從正常到不正常，然後從不正常再回到正常……。

我們今天繼續再談南堂元靜禪師辨驗十門。我們上回講第一門——信有教外別傳，說到有人講：「修禪，就是要從正常到不正常，然後又從不正常回到正常。這樣經過幾十次，乃至一百次的正常、不正常的重複的過程，才能究竟。」

但是，我跟諸位保證：如果照這樣，從正常到不正常，由不正常又到正常這樣來修的話，不要多久，你就變得不正常。然後，不要多久你就要住進「杜鵑窩」裡面去了。那麼，想「飛越杜鵑窩」就很困難；因為，不要多久就會被轉送進龍發堂去了。

所以，禪—必須要有正確的知見，不能隨著大師講的似是而非的知見去修。

我們參禪的人，打從一開始，就必須很正常，乃至我們在參究的過程中，如果進入到「見山不是山」的層次裡面去，我們心裡面還是很正常，只是因為忽略了外在的現象，所以讓人家誤以為說有一點不正常，但是心裡面的知見非常正確。我們也很清楚自己當下正在做什麼，絕對不是不正常。

這意思就是說—自古以來，有很多的禪師講禪，但是這一些禪師之中，悟的人少，不悟的人多，魚目混珠的現象，自古以來就很普遍。因此，學禪的人，聽來聽去，互相衝突的知見非常多。所以，心裡面就產生了懷疑，很難相信「教外別傳」這個法。因此，很多人聽了便退道心，不敢學禪了。但是，要想學禪，第一步，必須先要能夠相信——真的有「教外別傳」這一門，不然就無法學禪。

第二門　知有教外別傳：相信有教外別傳——「禪」這個法門之後，接下來必須聽聞各種禪法，再加以思惟整理之後，去判斷這是不是真的善知識。

怎樣判斷真假知識？我們在前方便已經談過了，這裡不談。判斷出真正的善知識以後，我們就一心一意跟他修學。經過一段時間的聽聞熏習、鍛鍊功夫之後，我們參禪的知見具足了，參禪的功夫也具足了，這個時候，我們才會知道這個「教外別傳」果然是真的。

但是，走到這一步來，是不容易的。因為，參禪的功夫很少人講，大部分都在理論上教門上講；要講行門，很難得聽聞。所以，能夠走到知有教外別傳這個地步來，也是不容易，這必須要有參禪的功夫，加上具足了參禪的知見，才能夠到這個地步。

第三門　須會無情說法與有情說法無二：我們在這裡共修，有人說法，這叫做「有情說法」。但是，明心的人應該要知道無情說法跟有情說法沒有差別。

我們舉個公案來說：有個僧人去參訪牛頭慧忠國師，他就問：「哪個是佛心？」忠國師曰：「牆壁瓦礫是。」僧又問：「無情既有心性，還解說法否？」忠國師曰：「它熾然常說，無有間歇。」

有位大法師解釋這公案說：「從禪悟者的立場認識佛心，不從理論解釋，而從內心與外境統一的觀點來說明，所以說：就是牆壁、破磚、瓦礫。」但是我們說：這樣的解釋，與禪根本不相干。那麼，這知識又於書中解釋說：「從禪師來看，不只有情的衆生具備佛的智慧和福德，乃至於動、植、礦物，一切現象，無不與佛同體，這就是內外統一的體驗。」我們說：這還是與禪不相干。

為什麼這麼講？我們來解釋一下；這個僧人問：「那個是佛心？」忠國師曰：「牆壁瓦礫就是。」忠國師的本意是要這個僧人去看牆壁瓦礫，當他去觀看的時候，如果有功夫，知見如果正確，他心地細膩地去觀照，便可以覺悟到佛心、真如，是這個意思。而不是說，一切無情都有佛心，也不能夠說一切的動物、植物、礦物都與佛同體；因為植物是無情，沒有心性；礦物一向只有物性。可是，這個僧人懵懵懂懂，聽到忠國師說：「牆壁瓦礫是。」他就跟這位知識一樣，以為無情也有佛心，也有佛性。他就講：「無情既有心性，它懂不懂得說法呢？」忠國師知道這個僧人沒辦法悟，也不跟他說破，索性就落草入水為他打葛藤，就說：「它熾然說法，無有間歇。」意思是說——這牆壁瓦礫時時都在說法，從來不曾休息。忠國師這個葛藤啊，千百年來，絆倒了多少大知識，隨他語路上轉去了。

諸位大德！無情哪來的心性呢？所謂「有情無情，同圓種智。」這個是從修禪的有情衆生，他親自證悟的佛心顯現的現量證量而講的。因為，當他悟了的時候，他發覺：其實不只有情在說法，無情也在說法。但是，不能因為證悟的人講「無情也能說法」，所以，沒悟的人就誤以為無情也有佛心佛性。無情從來只有物性，不曾有心性。所以，五祖在六祖惠能大師開悟的時候，就跟他講了一首偈語：「有情來下種，因地果還生；無情既無種，無性亦無生。」

只有有情才可能來下種。所以，因地發心到果地成佛，必須是有情。那麼無情既然沒有心性，如何來投胎下種呢？它如何能夠在三界之中，不停地出生？所以說：「無性亦無生。」牆壁、瓦礫，本來就沒有佛心佛性。但是，有功夫的人，加上正確的知見以後，當他轉頭去觀看牆壁瓦礫的那一剎那間，或說當他走到屋外要去看牆壁瓦礫的那一剎那間，如果一念相應了，他就可以覺知到自己的真如、佛心、法身。所以，忠國師講牆壁瓦礫就是。

無情雖然一向不曾言語，那我們參禪的人，如果轉身眼見無情的時候，一念相應就覺察到了佛心，就看見一切無情熾然說法，不曾間斷。黃龍慧南禪師云：「生緣處處」，就是這個道理。

我們想要覺悟到佛心，想要悟入無情說法的境界，切莫落入身心統一、內外統一的定境，這個是修定的一念不生的功夫，與禪不相干。

我們參禪必須是要看住話頭，起個疑情，一念相續不斷，然後在動中觀照，才容易相應。我們如果心裡面老是記掛著哪一尊佛，那就不離內外能所，這個時候，內外諸佛都不是佛，都是妄心妄識所作，不離神識。只有心中無佛，時時刻刻住在疑情之中的人，才能悟入。悟入之後，也沒有一個佛可得，這才是「見佛」。

我們欲明佛心，欲見此佛，需有定力及正確的參禪知見。如果我們有真的知識來協助，因緣時節到來之時，譬如擊石火、譬如閃電光，眼光一瞥，一剎那間，便悟無情說法，得覺佛心。這時候，就知道無情說法與有情說法無二無別。我們每天和無情在一起，如果沒有這一些無情，我們還能參禪嗎？

譬如有僧人問：「如何是祖師西來意？」石頭希遷大師曰：「問取露柱。」如何是真如法身呢？石頭禪師說：「你到外面去。向那根綁驢子、綁馬用的、釘在地上的木樁問。」有人問如何是佛？雲門文偃大師曰：「乾屎橛。」人家問：「如何是佛法身呢？」他說：「乾掉的大便就是佛。」同樣都是這個意思，一法通，萬法皆通；這一法不通，千百則公案，就是千百則公案；若會了，千百則公案只是一則。所以，我們不要說無情有佛心佛性，禪也無關內外統一。無情如果有佛心佛性，我們每天走路踏腳的時候，大地就要哀嚎。內外統一、身心統一、時空統一，這些是定，非禪。

那麼以上我們所說的還不是見性，只是開悟明心而已。開悟明心就瞭解到有情說法與無情說法沒有差別。不見無情說法的人，那就是意識思惟揣摩所得。如果他來解這公案，必定會有差池，聽起來好像對，其實錯了。學禪的人，如果跟著這樣的人來學的話，永遠也不可能開悟明心。

第四門　須見性如觀掌上，了了分明，一一田地穩密：我們學禪，悟得本心後，還要見得性真，才能從祖師公案中，漸漸地啟發差別智。差別智的每一次體會，雖然可以勉強說它是悟，但其實不是證悟。因為，差別智的體會與證悟的本質不相同。差別智的體會，是悟了本心，眼見佛性以後，然後漸漸地去除文字障，漸漸地融會貫通，而一則一則去體會出來，大約半年之後，便會發覺到每一則都一樣（牢關公案除外）。

證悟，是悟的當下找到了真如—阿賴耶識。悟的當下，就看見了佛性，這才是證悟。因此，差別智的每一次的體會，類似我們世間做學問的悟一樣，它的本質和證悟不相同。但是，差別智卻很重要，必須差別智成熟了以後，才具備擇法眼，具備了擇法眼以後，才有能力分別真假知識；分別了真假知識以後，不一定就能夠摧邪顯正。想要能夠摧邪顯正，需要先透牢關，深修禪定；這是悟後起修，才能夠行鳥道玄路，常住於真如無所住的狀態。然後，還要研讀教典，學習四種悉檀（尤其是唯識學）。這個人到此地步以後，文武兼濟了，才能夠摧邪顯正。

如果沒有明心、沒有見性分明，就不容易啟發差別智。所以，南堂禪師要求參禪的人需要見性如觀掌上，了了分明。明心而不見性的人，禪門裡稱這種人叫做：「腳跟猶未點地」，站不穩。如果是修靜中的功夫，僥倖可以悟入而能夠眼見佛性，但是，因為他在動中沒有定力，所以在動中就無法眼見佛性。像這樣的人，心地就不夠穩密。

如果參禪之前，先修學動中的功夫，一旦重關過了，眼見佛性的時候，就可以在動與靜之中，都能夠見性分明，就沒有這種弊病。有位大法師在他的書中說：「在你努力修禪的時候，能夠把心頭的煩惱撥開一下子，而見到一點智慧的光，也就是禪宗祖師所謂的見性或見自性，應該說見到智慧的光，比較貼切；說性，太抽象了。」

諸位大德！你們有很多人是眼見佛性的，知道佛性是真正可以看見的。雖然說佛性無形無相，但是，祂真的可以眼見分明，好像在看自己的手掌心一樣，清清楚楚，了然分明。必須要能夠眼見分明，好像在看自己的手掌心一樣，才能夠心裡面踏實、很穩定。明心而沒有眼見佛性的人，心裡面還是覺得不夠踏實。但是，眼見佛性分明清楚的人，心裡面非常的篤定。所以，智慧因此而出現。

見性之後，就不會再有懷疑，因為我們已經眼見為憑。當有人再跟我們講「佛性無形無相，是不可能看得見的。」我們不會相信他，因為我們已經親眼看見了，所以，佛性絕對不是無性可見。教禪的法師絕不可以說：「講有性可見太抽象。」因為，一切見性的人，都能夠以父母所生眼，親見自己及一切有情眾生的佛性。如果不能眼見，就是以見聞覺知的妄覺做為佛性，就落到妄覺裡面去。佛性必須以眼見為憑，如果以能知能覺為佛性，這個是感覺，不是見性。

此外，我們不可以倒果為因。煩惱的消除，是因為我們明心見性之後，智慧產生，所以消除掉了。不是因為除掉了煩惱而產生了禪的智慧，不可以顛倒。而且，佛性除了可以用父母所生眼親見之外，也可以用耳朵來見；一根親見，就必定六根俱見。禪門裡面常常有祖師講：「悟了以後有六通」，就是這個道理。

有的時候又講：「悟了以後，六根互通。」也是這個意思。這不是說悟了以後有六種神通，更不是說，悟了以後眼根可以作耳根用、身根可以作意根用；不是這個意思。沒有悟的人就錯會，就講：「悟後有六種神通，可以飛行自在，能夠知道別人在想什麼。」這樣講，就是沒有悟的人。見性之後，如果有一根不能見性，這個人就不是見性，他是以感覺為見性。

歷代祖師眼見佛性的人非常多，我們很難去計算他，世尊也跟我們開示「眼見佛性」。在《大般涅槃經》裡面也說「眼見佛性」，有經文根據的。祖師常講明心見性，為什麼不講明心明性？所以，佛性既然可以眼見，怎麼可以說抽象呢？

還有一種福德因緣不具足、知見不夠的學佛人，誤解了經教，他就說：「金剛經不是講嗎？凡所有相，皆是虛妄。你們說佛性可以看得見，那一定有相，有相就是虛妄了，所以佛性一定不可見的。」這樣的講法似是而非，歷代祖師為什麼不講明心明性？而必定講明心見性呢？我們要知道，佛性雖然空無形相，但是真可以眼見。所以，祖師才要講見性，世尊才要講眼見佛性。心不可見，所以講明心；但是性可以見，不可以因為自己看不見佛性，就講佛性看不見、不可見、太抽象。

《大般涅槃經》世尊講「眼見佛性、聞見佛性。」六祖也說：「唯論見性。」我們研讀經典應該要先瞭解：有的經典是講心，有的經典講性。所以，我們讀經不可以囫圇吞棗、大而化之、不求甚解。應該要先明白經典它所講的宗旨，不可以斷章取義，更不可以移花接木。我們要瞭解的是《心經、金剛經、維摩詰經、楞伽經》主要是在講真如、法身、真心；《大般涅槃經、圓覺經、法華經》主要在講佛性；《六祖壇經、楞嚴經》兼說真如與佛性。

我們學禪的人，必須先要把體用弄清楚；真如是體，佛性為用。不可以體用混淆了，就學月溪法師講真如是佛性，或者佛性就是真如。

《六祖壇經》云：「無上菩提，須得言下識自本心，見自本性不生不滅。於一切時中，念念自見。」那就是說，無上菩提這個法，需要善知識一句話之下，就認識了自己的本心；一句話之下，就要親眼看見了自己的本性不生不滅。還要能夠在一切時中，念念都要自己能夠看得見。

《大般涅槃經》卷二十七，世尊開示云：「見性有二種：一者眼見，一者聞見。」「復有眼見：諸佛如來，十住菩薩，眼見佛性；一切衆生，乃至九地，聞見佛性。菩薩若聞一切衆生悉有佛性，心不生信，不名聞見。」在卷二十八，世尊又云：「眼見者：謂十住菩薩、諸佛如來，眼見衆生所有佛性。聞見者：一切衆生、九住菩薩，聞有佛性、如來之身。」在在皆說眼見佛性。如果佛性真的不能眼見，那世尊講這些話，就成為妄語。如果有人講佛性不可以眼見的話，那就是謗佛、謗法、謗僧。因為他不相信諸佛所講的話，他不相信經教，他不相信諸菩薩、歷代祖師、諸見性人所講的話。所以，佛性真實可以眼見，不但要眼見，而且要見得分明，如觀掌中才可以。

第五門　須具擇法眼：我們見性了了分明，永不退失以後，於參閱祖師所遺留下來的各種禪門公案的時候，漸漸地可以觸類旁通，一一領解，這就是某一些祖師所謂的小悟無數次；這不是證悟，這只是差別智的體會和領解而已。所以，悟了之後，並不是全部的公案在一剎那之間就全部通達。

我們悟後，還要以明心和見性的智慧，來一一的加以參詳，才能夠透得過全部公案。所以，無門慧開大師講：「涅槃心易曉，差別智難明。」差別智的具足，需要到了牢關，解悟末後句，然後再破牢關，才能夠具足。如果禪子們見性了以後，跟隨他的師父學差別智幾年以後，還無法過牢關的話，那麼，他的師父會派遣他出外去行腳、參訪。

我們學禪的人，到這個地步，已經具備了擇法眼了，能夠辨別一切真假知識了。因此，就不會被那些真假知識的名氣大小、徒衆多寡、或者他現出家在家相的差別所迷惑。那麼一切談禪說道的假名善知識的著作，已經可以一一檢查出他的錯處；而且對於真知識的言說或者著作，也能夠給予肯定，不會因為真知識沒有大名聲，沒有大道場，或者現在家相，或者身分低劣而有所影響。

自古以來，祖師們對出門行腳參訪的弟子們，常常吩咐道：「入門須辨主，當面分緇素。」我們出去行腳參訪時，如果所參訪的對象已經明心、乃至見性，這就是有主，就是出家人，就是穿黑衣的人。如果他沒有明心，也沒有見性，那就是無主，即使身穿黑衣，其實還是白衣。

如果遇到了真正已經見性的人，我們可以用牢關的公案來跟他相探。如果對方還沒有透牢關，我們也可以和他深結法緣，互相護持，共同弘揚宗門，紹隆聖種，永為道友。對方如果已經破牢關了，那他也許有可能幫助我們過牢關，那我們更需要恭敬地請求他開示。如果有緣，也許幾句話就解決了，那麼這就必須要具備擇法眼。

第六門　須行鳥道玄路：欲行鳥道玄路者，需要先解悟牢關，並且體驗了牢關的境界以後，再配合初禪、或者二禪的定力，才能夠做得到。

能夠行鳥道玄路，便知道趙州禪師與南泉大師親承心印的意旨。趙州問南泉和尚：「如何是道？」南泉云：「平常心是道。」趙州云：「還可趣向否？」南泉曰：「擬向即乖。」趙州曰：「不擬爭知是道？」

南泉曰：「道不屬知與不知，知是妄覺，不知是無記。若真達不擬之道，猶如太虛，廓然虛豁，豈可強是非耶？」趙州言下悟理，所以悟後常行鳥道玄路，不住在明白裡。從此以後，凡有所說，天下禪子們都悚然信服。那麼在當代，能夠與趙州拮抗攜手的人沒有幾個，只有投子山大同禪師，以及在家人凌行婆這些人而已。

因此，行鳥道玄路，必須要明心明得真，見性見得真，具備了差別智，有擇法眼，才能過牢關，過了牢關以後，才能夠行鳥道玄路，這個不容易啊！但是，南堂禪師講，要當禪師，就得要有這個功夫。

第七門　文武兼濟：馬祖道一大師座下有八十四個大善知識，一個個都是悟得根本、見性分明的人，可是一旦有人問著：「如何是道？」「如何眼見佛性？」一個個張口結舌講不出來。只有百丈懷海、南泉普願、歸宗智常、長沙招賢這幾個人能講。換句話說，只有這幾個人能夠文武兼濟。其餘的人，為什麼不能講呢？因為教門不通的緣故，因為差別智不成熟的緣故，所以不能講。

所以，我們常說，悟後的人應該要多閱讀經典，對於四悉檀之中的各種教典、名相，都應該要去研究、閱讀，尤其是《成唯識論》。讀的時候，以我們所悟之理，加以融會貫通，把這四悉檀消化成為自己的東西，弄清楚悟後起修、道之次第。然後就能夠文武兼濟，也能引經據典說法當座主，也可以當禪師。可以一法不立，或者隨立隨破。

如果悟前已經先研讀過教典的話，那麼，這個人一旦破牢關，就能夠行鳥道玄路，就能夠文武兼濟，馬上可以當座主—宗門也可以講，教門也可以講，這種人就能夠幫人明心見性。而且，他也能夠著書立說，可以更廣泛地利益佛子。但是到這個地步，得要見性分明以後，再下兩三年的功夫才做得到的。

第八門　**摧邪顯正**：我們學禪的人，千萬不可以存著鄉愿的心態、做濫好人。如果我們沒有悟，那就沒話講；如果我們悟了，已經知道某一些善知識，其實是假的善知識；我們已經知道他所說的法是錯誤的，他所說的法，其實是在誤導衆生，那我們就不應做濫好人，去讓假名知識繼續耽誤學人。所以《大寶積經》卷八十五云：「不以慈心，不舉他過。」又云：「修大慈心，覺悟衆生。」我們如果明知有人知見錯誤，未悟而裝悟，在誤導禪子，但是我們卻顧慮情面而不指出他的錯誤，這就是對一個人慈悲而對廣大的禪子們殘酷。我們唯有摧邪顯正，導正禪子們的知見，使衆生能夠真實的悟入，這才是真正的大慈悲心啊！

所以，摧邪顯正不同於自讚毀他。摧邪顯正是檢點錯誤的知見，摧破邪說！把衆生從錯誤的修行方法和知見扭轉過來，回到正確的道路上來。自讚毀他是講別人修行不好，我們修行好，別人做的事情全部錯，我們做的才對。所以摧邪顯正的時候是完全在知見和見地上的辯證，因此和自讚毀他不同。而且能夠摧邪顯正的人，他自己已經開眼，已經證得空性了──他親自證得究竟無所得的境界。他摧邪顯正，不是為了求名求利的緣故，他是為了慈愍一切學人的緣故，是為了顯揚正法的緣故，是為了擁護真善知識的緣故；是為了令正法久住世間的緣故；所以，才於宗、教俱通以後，開始摧邪顯正。

禪門裡面，自古以來，有許多禪師不斷地在做摧邪顯正的工作。因此，對於一切知識沒有悟得根本，而故作悟狀，所說的禪法是以盲引盲的話；或者說，對於一些依教生解，讀了經典而自以為悟，然後在參禪的緊要處、微細淆訛的地方不明不知，誤導禪子的人，我們都應該要選擇他的重要的錯處，誤導衆生的地方，加以指正，才能夠顯示出正法；必要的時候甚至著書立說加以破斥，藉以顯示正法。

我們上週講摧邪顯正還沒說完、繼續再談。摧邪顯正的時候，如果有必要，甚至於要著書立說而破斥之。必須寫書的時候就寫書，必須寫文章的時候就寫文章。有時候有人會跟我說：「你不必一天到晚講人家錯嘛！」但是實際上是因為有些知識誤導衆生太嚴重，所以必須要講。

世尊住世的時候，有個外道一天到晚誹謗世尊正法，世尊就去找他論義，講到後來，外道不能自圓其說，只好離開。到了另外一個地方，又毀謗世尊。然後世尊過一段時間，又到外道去的那個市鎮去跟他論義。那個外道又沒辦法住下去啦，大家都知道他錯了。他又換到另一個地方去誹謗世尊的法。

這樣換了幾十個地方，世尊一直跟著他不停的摧邪顯正。因為那一個外道很有名氣，所以他誤導衆生很嚴重；如果不嚴重的話，世尊就不會這樣做。當他誤導衆生到很嚴重的地步，不能不處理的時候，以世尊那樣的尊貴—人天導師，尚且為了衆生，不怕辛苦；這外道走到那裡，世尊就追到那裡。

相同的道理，我們如果見到有許多誤導衆生的現象，而且很嚴重的時候，那我們就必須要講。藉著摧邪顯正，來導正佛子們參禪的知見；這樣可以使得我們這個世間有隔陰之迷的很多再來菩薩，可以因為我們摧邪顯正的緣故，迅速回歸正法，而不會落到頑空、豁達空、無記空裡面去，也不會落到識神和定境裡面去，更不會落到聲聞法裡面去。這些菩薩就可以因為我們摧邪顯正的緣故，而能真實的證得涅槃本心，顯揚他的智慧；這就是我們摧邪顯正的大功德。

明心見性之後並且能夠文武兼濟，就能摧邪顯正，但是仍然不能處處無礙，必須已經過牢關的人才能在摧邪顯正這一件事上沒有障礙。因為他以一念無為的畢竟空及畢竟有的智慧能坐斷十方野狐的舌頭。

但是我們摧邪顯正的時候，對於尚未作古的知識，不可以指名道姓，也不可以明說某一個道場某一本書，或者某一篇文章的名稱。除非你在私下關起門對已見性的人上差別智的課才可以明講。對一般人摧邪顯正時，盡量不指名道姓，只做知見上的辨正就好，以免影響他們的名聞利養。但若有人未悟言悟而抵制正法時，則不在此限。

也不可以做人身的攻擊，譬如說人家破戒、或者貪心、貪財、貪名、或者瞋恨心重，或者說他的德性上面有瑕疵等，我們不可以批評。只是純粹就他的錯誤知見上，對於誤導衆生的部份加以摧邪顯正就好；因為我們不是為了瞋恨而摧邪顯正，不是為了求名聞利養而摧邪顯正。

此外也不可以存著鄉愿的心態，對於自己的學生、徒弟、或者配偶、子女、或者自己的老師、師父，他的文章或著作裡面已經明顯誤導禪子的錯誤，我們故意做人情放過。須知佛法不可以拿來做人情。所以在佛法這件事情上面不賣人情；對就對，不對就不對。

對於我們的師父老師，因他尚未真實證悟，他一時之間不能夠接受我們開悟的事實，對這樣的人不論他過去對我們如何的排擠誹謗打壓，我們仍須以方便善巧手段，加上耐心的等待機緣，導正他的知見，使他也有機會可以悟入，這才是真正的報師恩。如果我們專門從維護他的世間名聲、世間的利養上面去做功夫而不能使他悟入，那我們是害他被名韁利鎖所束縛，不能稱為報恩。

第九門　**大機大用**：明心見性以後能夠文武兼濟，也能摧邪顯正之後，就有能力大機大用。遇到有大根器的人或上上根人，我們觀察他的因緣許可的時候，不需要次第引導；因為根器很好，所以隨手施為：譬如眨眼、揮手、一句話、一喝、一棒、一戳、乃至一罵，這學人當下就喪身捨命，無生忍就現前。

但是這是指對於上上根人，我們講的五種條件已經具足：信心具足、功夫具足、福德因緣具足、沒有慢心、還加上知見具足，這樣的人，我們才能夠大機大用。這個上上根人如果因為我們大機大用而入理的話，他將來必定也能夠大機大用。我們就可以預期將來宗門昌盛，佛法就不會只剩下教門。像這樣弘法的師徒，必定生生世世為世尊和諸佛諸大菩薩所護念。

第十門　**須向異類中行**：有大法師說禪：「禪宗所說的見性之後，還可能會退到牛胎馬腹之中去受報。見性以後如果沒有再繼續努力，仍然會像逆水行舟不進則退。所以禪宗的見性並不是一旦開悟就一了百了。」事實上參禪的人，不論是開悟明心或者重關眼見佛性，都必定會斷三縛結，斷三縛結的人永遠不會再進入三惡道。不可能見性以後還會退到牛胎馬腹中受報，也不會如逆水行舟一樣不進則退。

《楞伽經》裡面說，最懈怠、最鈍根的斷三縛結的初果人，最多也不過七生天上、七生人間便可以究盡苦邊、究竟解脫，更何況已經明心見性的斷三縛結的菩薩呢？如果是從教門經典裡面去研讀探索，未真得佛意；解悟得來，自以為悟，沒有獲得開悟的功德正受的人，當然會如逆水行舟一樣忽進忽退，有時昇天、有時往生到畜生道去。如果是見性分明的人，已經進入十住位，這是位不退，此後修行有進無退，不可能再進入牛胎馬腹中受報去。

我們舉一個公案來說—趙州從諗禪師大悟以後，一天他問南泉普願和尚：「知有底人向什麼處休歇？」南泉云：「山下做牛去。」趙州答道：「謝指示。」南泉就說：「昨夜三更月到窗。」這意思是說，趙州悟了以後問：「知道有真如佛性，親證了真如佛性的人，他要向什麼處安歇呢？」南泉就說：「到山下做一頭牛去。」趙州就很清楚了：「感謝指示。」南泉就讚嘆他：「昨夜三更月亮到了窗前。」那就是讚嘆趙州內外通明，沒有絲毫簾纖。

這公案並不是說悟了以後，仍然可能做牛做馬去，而是悟了以後，悟得很徹底，所以把悟和悟境，一概放下。度不度人、成不成佛，也一概放下，一絲一毫的執著都沒有，究竟無所著，即使做牛做馬去也無所謂。所以趙州言下領會，更不猶豫，就講：「謝謝指示。」所以南泉讚嘆他內外通明，沒有絲毫拖泥帶水。

南泉大師也常常開示弟子們說：「今時師僧須向異類中行。」、「現在你們這一些當師父的、當徒弟的人，都要向異類（畜生道）裡面去。」他即將圓寂的時候，首座弟子問他說：「和尚百年後，向什麼處去？」南泉說：「我百年後，山下做一頭水牯牛去。」這個是說已經究竟解脱，這不是悟了以後還要做牛做馬去受報。

曹山本寂禪師常常講一句話：「披毛帶角，隨類自在。」這叫做隨類墮。即使生為畜生，身上披了毛皮，頭上長了角，但是不管到哪一類畜生道去，都是那麼自在，就是這個意思。所以他有一首偈講：「頭角混泥塵，分明露此身，綠楊芳草岸，何處不稱尊。」雖然身為畜生，一天到晚連頭上的角，身上的皮毛，都是沾滿了塵土泥巴，但是一樣清清楚楚的把真如法身顯露出來。即使在綠色的楊樹下面，芳草遍地的河岸邊吃草也是一樣。不管在什麼地方，他不都是最尊最貴的嗎？

參禪到這個地步就畢盡其功了。接下去悟後起修，要修練禪定三昧、首楞嚴定，這一些都是事上的修行。藉由定的修持，以及斷除一念無明，證人無我，再證法無我，次第消盡我們五陰的遮蓋，而能夠漸漸的到達究竟等覺佛位。所以禪門祖師所謂的向異類中行，不是去受畜生報，而是究竟解脫的意思，這是慧解脫，不是受苦報。

以上是南堂辨驗十門，還沒有過牢關的人必須以南堂元靜禪師這十門的深淺來自己驗看。如果還沒有具備擇法眼，南堂禪師講：「小心將來閻王老子不放過你喔！不好玩喔。」那麼牢關這一關，必需是真正明心，眼見佛性而不退失以後，再參末後句。真參實證、親自體驗一回以後才能得到牢關的解脫功德正受。無門慧開大師曾經罵過：「若論末後句，德山巖頭俱未夢見在。」說這末後句，德山宣鑒禪師與巖頭全豁禪師都不懂，根本不知道什麼叫牢關。

有一天德山錯過了吃飯的時間，他托了缽往齋堂去。雪峰那個時候還沒有悟，他當飯頭。洗了蒸飯布，正要晾起來曬太陽。看見德山托缽往齋堂去，他就講：「這老漢！鐘未鳴，鼓未響，托缽向什麼處去？」德山聽了不講話，低了頭，托缽回方丈室去了。

雪峰就洋洋得意的說：「師父被我這一句話講得沒話講啦！回房去啦。」巖頭聽了就罵他的師父：「大小德山！不會末後句。」德山聽到這個話，「豈有此理！怎麼我的徒弟罵起我來啦？」叫侍者找了來：「你不肯我啊？」「對。」「是什麼道理？講講看。」「請師父先把侍者叫開，我們再談。」這侍者走開啦，師徒兩個人關起方丈室的門，密談了一番。

第二天德山上堂開示時，果然跟以前不一樣。然後巖頭就走到僧堂前，一面撫掌就講話啦：「且喜這老漢會末後句，他後天下人不奈他何。」這一回是稱讚他的師父，說他的師父會末後句。可是後面又跟他下個註腳：「然雖如是，只得三年。」果然三年後，德山就入滅了。

要會得末後句，才到牢關。近代月溪法師常常講見性，但是他沒有明心也沒有見性，他也不懂牢關，所以他說禪只有一關，沒有三關。因為他沒有明心見性，當然更不知道牢關是什麼。克勤佛果圜悟人師常講：「會末後句，方到牢關。」會了末後句，才到牢關，還沒有過。

巖頭全豁禪師常常講：「恁麼恁麼，不恁麼不恁麼。」諸位要會末後句嗎？參參看！翻成現在的話就是說：「這樣這樣，不這樣不這樣。」這末後句，禪師講的各不相同，但其實是同樣的東西。如果你要問咱家，咱家也送一句給你：「如來亦如去。」很常見的一句話。可是無門慧開大師卻罵：「如果要談末後句的話，德山宣鑒跟巖頭全豁師徒二人，做夢都還不知道喔。」為什麼？因為他們沒有體驗末後句的境界，只是解悟了末後句而已。沒有體驗這一關，所以罵他們：「連做夢都還不知道末後句。」那麼牢關體驗過了，參禪這一門才算結束。（再版補註：接下來就要開始修學一切種智—成唯識論—經由證驗而發起道種智，進入初地。）

第三節　荷擔正法—教禪

第一目　平時自參自悟爲主　定期精進共修爲輔

這一目我們分成三個部份來講：

第一點、向上一路　千聖不傳。學者既然來跟我們親近參學，我們就應當巧設方便，讓他能夠修成看話頭的功夫，免得日後變成了解悟。有看話頭的功夫將來才能眼見佛性；有看話頭的功夫，將來就有因緣眼見佛性。

已經明心見性的人可以當禪師，如果明心見性以後，也通達了教門，知道四悉檀，這個人就是能夠文武兼濟的人，已經道眼通達，能夠大機大用。這樣的禪師爪牙深利，他就可以先用教門來引導學人；引導到一個適合的狀況時，就可以用宗門手段來逼拶。這個人可以殺活自在，他想要打開禪子的道眼，可以說是指顧間事。

但是我們要考慮的一點是：學人初學了義之法，解門還沒有具足，知見還不具足，或者有一些知見而不夠圓滿，那就須經過一段鍛鍊的過程。所以我們出去教禪的時候，在平時的共修，應該盡量不用引導和機鋒，只是叫他們做功夫，傳授禪的知見，讓學人自己參究比較適當。

經過一段參究的過程，他會處處碰壁。有時候一天之中參出來好幾個答案，但是過不了多久，他自己就會推翻掉。這樣每一個方向，他都去體會、去參究過了之後，他的知見就會越來越具足。這樣的人理路會比較通透，他也可以在參究過程確認五蘊的不實在。然後讓他一直參到進無可進、退無可退的時候，只剩向上一路，自然就會悟了。

如果還沒有辦法悟的話，我們才可以在短期精進共修，譬如禪三的期間給與引導，然後觀察他的因緣具足了以後，才可以痛下殺手，當然就可以一舉得子。如果能夠這樣，宗門昌盛可期，祖師禪就不會斷掉。所以宗門的弘傳、祖師禪的延續不絕，還要靠諸位以這樣的知見、功夫和方法來度學人。

雖然在禪三裡面我們是要幫助人明心見性，但是仍然不可以明白的用語言文字說破，應該要稍留餘地，然後巧設各種方便，施用機鋒讓學人自己悟入、自己肯定、自己承當。如果明白說破了，能夠解悟，那還算是萬幸。怕的是他會懷疑，不肯相信，不肯承當。

因為他沒有經過參究的過程，我們便幫他開悟，悟得太容易，所以心裡面就懷疑：「難道就是這個嗎？哪有這麼容易？」他離開了道場之後，就會開始毀謗正法，不肯承當。他毀謗正法的結果，捨報之後，必定下地獄。而且因為他會把這個密意公告出來，到處去誹謗，那麼天下人從此就開始疑心，也不肯承當。佛法的宗門從此就永遠斷絕。剩下來的，就只有教門的一些教相、名相而已，再過不了幾百年，教門也一樣會滅掉。

佛法要能夠永遠流傳，必需依賴正法不停的延續下去。若只靠教門，不能維持多久就會變成世間的一種學問。所以自古以來有很多的禪師，寧可一宗一派在他的手中失傳，他也不肯明白為弟子說破。因為他如果不明白說破的話，其他的宗派仍然還可以繼續延續；如果明白說破，其他宗派也會跟著斷絕。

大覺禪師即將入滅之前說：「我有一支箭，要傳付給一個人，哪一個人能夠接呢？」有個徒弟就站出來：「請和尚箭。」他要接大覺禪師的正法。大覺禪師站起身來，拿了拄杖就打，打完了他問：「會麼？」

「不會。」大覺就回到方丈室，躺上床準備要入滅，就叫了那個徒弟來：「我剛才打你，你到底會了沒有？」徒弟說：「不會。」大覺就把他睡的枕頭抽出來，往地上一丟就入滅了，還是沒有明講。

對悟的人來說，這已經明講啦。你們很多人知道啦，但是對於沒有悟的人呢，還是不知道。我們也不敢用語言文字直接說破，如果直接說破，或將密意以文字廣泛的寄發出去的話，佛法全部宗派的正法，從此永斷。因為人們聽了一定不相信，從此以後禪宗的各種公案和全部的了義經都變成學者們做學術研究，以及一般雅士清談的資料，從此以後不需要參禪，因為翻開書本就有答案；那麼禪這個法就成為世間的學問，以後人家就專門來考據：兩百年前蕭平實的禪風如何如何！以後不再有人肯下工夫學習參話頭的功夫，沒有這個功夫就永遠無法眼見佛性。正法到這個地步就灰飛煙滅。所以向上一路千聖不傳，原因在此。

因此凡是以文字和語言公佈禪悟的真正答案和密意的人，就是在破壞佛的正法，這個人就是天魔波旬。還好近年來雖然有人用語言文字明說真如佛性的答案，好在這一些人所悟的不真實，我們佛教正法的弘傳仍有可為，這是不幸中的大幸。

一切悟得真實的佛子們，深切的知道這裡面的利害關係，也知道破壞佛陀正法的罪業無比的深重，所以這一些悟得根本的人都不敢明講，更何況形諸於文字廣泛地流傳？所以為人師者，對他的弟子絕不明言說破，必定要等待弟子知見功夫具足了以後，才肯為他引導，施設機鋒，而讓他自悟自肯。弟子悟了以後他也教他的弟子，將來度人也必須這樣，不可以明言說破。雖然這樣做很辛苦，但是為了維護正法，我們寧可辛苦的施設各種方便而不明白說破。

所以龍牙禪師有一首偈講：「學道先須有悟由，還如曾鬥快龍舟；雖然舊閣閑田地，一度贏來方始休。」說學道的人，想要求悟，必須先有能夠開悟的因由。就像是端午節比賽快龍舟一樣。但是比賽龍舟得的獎品，是從別人手上拿回來的；而我們參禪所悟得的這一個東西，卻是我們本來就有的。好像我們家裡本來就放著，從來不去照管的荒廢的田地及舊的樓閣。

真如佛性從來不曾離開我們，但是一切衆生，一向都把祂忽略，就像舊閣閑田地一樣。雖然是這樣，還是要經過一段辛苦的參究，撞得頭破血流之後才參出來，這樣才算數。所以我們出去當老師的時候，應該要以學人自參自悟為主，平常不做引導，只是傳授知見和做功夫，以免得之容易，退失就會更快。

參禪的法是了義之法。了義之法，是佛世尊無上甚深密意，不可以做人情拿來賤賣。所以如果有人開價五十萬一百萬要買開悟，我們不賣──我們只送不賣。所以我們要觀察當人的根器是不是適合？如果我們濫做人情，不免良莠不齊，若其中一人不受約束，為了炫耀已悟，把真正悟得的密意明白寫出來，人人皆知，宗門一定會斷絕。

所以禪不可以明說──不是講不出來，而是不可以講。沒有悟的人會說：「禪不可說不可說，因為它沒有辦法形容。」但其實是每一個真正悟得真的人，都能形容祂，都能直接說破，只是不敢說而已。所以當年洞山禪師未悟之前，參訪溈山靈祐的時候，溈山禪師跟他講：「父母所生口，終不敢說。」因此推薦洞山去找雲巖曇成禪師，就是這個道理。

第二點、鍛鍊逼拶，應觀因緣。戒顯禪師云：「苟明鍛鍊，雖中下之器，逼拶有方，如一期八，廣可省發數十人也。如大慧鍛五十三人而悟十三輩，圜悟一夕而省十八人，雖語驚時聽，而古今實有此事也。」戒顯禪師講：「如果懂得鍛鍊的功夫，知道如何去鍛鍊學人的話，那麼在精進的禪期之中，雖然是中下的根器，如果引導逼拶有很多方便善巧的話，那麼這樣一期的禪七下來，可以讓幾十個人開悟。克勤圜悟大師曾經一個晚上讓十八個人開悟，雖然這種話聽起來會讓人家嚇壞啦，但是古時候跟現在，真的是有這樣的事情。」

達摩大師也曾經預先做了授記，說東土—中國地區學禪的人到了末法時代，「說理者多，通理者少。潛符密證，千萬有餘。」意思是說：到了末法時代，東土地區說真如佛性的人非常多，但是真正悟得真如佛性的人很少。既然講得天花亂墜的人很多，但是大多沒有悟，真正悟的人要找這些人印證就了不可得。所以要找大師印證很困難，只能私下與真如佛性相契合，只好秘密的證悟，人家不知道。那麼達摩大師既然曾經預記我們東土地區，末法時代潛符密證的人超過千萬人，那麼我們每一次禪三，鍛鍊三十個人，有一半的人明心，六、七個人明心見性，那也很平常。

對於不能傳授看話頭功夫，而且知見錯誤的道場來講，不要說一次禪七要悟五個十個很難，二十年下來也沒有辦法悟得了一個人。但是如果功夫知見夠了的人打七，再加上真正證悟而有方便善巧的人來主持禪七，這樣的禪七之中可以悟很多的人。

我們為什麼不辦禪七？因為我們精進共修時候，不談話頭、不談功夫、更不做數息、持咒、觀想、離念、無念的方法。一開始就是公案、就是禪。這就是說，真正的禪不在話頭上，看話頭是在禪七之前就要做好的功夫，到了禪七才來講話頭，已經來不及。真正懂得禪的人，他用公案，不用話頭，話頭只是個功夫而已。所以船子德誠講：「一句合頭語，萬劫繫驢橛。」所有的話頭，目的只在讓我們做功夫而已，因此既然知見夠了、功夫夠了，不需要七天，三天就太多了，所以我們只辦禪三。至於短期的精進共修的舉辦，應該要限定參加者的資格。

關於短期精進共修的舉辦，也就是禪三、禪五、禪七的精進共修剋期取証，應該要限定參加者資格。

第一、參加的人，必需已經皈依成為三寶弟子，並且他有虔誠的心，有信敬的心。這個人對於主持短期精進共修的老師、對於這個團體，有堅定的信心，常常跟我們共修團體一起共修，要滿足一年以上，最好一年半以上（再版按：今已改為二年半）。我們能瞭解這個人的情況，這是第一個條件。

第二、參加的人必須已具足參禪的知見。他對於第一義已經瞭解，參禪的方法和知見也具足，能夠捨離教相、名相、法相；並且能夠暫時將修福的行為放下來，這樣的人才可以參加短期精進共修。

第三、他必須已經修成看話頭的功夫，動中靜中常常不會散失掉，這是第三條件。如果沒有具備上面所講這三條件的話，即使參加的人不多，也是寧缺勿濫。

此外帶領平常共修的老師，自己要去注意：這一些學員裡面有沒有聲聞種性的人，要注意觀察。如果是聲聞種性，我們不能將他錄取。聲聞種性就是他只想自利，不想利他，他悟了拍拍屁股就走掉啦！

他不會想要再跟著你繼續學差別智，建立擇法眼；他也不肯幫你去度人。他更不會想開班當老師度人，悟了就趕快想要取涅槃，這種人是聲聞種性。這種人對我們的共修團體，沒有向心力，來了只顧自己學法，不願意為未悟的佛子們做一點付出。

菩薩種性的人不一樣，菩薩來學法的時候，他知道該怎麼做；什麼地方應該幫忙，他就會幫忙。所以當老師的人，平常就要去觀察。聲聞種性的人為什麼不錄取？那不是起心分別了嗎？我們要瞭解的是：明心與見性是菩薩的根本大法；以聲聞種性自私自了的心態，想要學菩薩的根本大法；沒有這種道理。所以各位老師在帶領學員共修的時候，要留意觀察。

參加短期精進共修的人，如果已經具備這三個條件了，其實不需要禪七禪五，三天就夠了。

此外我們還要選擇兩個人來監香。監香這兩個人，必須要已經是明心見性的人來配合主三的老師。選擇兩位監香的目的，除了配合主三老師以外，主要是讓他們見習，將來他就知道禪三的過程、內容，如何引導？如何開示？如何勘驗？如何使用機鋒？將來度人時，有人悟了之後，印証勘驗時，什麼地方要注意？做過監香的人，將來就有能力去主持禪三了。

另外還要選一些人來護持禪三。須有三、四個人當糾察，嚴格執行禪期中的共修規矩。還需要有人掌管廚房飲食，還要一些人做打掃清潔的工作及採買等，這一些人稱為護三。

但是我們條件比較嚴，我們的禪三共修，即使是護三的人，也要求由見性的人來擔任。因為我們的禪三和外面是不一樣，我們在那個時候的開示，幾乎已經是打開天窗說亮話。因緣不具足的人，隨隨便便就來護三，那麼他護三之餘，當然也會跟著聽開示，聽了開示就變成解悟。解悟了以後就很麻煩，活了死不了。所以即使是護三，也選擇已經見性的人來做，這樣的要求在一般的道場是不可能的，但我們是這樣的要求。

如果是有能力當老師的人，或者已經在當老師的人，讓他做護三，就太可惜，所以應當做監香。護三人員固然已見性，但是由於他的教門比較不通達，不能當家做主，讓他有機會從旁觀者的角度來見習一下禪三的舉辦，也讓他有機會對這個團體做一點回饋。因為我們這一個共修團體不收費，也不要大家做供養，所以護三是最好的回饋時機。

主三的老師在精進共修期間，他所做的開示和引導，全部都要用禪法，也就是公案。不可以在禪三裡面還用數息、持咒、念佛、止觀、看話頭等方法，這些都不能用。因為這一些法門的開示和鍛鍊，應該是在平時就要做好了。到了禪三這個階段的開示引導，全部都要用公案。

有的時候，看某些人因緣成熟了，就來一個向上全提。如果在禪三禪七期間，還要叫人家數息，或者拿一句「參禪是誰」在那邊自問自答，這個叫做弄識神。我們當老師的人要謹慎，不可用這種修定的法，或者弄識神方法來耽誤人家。

第三點、傳法印証，要很謹慎。不論是平時的共修，或者短期精進共修的期間，老師施設了機鋒，要對學生下手之前應該先觀察這個學人的根器，如果犯了其中的一點就不可以下手，我們稱之為五不殺，所以下殺手之前要先觀察。犯哪五點不能殺呢？

第一、信不具足。他對於教外別傳之法的信心不夠，對於老師的信心不夠，對老師所傳的法信心不夠，對自己的信心不夠，叫做信不具足，這樣的話不能對他下手，否則的話即使悟了，他也不敢承當。

第二、佛法和禪法的知見不具足。佛法的知見是指：「四念處，四聖諦，五陰是空」等佛法知見不具足。禪法不具足是說：他不瞭解了義的法—真如佛性。完全沒有概念。如何參禪也沒概念，這也不能下手。

第三、功夫未到。也就是說他沒有看話頭的功夫，或者功夫很粗糙。功夫不到家的時候，即使參出來了，也會變成解悟，肉眼看不見佛性。所以對於功夫不到的人，不要下手。

第四、他的福德欠缺。諸位也許覺得奇怪，這參禪與福德有什麼關係？其實大有關係。福德因緣不具足的人，如果你勉強把他弄出來，讓他悟了，他悟後的日子不好過，很多奇奇怪怪的事情都會出現。

我們不是只有一兩個人有這種現象。我過去是濫慈悲，不管他福德因緣夠不夠，只要功夫夠了，便幫他悟。福德因緣不夠的人，悟了便會有事障出現，所以我們必須觀察。什麼是福德因緣不夠？從事障與性障來講：從事障上說，就是他不能自活。自己吃飯都吃不飽，基本的生活都沒辦法過得下去；這是他過去生沒有修集菩薩的福德資糧。我們不是重富輕貧，而是說他過去沒有好好的修菩薩行。菩薩行最重要的是布施，肯布施的人，不可能今生沒飯吃，所以這一點要注意。

那麼性障呢，主要就是五蓋，最大的一種就是貪執五欲非常嚴重。還有一種就是他的情執非常的深重，一愛就愛得要死不活；恨一個人就恨得咬牙切齒。那這樣的人，就是情執深重，這個人福德不具足。有瞋心，脾氣暴燥沒有關係，怕的就是有恨惱之心，記恨記得很深，怨得很深，這樣的人性障很重，表示這個人福德不夠。

第五、慢心未除。我們以前常常提到：「瞋心會障礙初禪，但是不障礙見道。可是慢心不但障礙初禪，也會障礙見道。」所以我們必須觀察：如果這個學生慢心非常的嚴重，我們就不能下手，這在平常就要觀察。譬如說：這個人雖然來跟你共修，上你的課，可是他執著自己的觀念，自己的看法，執著自己所用方法，不肯依你所說的法如實去做。

不管你跟他說什麼，他總是陽奉陰違，那麼這樣的人，我們要很小心。如果你幫他悟了，將來他不會聽你的話。你說：「悟了這個答案，不能公開去講。」他偏偏要去講，為什麼？他因為慢的關係，他要表現：「我是開悟的人。」為了讓人家知道他開悟，就把答案到處亂講。那麼濫傳正法的結果，眾生就開始懷疑誹謗，宗門就斷掉了，這是破壞佛的正法，所以要特別注意慢心重的人

以上所說五不殺的條件，如果參加的人犯了其中的一條，你就不可以下手。如果沒有謹慎觀察，像我以前一樣濫慈悲，輕率下手，那就要有心理準備，免不了要收拾一些爛攤子，所以我現在不敢濫慈悲。濫慈悲的結果，如果出了一點兒紕漏，就會斷掉一些信根不具足者的法身慧命。因為他會起懷疑，因此不肯學，他就會去找那些看起來是悟、其實沒有悟的大師去學；他會懷疑你。這種過失，我曾經犯過。

有了前車之鑑，希望諸位老師不必重蹈覆轍。不是說我可以犯錯，諸位不可以犯錯，而是說不必要重新再犯同樣的錯誤。因為前面的人，犯錯情有可原，後面的人已經看到這種現象，還跟著犯錯，那就變成愚癡。所以我不怕自己沒面子，把自己的糗事講出來，跟諸位老實招供；可以讓諸位做個借鑒，不要濫慈悲。

在精進共修期間，因為凝聚力非常強，所以因緣如果具足，我們要對一個人下殺手之前，應該先觀察：參禪人如果已經參到進入見山不是山的狀況，我們千萬不可突然間就用機鋒，千萬不要突然間就打香板，我們必須先將他引出那個境界，然後再加以引導，才可以施展你的爪牙，讓他開悟，千萬不要唐突。

有善知識說：「學人在這種見山不是山的狀況的時候，如果一香板打下去，他往往就開悟了。」但是我跟諸位報告：這個時候你如果聽他的話，一香板打下去，這個人十之八九，會失心發狂，要送進精神病院去。

所以必須先引他離開見山不是山的境界之後再引導，引導到一個地步以後再用機鋒。如果亂打香板的話，這個人萬一失心發狂，那就是瞎眼師的現世報，結果也喪失了一位宗門之中的將才。

因為能夠參到見山不是山的境界，這個人功夫很好，將來這個人可以是個人才，可以弘揚宗門。結果這一香板打下去呀，完蛋啦！很可惜。

我們在禪三期中，引導或者機鋒的目的是在傳法，所以必須謹慎提防聲聞種性的人，因為這種人不肯護持學法的道場。他也沒有悟後去度人、或者幫助同門的人、或者幫助已經悟的人去度人的願心；他只想悟了之後，趕快去取證涅槃。

還有一種人很奇怪，他在這裡得了菩薩的根本大法，明心見性了，但是他出去弘法時卻專門講聲聞法；或者專門講不了義的法，把他所學的了義法放在一邊不講，這就是聲聞種性。所以有這種傾向的人，我們千萬不要濫慈悲。

第二目　定期傳授佛法知見

對於宗門來講，教法當然不算是正法，教法所指示的真如佛性才是正法，但是我們卻可以借著教法來建立學者參禪的知見、以及佛法的知見，所以教門有存在的必要。凡是能夠文武兼濟的老師，應該在每週共修的時候，以講座的方式傳授禪、智慧、以及定方面的知見，然後再用一般的佛法概念做輔助。

上課完了，有一段時間讓學員發問，做雙向的交流。這樣的話，對於學者的知見，和他平常在家裡面自修的狀況，我們便能夠掌握，我們才有辦法指導他進修的方向和方法。

如果平常共修，遇到了一個上上根人，而沒有前面講的五不淑的情形，也不一定要禪三，往往你給他一個機鋒，三言兩語他也可以悟入。這種事情從古至今，所在多有，沒什麼可以驚奇的。

但是我們要注意的是，平常引導的時候，不可以講得太明白，應該留一點餘地，讓學者自修自悟。而且我們對一個人引導，或者使用機鋒的時候，應該注意場合。那個場合是不是適合引導和用機鋒？有沒有第三者在場？有的話那個第三者適不適合聽？免得聽了看了變成解悟，那就很麻煩。

但是對一般根器的人，必須要以平時每週共修的講座加以提攜，他才能進步。若非必要，不說禪法，不用禪法；更不可一向講禪。

什麼叫一向講禪？那就是說，凡是人家來問你：「張老師啊！什麼是真如佛性？」「禮佛去！」他又來問：「羅老師呀！什麼是真如法身？」「吃茶去！」這叫做一向講禪。如果共修時一向都是像這樣講禪的話，我跟你講：「三十年後，要個人替你倒杯茶都沒有。」今天倒好，我還有這杯茶可以喝。

我們平常在教授禪法的時候，為了方便的緣故可以講公案，可是不能把公案裡面的密意拿出來明講。諸位不管已悟未悟，絕對不可以把古德公案裡面的密意拿來解釋；著作公案拈提時，只可提示，不可明說密意，免得將來宗門斷絕，罪過就大了！如果不是真的善知識，他是強做思惟而把公案拿來解釋著作成書本的話，行家見了就會笑。

表面上看來，他可以洋洋得意的想：「我能夠解釋公案，大家會很崇拜我。」而其實他是把自己沒有悟的事實公諸於教界和後人。如果是真的善知識，絕對不會做這樣的事。因為公案的密意是自古以來祖師們，或者當代悟者的施設。這是巧設方便、旁敲側擊，想要讓學人自悟自體驗。有的時候是拿來做為勘驗弟子悟境的用途。

這個東西不是讓我們拿來口頭上講說，或者博取世間的名聞利養之用。如果善知識真正悟得根本，而沒有深入的思惟自古以來祖師們寧可一宗一派到他手裡斷絕，而仍然不肯明白說破的道理，就把古今所有淆訛公案的密意解釋成為書本而留傳四方的話，就會使得末法時代的禪子們，更加變成世智聰辯。他就不肯死心踏地鍛鍊參禪的功夫。

如果沒有定力的人，僥倖讓他悟了，他也看不見佛性，多會變成解悟。解悟之後，又不肯鍛鍊功夫，便永遠不能眼見佛性，他就會誹謗說：「佛性無形無相，根本不可能看得見。」就會誹謗《大般涅槃經》、誹謗世尊。也有法師這麼開示：「佛性是看不見的。」而且不止一位。但是佛性真實可以眼見。世尊也告訴我們，佛性是眼見為憑。

我們如果把公案密意拿來解釋，印出去流通，宗門從此永遠就斷掉了，將來禪宗永遠沒有子孫了。所以一切真正的善知識，都深深的知道這個過失非常嚴重，所以一定不會造次胡亂非為，一定會保留最後的密意。

第三目　深勘學人　免負因果

當老師的人，對於學者悟境的勘驗，務必要很仔細。在微細淆訛之處，不可以輕易放過。一切學人要有個觀念：被印證的時候，別急著歡喜。因為為你印證開悟的這個人，可能根本沒有悟；他給你的印證叫做冬瓜印，派不上用場。

沒有被印証，也用不著發怒；因為你沒有被做錯誤的印証，避免了將來死在這個地方；塞翁失馬，焉知非福？

至於當老師的人，為人印証要很小心。如果自己沒有真正的悟，就隨意為人印証，歷代祖師說的很多：「跟人家錯印証，進了地獄！無有出期。」因為這是大妄語。沒有悟而裝做悟的樣子為人家印証，就是公開表示自己是悟的人，那就是大妄語。如此為人做錯誤印証，即是將驢做馬，將馬做鹿，耽誤了學者的道業。

而這個學者不是真正的悟，結果被做了印証，他沒有那一些悟者的功德受用，不消一兩個月就會退心。退心了就會跟人家講：「修禪沒有利益，參禪沒有用，悟了也沒有什麼用，不必求悟。」那麼跟人家胡亂印証的老師，這個罪過就大了，所以為人印證要很小心。

因此，如果尚未明心見性而以禪師自居，為人家印証，這個因緣果報非常嚴重，我們要很小心。但是悟得真的人，出去當禪師度衆生，跟人家勘驗的時候，應當要明白—參禪有四種岐路；所以我們要很詳細的去勘驗，不可以輕易的就放過。

第一種岐路，叫做豁達空禪。有一種人聽到說：「真如佛性是空性。」然後他又讀《金剛經》，誤會了就說一切都是空。就以為跟虛空一樣，什麼都沒有。然後聽說：「涅槃非因非果。」他就撥無因果。一切是空嘛！哪裡有因果？然後他就認定「無心無物就是我們的心應安住的地方」，他用意識思惟空性，他不見真如佛性具足一切法，便以為：豁達於空，一切皆無，就是禪。

所以他就認為一切都空，什麼都沒有，這就是証得空性。我只要不執著，我只要沒有煩惱，這就是証得空性啦。然後他就講了：「我已經悟了，一切皆空，所以也沒有佛，沒有祖師，也沒老師，也沒學生。」又說貪也是空、瞋也是空、一切都沒有因果。既然沒有因果，不貪白不貪、不瞋白不瞋，然後就隨三毒而行。貪瞋痴慢疑，樣樣皆不離。

因此他一天到晚嘴裡面說：「一切皆空。」可是嘴巴卻要貪好吃的東西。一切都是空，可是每天三餐不吃衆生肉就很難過。身行邪淫，他卻講：「沒有果報呀！」如果有人跟他規勸，那他就講：「你還有這個在呀！」人家跟他講：「你這個不是禪，你誤會了。你應當去尋找善知識。」他卻說：「講個禪字，早就不是啦！我連禪都沒有，你還跟我說禪？」這叫豁達於空。

那麼我們還要舉一個例子說明更微細的豁達於空的現象。香港故月溪法師臨終的時候講了一首偈，那一首偈有四句，最後一句講：「遍滿虛空大自在。」這是未明心者的豁達空，他不明白真如，沒有找到真如，就揣摹思惟真如的體性。因為經裡面說真如猶如虛空，不動不轉。所以他就想：真如既然猶如虛空，那我現在捨報以後，不取五陰，不投胎，那就跟虛空一樣了，就可以遍滿虛空，認為這樣是大自在，這也是豁達空禪。

真如固然猶如虛空，但祂是好像虛空一樣，無形無物，但是祂不是虛空，所以不能講真如遍滿虛空。佛性的覺，可以在悟後藉著事修而不停的觀，不停的擴展，漸漸的遍滿十方世界。

但是不可以說真如遍滿虛空。如果這樣講的話，那就是「執我常遍，量同虛空」；執著真如這個我，時時刻刻都是普遍存在，他的本體好像虛空一樣，無邊無際。他錯了！為什麼錯？因為如果真如遍滿整個虛空的話，請問：「為什麼真如又住在我們眾生身中，隨身而受各種苦樂呢？」

如果真如遍滿虛空，就應該不能動轉。因普遍佈滿了嘛！祂又如何能隨著我們五陰而造作諸業呢？

如果真如是遍滿虛空的話，那你的真如法身，是不是跟十方諸佛法身，互相雜亂的混在一起呢？是不是這樣？

你如果說：「我這個真如本體，跟諸佛本體是同一個。」那也不對呀！剛才說，遍滿虛空，那一定跟諸佛法身相雜相入，對不對？你說：「當然是相雜相入，因為我跟祂是同一個嘛！」那你乾脆不要求悟吧。你自己一個人，不很自由自在嗎？為什麼要成為佛的一部分？

如果你說：「我成為佛的一部分也沒關係，我就是十方諸佛，十方諸佛就是我。我的本體從來跟祂是同一個本體。」如果這樣的話，世間若有一個人成佛時，所有的人都應成佛啦！是不是這樣？因為是同體嘛！如果是同體的話，若有一個人造作善業惡業的時候，其他的人應該跟著同時在做呀！為什麼沒有同時呢？一個人在受報的時候，所有的人應該同時在受報呀！因為是同一個真如法身嘛！

所以我們不可以講：「真如的體性遍滿虛空。」應該要像廣欽老和尚那樣講：「無來亦無去。」那才對，因為不是色、不是物質，一念可以到無量無數的世界，沒有時間、空間的限制，是這樣才對。所以你不能說祂有來去，有來去是物質才有來去。所以月溪法師講：「遍滿虛空大自在。」那是他意識思惟得來的，這是未明心—沒有找到阿賴耶識的人，不明阿賴耶識就是真如的前身，而以意識思惟想像真如，便會有此禪病，這也屬於豁達空禪。

第二種岐路、主人公禪。在末法時代，有許多修學禪法的人，不肯聽虛雲老和尚的開示，不肯鍛鍊看話頭的功夫，所以在自修或者精進禪七的時候，就用語言文字在心裡面自問自答：「參禪是誰？念佛的是誰？打坐的是誰？」在心裡面自問自答，這叫做弄識神，這個叫做思想、思惟、分析，這不是禪。古時候有一位瑞巖和尚，他就誤認識神做為真心，所以每天坐在山上懸崖邊，他就自己叫：「瑞巖。」又自己答：「喏。」又自己吩咐：「惺惺著。」清清楚楚，不要昏沈。又自己答：「喏。」然後又自己吩咐自己：「他時異日莫受人瞞。」又自己答：「喏。」這就是以能說、能聽、能答、能知、能覺的心做為真如真心，這就是主人公禪。好在這瑞巖和尚後來被巖頭全豁禪師度了，後來也悟了。這是他悟前的一段糗事。

近年也有人寫書，主張心靈無念就是悟，他說：「如果心靈無念，可以保持一小時以上，那就是証悟。」他以心靈無念時，能知的那個心做為真如法身，他不知道這個還是識神，這也是主人公禪。

那麼去年也有知識在禪七裡面開示說：「各位都知道，香板的聲音是怎麼響起的，各位也聽到也知道香板的聲音是怎麼過去的，有聲音沒有聲音，大家都知道、聽到，這個聽到和知道的一念心，就是覺性就是佛性。大家仔細的去觀察一下，這一念心有沒有過去、現在、未來？有沒有男女相？有沒有動相、靜相？有沒有時間、空間？」諸位！這也是主人公禪，這是誤解了《楞嚴經》，為什麼說這個不是？想要知道後事，且聽下回分解。

我們繼續上週沒有談完的第二種歧路，我們說知道和聽到的一念心，那是耳識意識，不是真如，更不是佛性，因為這是妄覺。這一念心是見聞覺知的心，凡夫感覺到祂沒有過去，沒有未來，而事實上這一念心，是因五陰而生，死後也必定會因為五陰的散壞而消失掉，這不是真如。

這一念心刹那生滅相續不斷，就好像透明水管裏面，流著很快的清水一樣，因水裏面沒有水泡間隙，所以我們感覺不到水流得很快，而這能知、能見、能聽的一念心，他的刹那生滅相續不斷，比急流的清水還要快，所以凡夫不覺，就以為它不生不滅。其實這個心，這生滅的耳識跟意識，前念與後念的接續非常迅速，相續不絕，至死方盡。真正悟得根本的人，知道這是妄心，修得識無邊處定的人，也知道這一念心的虛幻。

第二點：聽到和知道的一念心，不是真如，有知即錯的緣故。南泉普願大師跟我們講：「道不屬知與不知。知是妄覺，不知是無記。」南泉一語結盡衲子深冤，天下聰明禪狐參不透，直心老實者一點便會。

《維摩詰經》云：「非見非聞非覺非知。」所以聽到和知道的一念心不是真如，更不是佛性。真如不是佛性，佛性不是真如；佛性由真如出生，就譬如燈與光明。真如是本體，佛性是祂的用，體與用不可以混淆，不可以說真如就是佛性。就像光是燈的作用，但是光不是燈，燈是光的本體，光是燈的性用，不可以說燈就是光，光就是燈。但是燈可以單獨存在啊，光卻必需要因為燈的存在才能存在。燈既不存，光將焉附？猶如「皮之不存，毛將焉附？」同樣道理，沒有燈就沒有光，沒有真如就沒有佛性，所以真如是體，佛性是用。如果不明白真如與佛性的體與用，也沒有體證到真如，就會將能聽能知的一念心誤以為是真如，就會將妄覺誤以為是佛性，那就會鑄成大錯。

第三點：佛性必須眼見為憑，不得以體會為義。有些人沒有悟得真如，就直接眼見佛性。這樣的人不多，必需先具備了功夫以後，才能這樣；如果沒有看話頭的功夫，也沒有先悟得真如，那就必然會以能聽能知的妄覺當作佛性，看來好像是真的白銀，其實它是水銀。如果真正悟得真如，並且有看話頭的功夫，這個人不久就能夠眼見佛性。如果沒有看話頭的功夫，雖然遇到真的善知識，但是他必定無法眼見，就會以感覺或妄覺當作是佛性。就會把能聽能知的這個心，當作是佛性，但這個是妄覺，所以如果沒有鍛鍊看話頭的功夫，雖然能夠解悟佛性之義，也不能一念相應，無法眼見佛性。

第四點：《維摩詰經》云：「菩薩諸有所作，舉足下足，當知皆從道場來。」如果真正悟得真如，便完全知道這一句經文是什麼意思。因為這一句經文，是一個真正悟得真如，大悟成片的人，他悟後時時刻刻所安住的狀況。這個境界不是那些以能聽能知之心為真如的人所能知道；一切五通仙人，聲聞緣覺，也不能知道。

第五點：能聽能知之心是意識，意識雖然沒有男女相，但是祂仍然不是真如。例如眼識、耳識、鼻舌身識，也都沒有男女相，但祂不是真如。能知之心就是動相，不知之心則落於無記，那又是靜相。但是真如不離動靜二相，也不住於動靜二相之中，所以能知之心是妄。

能聽能知之心相對於境界，有境界就不離時空，而真如不在時空之中。譬如《維摩詰經》中妙意菩薩，知道寂滅、住於寂滅，尚且被文殊師利菩薩所遮止，所以文殊菩薩講：「無言、無說、無示、無識。」知道寂滅、住於寂滅，尚且各是一邊，更何況是能聽能知的一念心還沒有到寂滅的境界？還沒離開識與知的境界？所以從這個地方，我們便知道這一念心不是真如。

誤會真如法身的緣故，所以便會將清楚明白觀照的六根覺受妄覺，誤以為佛性。這不是佛性，更不是見性。見性必須以父母所生眼看見無形無相的佛性，那才算是見性。如果是以體會感覺當作佛性，那就大錯特錯。

第六點：有一個能聽能知之心，那就是我，有我就錯了。真如不是能聽能知之心，能聽與所聽就是兩邊，真如不落兩邊。有能知與所知，就是兩邊，就是二；真如不二，不落兩邊。以上所說的六點，是說以見聞覺知之心為真心真如，這就是主人公禪。這種現象從古到今，普遍的存在。

譬如：南陽忠國師，有一個禪客來參訪，他就問：「從何方來？」這禪客答：「從南方來。」國師又問：「南方有什麼知識？」這禪客說：「知識頗多。」國師問：「這些知識如何開示學人呢？」這禪客說：「南方那些知識就直接開示學人，說這個心就是佛，佛就是覺者的意思。那你現在已經具備了見聞覺知的功用，這個見聞覺知的功用，能夠揚眉瞬目，去來運用遍滿身中；你摸頭的時候頭知道，你摸腳的時候腳知道，所以叫作正遍知。離此之外，更無別佛。」又說：「這個身體是有生有滅，但是見聞覺知的心性從無始以來，不曾生滅；就好像龍死了換骨一樣，蛇褪皮一樣。就好像人住房子，舊房子壞了就換個新房子住。所以說身體是無常，但是這個見聞覺知之性是恆常不變。」

忠國師聽了就說：「如果是這樣的話呢？那麼這一些善知識，跟那一些先尼外道就沒有差別了。因為那一些外道說：『我這個身體裏面，有一個神性，這個神性知道痛，知道癢。身體壞的時候，我這個神性就出去啦。就好像屋子被燒了，屋主就跑出去了。這個屋子是無常，可是屋主是常啊！』如果像這樣講的話，可就邪正莫辨喔！到底那個才對呢？」然後又說：「我以前到處遊歷的時候，就看見有許多這樣的善知識，想不到現在越來越多。這種善知識聚集了三百個人五百個人，然後眼睛就看著天上，說我這就是南方的宗旨，就把《六祖壇經》講的東西，改頭換面，添上了一些不應該講的話，把六祖真正的意旨排除掉了，這樣迷惑擾亂後來參禪的人，這哪裏是真正禪宗的言教呢？」所以這種情形自古就有，不是現在才有。

去年夏天也有知識對信眾開示說：「真正的定是這一念心不但不攀緣，還要清清楚楚、明明白白、處處作主，這就是無住心。這種清楚明白能作主的心，不是生出來的，是本具的。生心指的是慧。無所住而生其心，就是定中有慧，慧當中有定。定慧不二的這念心，簡稱為無住心，也就是菩提心。」這一段開示，看起來好像也沒錯，但其實也是主人公禪，似是而非，那麼我們把它分成三點來提出辨正。

第一點：菩提心就是真如。而這位善知識所講的清清楚楚、明明白白、處處作主的心，不是無住心，不是菩提心，不是真如，這是意識生滅心，是腦筋的作用。清楚明白就是知，處處作主就是有所住，不是無住心；自己講話都互相衝突了。

清楚明白、處處作主的心，是五陰出生才有的，祂不是本來就具有的。真如隨緣而應，隨類自在，不需要作主；真如從來不作主，處處作主的心，就不是真如。有一個知尚且錯了，何況是清楚明白而且能夠作主的心！所以趙州從諗禪師常常開示云：「老僧不住明白裏。」對未悟者而言，真如不可思議，但是清楚明白處處作主的心，只要我們稍微收斂一下妄想，就可以思議祂，就可以體會祂了，可思議者即非真如。

清楚明白是對境界清楚明白；處處作主是對清淨或者染污的境界有取有捨，所以要處處作主；有取有捨之心，就不是真如。清淨染污乃至寂滅都是境界，而真如絕對待，不是相對於境界。相對於清淨境界而能夠作主的心，那是意識，不是真如；所以清楚明白的心不是真如。

真如既然是無住心，無住心就必然沒有取捨，既然沒有取捨，何需處處作主呢？所以清楚明白處處作主之心不是真如，不是菩提心，更不是無住心。

此外，清楚明白處處作主，就是有一個我能覺觀，有覺有觀就不是真覺。所以《圓覺經》云：「若心照見一切覺者皆為塵垢，覺所覺者不離塵故。」世尊跟我們開示說：「如果我們有一個心能夠照見，一切都能夠覺照，這個心還是妄覺，這個心還是不清淨。因為有一個能覺能照的心，以及一個被覺照的境界，這都不離六塵之垢。」所以有覺能覺就錯了，這不是無住心。

第二點：定慧不二的這念心，不是無住心，不是菩提心。所謂即慧之時定在慧，即定之時慧在定，這是指自性佛性，不是指真如菩提心。這是在用上講，不是講真如本體。定與慧是真如的用，不是真如本體。真如為體，離於定亂；佛性為用，具定慧法。真如不是佛性，就譬如剛剛我們講過，燈不是光一樣。一個身為禪師的人，對於體、用、性、相，應當要歷歷分明，才是真見道的人。

所以古時候，有個太守李翺，晉見藥山惟儼禪師的時候，他問：「如何是戒定慧？」藥山惟儼禪師跟他說：「老僧這裏無此閑傢俱。」就是這個道理。因為戒定慧，都是在用上面，李翺雖然是個儒學大家、理學大家，但是你連真如都不明白，就要來問真如的用，那豈不是太早了嗎？所以告訴他：「老僧我這裏沒有這一些閑傢俱。」你要問戒定慧的話，先明白真如了以後，再來談吧。

第三點：如果清楚明白、處處作主之心，就是真如的話，那我們要問：「睡著無夢的時候，這個清楚明白處處作主的心，在什麼地方？」是不是真如睡著了？是不是真如消失啦？如果說真如睡著了，那廣欽老和尚要打屁股了，因為他說佛從來不睡覺；真如哪裏會睡著啊？

有人問：「我只有晚上才有時間買水果供佛，那我晚上供佛行不行？」因為一般法師都講，供佛要在早上十一點以前或十二點以前。廣欽老和尚說沒有關係，你三更半夜跟祂供養也沒有關係，因為佛從來不睡覺。真如從來都不睡覺的，法身佛、報身佛從來不睡覺的。

如果這個清清楚楚明明白白處處作主的心是真如的話，睡著無夢的時候祂那裡去了？祂睡覺啦？這樣就錯了。那你如果說：「真如在我們睡著時不見了，醒來再把祂找回來。」那這樣的話，這個真如豈不是斷滅了嗎？所以這個清楚明白能知之心不是真如，這一個心就是意識心。

以上所說的自問自答，能聽、能知、能覺的一念心都是意識心，祂與末那合作，所以末那會處處作主，這些都叫主人公禪。那麼這一類人，自以為說他已經離開了神識，而其實他還在神識裏面。期望將來無常來的時候，不被人家騙了，其實今天先自己把自己給騙了。所以無門慧開大師訶責瑞巖師彥和尚：「一個惺惺底，一個不受人瞞底，認著依前還不是。若也傚他，總是野狐見解。」

意思就是說，一天到晚保持一個清清楚楚明明白白的心，這就是惺惺底，另外一個在那邊自呼自喚自答應，說「他時異日不要受人欺瞞。」像這樣認著這個妄心就是真如，結果跟以前一樣仍舊不是。如果我們跟著仿傚這一批人的話，通通都是野狐的見解；長沙招賢大師，訶責這一種人說：「學道之人不識真，只為從前認識神。無始劫來生死本，癡人認作本來人。」說學道的人之所以不認識哪一個才是真正的真如？只是因為從過去無量生以來，就誤認這個清楚明白能夠作主的心，把這個識神當作是真如；但是這個心是從無量劫以來，讓我們生死輪迴的根本。沒有智慧的人，就把這一念心，認作是本來的真正的不生不滅的真如。

所以如果以能知能覺，能夠思想、常寂常照的這個心、能夠作主的這個心，當作是真如佛性的話，那就是主人公禪，將來不免要繼續生死輪迴。因為這一念心，尚未打破一念無明之故。

第三種岐路、以定心爲禪。有很多人誤會了，認為已經離開了語言文字妄想的這個定心，就是真如。他就認為沒有念，沒有妄想，就是證得空性。常常有參禪的人，因為讀到《六祖壇經》裏面，六祖向惠明將軍説：「不思善、不思惡，恁麼時哪個是明上座本來面目？」然後他就以為善事不想、惡事也不想的時候，那就是一念不生。一念不生的時候，那個能夠知道的、能夠體會的心就是我的本來面目了；其實這個時候，還是不離能知能覺。

有一位馬來西亞的法師更荒唐，就寫書道：「心靈無念即悟法身，俗稱開悟。」説心靈沒有念的時候，沒有妄想的時候，那就悟到法身了，這個俗話叫作開悟。他又講：「把妄想化了，寂滅重現，這叫作悟。悟一小時以上者便稱証矣。」這很奇怪啦，如果説我們讓妄想消失掉，一念不生。（這個妄想化掉，還不能稱為寂滅喔！但是他稱之為寂滅，這事暫時不管。）説妄想化掉啦，一念不生空無所有，那叫作悟。

諸位現在正在聽我説話，心裏面沒有打妄想，這時一念不生，沒有妄想，那諸位都悟啦！像這樣保持沒有妄想一小時以上稱為證悟，這就是把沒有妄想的定心，當作是本來面目。認為無念就是證得空性，如果是這樣的話，那麼一切已經修得未到定的佛子們，以及修得未到定的外道，通通是聖人了。如果是這樣的話，為什麼世尊說修得未到定、修得四禪八定的人，都還不是悟呢？可是就有人附和這樣的說法。

台灣也有大法師開示、出書這樣講：「雖然這只是未到定的境界，有些人已稱這個境界為悟境，而這並沒有錯。」我讀了之後只好念一句：「阿彌陀佛」了！那麼他又說了：「其實未到定便可以給與我們人生巨大的幫助，所以對於那些經歷過這種經驗而有明顯改變的人，稱它為悟境是相當正確的。」那麼這也是以定為禪。把一念不生時的那一個能知能覺的心，當作是真如，而其實這個與悟不相干。

近年也有禪師教人家見性成佛的法門，他說：「人的妄想很多，一有念就是衆生，無念就是佛；只要能夠無妄想無雜念，那你現在就是菩薩。所謂『菩薩清涼月，常遊畢竟空，衆生心水淨，菩提影現中』，指的是這一念心，我們修行就是澄清當前這一念心。澄清了以後，就是一個絕對的境界。」

又開示說：「儒家講：『人心惟危，道心惟微，惟精惟一，允執厥中。』中就是指不起心不動念，就是實相。」這真是荒唐，菩薩常遊畢竟空，卻不是這一念心；不能夠說有念就是眾生，無念就是佛。如果這樣講的話，諸位現在無念是佛，等一下起念又變成眾生啦；那這樣成佛有什麼用？佛跟眾生有什麼差別呢？所以這些講法都似是而非。那麼儒家講的允執厥中，還是意識想像來的。這些都不對。

這一類善知識，自古至今非常的多，以心中無念的定心當作是禪，真是大錯特錯的事情。如果說這個心沒有念的時候，就是真如；等一下又起一個念，就不是真如；那真如又成了生滅法了，我們要這個真如有什麼用呢？如果說入定的時候，沒有念就是悟，有念出定了就是迷，這種悟就成為有時悟有時迷，那這種悟有什麼用？

一念不生的時候是入了定，一念復生又到了定外去了；如果以無念定心當作是真如的話，那真如就是有出有入，有出有入就不是真如，因為真如從來無出無入，從來不來不去。因為這一種無念的境界，沒有辦法支持很久的，一般人能夠支持五秒鐘、十秒鐘就算不錯了。我們學會無相念佛的人，有的人可支持五分鐘十分鐘三十分鐘，有的人可支持一小時兩小時沒有念，過一兩個小時以後，又有一個念出現了，如果說本領最好的人，像那一些修得很深的未到定的人，一入定就十天半個月，當你入定十天半個月的時候，你說在定中這就是真如了；可是等十天半個月過去了，你出定了，那又不是悟了，那又不是真如了，那這樣的悟作什麼用呢？所以不可把無念當作是悟。

有的人修學天台宗，天台宗裏面有的法師就這麼說：「前念已滅，後念未起，中間即是。」把這個中當作是真如佛性，這也是一種錯誤。因為你前念已滅後念未起，這只是一段時間而已啊！沒有功夫的人半秒鐘一秒鐘，有功夫的人三分鐘、五分鐘，十天、半個月終究還是會起後念。如果以這個能夠支持幾秒鐘、幾分鐘、幾天的這個中—前念過去，後念未起這中間，當作是真如佛性的話，那麼這真如佛性，就變成一種有生滅的，輪迴的生滅現象，所以這就錯了。

那麼我們應當要去瞭解：當年六祖因為情事緊急，不得不出這一個下下之策。也因為惠明將軍，在五祖弘忍大師座下，參學多年，已經有了很深厚的定力，他也有許多年聽聞五祖的禪法知見的開示，這時因緣成熟，所以才能因為六祖這一句話而明心見性。但是很多人都只在「不思善，不思惡」這一句話上面轉。

其實《六祖壇經》這一則公案，重要的部份在後面。六祖跟他講：「汝若反照自己面目，密卻在汝邊。」這才真正的把真如點出來了。後來的人不明白這個道理，也不去探究裏面的密意，就認為無念的時候、一念不生的時候就是悟。或者像主人公禪，把一念不生時的能知能覺的心，認作是本來面目，然後就自以為悟。也用這樣的境界，去跟人家印證，就耽誤了學人。

也有知識開示學人：「一念不生靈明覺了之心，就是真心。」這也是以定心為禪。學人不知，就會因為這一種假名善知識錯誤的印證，而死在這個地方，永遠就活不了。自古至今，犯此錯者不計其數；歷代祖師大慈大悲，對這一種現象罵不絕口。所以祖師的公案裏面，罵這一種人的典故非常多。

可是很無奈的是，中國人一向都只相信已經作古的禪師，或者只相信很有名氣的禪師。因此在每一個朝代裏面，當代真實明心見性的禪師，雖然出來指正邪師的錯誤，但因他名聲不大，當代的人都不信受。所以當年玄沙師備禪師也罵得很厲害，他說：「有一般坐繩床和尚稱為知識。問著便動身轉手，點眼吐舌瞪視。更有一般便說：昭昭靈靈、靈台智性，能見能聞。向五蘊身田裏作主宰。恁麼為善知識，大賺人！知麼？我今問汝：汝若認昭昭靈靈，為什麼瞌睡時又不成昭昭靈靈？若瞌睡時不是，醒來為什麼又有昭昭時？汝還會麼？這個喚作認賊為子，是生死根本妄想緣氣。」

這就罵得很不客氣了，他說《到處都有這種專門坐在繩床上，稱為知識的人，人家問：「如何是祖師西來意？」他就學人家動動身、動動手、點點眼睛、張開嘴巴、吐吐舌頭、瞪瞪人家。其實他不知道是什麼。又有一種人講：清清楚楚、明明白白、靈覺之性，能見能聞，這個就是。都向這五蘊身裏面在作主宰，說這一念心就是。說這種人就是善知識，賺死人了，真容易騙人。你知道嗎？如果認為清清楚楚、明明白白的這一個心是你真實心的話，為什麼你打瞌睡的時候，又不清楚又不明白了？若睡著的時候不是，你醒來的時候，為什麼又有清清楚楚明明白白這個心呢？還會不會啊？若將這一念心作真如佛性，那就是認賊為子。這一念心是生死的根本，是妄想的緣氣。》

慧忠國師云：「苦哉！吾宗喪矣！若以見聞覺知是佛性者，淨名不應云：『法離見聞覺知，若行見聞覺知，是則見聞覺知，非求法也。』」那麼我們看到慧忠國師也罵了：「苦了，我們佛法的宗門恐怕要斷滅了，如果以見聞覺知，就是佛性的話，那麼《維摩詰經》中，維摩大士就不應該說：『法離見聞覺知』。維摩大士跟我們說真如離開見聞覺知，不在見聞覺知裡面。如果我們把見聞覺知，當作就是佛性的話，其實這個是見聞覺知，這樣來求真如的話，就不是真正求道求法了。」

我們應當知道，一念不生時靈明覺了之心，不離見聞覺知。仍然還落在一念無明的境界裡面，這不是真心本性。維摩大士解釋佛的法身說「非見非聞，非覺非知。」靈明就是知，覺了就是覺，有覺有知就不是真如。《大集經》卷十一裡面又說：「一切諸法無變無作，無覺無觀。無覺觀者名為心性。」一切諸法是指真如，真如之體沒有那一些變化造作，真如之體也沒有覺觀，沒有覺觀的這一個才是心性。所以靈明覺了之心，有知、有覺、有觀、有照，因此這一念心，不是真如法身。《大寶積經》也講：「非覺非觀。」《維摩詰經》也講：「不觀是菩提。」

如果以一念不生靈明覺了之心為真如法身，這就是認賊為父啊！用這一念心當作是真如來度人，那就是以盲引盲。可是自已以盲引盲就已經是大錯特錯了，還罵別人是以盲引盲。這個就是長沙招賢大師所說的：「百尺竿頭坐底人，雖然得入未為真。」

這樣錯認真如法身的人，如果他有四禪的功夫，當人家質疑他的時候，他就會以生死自在、提前捨報的功夫証明他已經證得究竟解脫的境界。而沒有開眼的人不知道，就會認為他是大菩薩。不知此人誤認真如的緣故，提前捨報之後還要輪迴，不能解脫。所以無門慧開大師，就作了一首偈，責備這一種人：「瞎卻頂門眼，錯認定盤星，翻身能捨命，一盲引衆盲。」這意思是說，沒有開頂門眼的人，也就是說—沒有悟的人頂門眼不開，他就好像在暗夜大海裏面航行的船隻一樣，在羅盤上定位的北斗星或者南極星，他認錯了，把別顆星認作是定位的那顆星，自已迷失還不知道。那麼這一種人翻身能捨命，有人不信的話，他馬上可以提前捨報，隨時走掉。但是他並不明白真如是什麼？只是因為禪定的功夫，能做到這種境界而已，他就會自以為是明心見性，然後從此就會一盲引衆盲。

我們學禪的人應該要知道的是：一念不生靈明覺了的心不但不是真如，而且是一切有情衆生從無始劫以來輪迴生死的根本。但是我們也不可以聽到這樣講，就把這個靈明覺了的心丟掉，而變成無念法離念法無心法。如果修無心的法、無念的法、離念的法，這是修定，既不是聲聞禪，也不是大乘禪，更不是祖師禪。即使修得滅受想定，也仍然沒有打破無始無明，還是不能明心見性。

我們應當要以靈明覺了的定心作為工具船筏，用祂來尋覓真如佛性。如果捨棄了這個靈明覺了之心而修無念法無心法的話，這個人永遠不可能悟得真如佛性。如果誤認靈明覺了的心就是真如，那他就永遠不離三界六道的輪迴，欲求圓覺、求大般涅槃，永不可得。

禪子們應當要知道：我們每一個人一心之中具足了三身。分別觀察是應化身—祂靈明覺了，思惟我們要做什麼？不做什麼？恒審思量的心是報身，祂決定我們要做什麼？不做什麼？且道：如何是一心中真如法身呢？學禪的人如果不肯低下心來見真善知識，他得要參三十年去。如果是以定為禪而沒有一念相應慧，便叫人放下執著，沒有見地，雖然有覺明現前、輕安澄湛，但這是定境，沒有具備開悟真如佛性者所應當有的解脫功德正受。這樣的修法與聲聞法外道法沒有差別，與參禪開悟的法門其實不相干。為人師者對於這些事情如果不明白，又不肯去見善知識，這個人就會死在這個地方，永遠再也活不了！

第四種歧路：似是而非。有禪師教導眾生見性成佛的時候開示：「放下就是保持當前這一念，清楚明白常寂常照。釋迦牟尼佛拈花微笑，迦葉尊者微笑，也是契合這一念心。清淨心就是大乘佛法的根本。我現在喝茶舉起茶杯，和釋迦牟尼佛拈花有什麼差別？都是這一念心。」然後他又解釋說：「清清楚楚了了分明的這一念靈覺心就是菩提心。」這樣的善知識也真容易賺人，但是清涼文益大師跟我們說：「毫釐有差，天地懸隔。」世尊拈花微笑，迦葉尊者微笑，且不是這一念清楚分明的靈覺心。毫釐之差，就導致天壤有別啊！

還有一種善知識，凡是看見有人來參，他就舉起拂子豎起拳頭，或者一喝或者一棒，學祖師們裝模作樣。老實的禪子要是講「我不會。」他就罵：「我舉起拂子你也看不見！」都是學祖師們裝模作樣而已。如果有一天他遇到了真的善知識跟他勘驗的時候，他就講：「祖師舉起拂子豎起拳頭，跟我喝茶舉起杯子都是這一念清楚明白的靈覺心啊！」這叫做似是而非。祖師豎拂舉拳且不是這一念靈覺心啊！

當年風穴延沼禪師聰明絕頂，在悟前他就學得了祖師們應用的許多機鋒和應對，他也自以為開悟了。有一天他去參見南院慧顒禪師時，弄出了許多的機鋒，南院雖然已經知道他悟得不真，但是風穴禪師在機鋒相對的時候，一切的舉止運為機鋒，都完全符合，所以南院一時間也辨不得他，只好暫時放過。

第二天，風穴延沼進了南院慧顒禪師的方丈室，南院就不跟他談禪了。跟他閒聊的時候就問他說：「你到南院之前，曾經見過什麼人來？」他說：「我曾經見過廓侍者來。」廓侍者是南院的弟子，那麼南院心裡就知道了：「哦！原來是跟他學這些皮毛來，怪不得我辨不了他，因為他偷學了我家的東西去了！」所以南院就說：「唉！原來親見作家來。」他就問：「他向你道什麼？」風穴就答：「廊侍者始終只叫某甲一向作主。」南院聽了拿起拄杖就打，打完了推出方丈室就講：「誒！這般納敗闕的漢，有什麼用處？」馬腳露出來了，原來只是學得表面的機鋒應對而已，並沒有真正悟得根本。那麼風穴延沼這一下方才信服。

我們學禪的人千萬不要顢頇，隨著人家講：「拈花微笑的時候，舉杯喝茶時候，那個清楚明白靈覺心就是真如啦！」須要知道的是：真善知識舉杯喝茶時有舉杯喝茶的道理，請問上座：「您舉杯喝茶時的道理是什麼？」上座您如果跟我說：「我舉杯時、喝茶時清楚分明的這一念靈覺心就是真如。」那我就當面潑你一杯茶水，推出門外去！像這一種禪狐，似是而非，自古以來就很多了。上座您吃了這一杯茶水潑面，如果還不死心，第二天再來問的話，在下就挖鼻孔，搓一顆鼻屎給你。請問上座您如何會得呢？毫釐有差，天地懸隔啊！

《圓覺經》，世尊早就有開示了：「善男子！其心乃至証於如來畢竟了知清淨涅槃，皆是我相。」我們即使証知如來畢竟了知清淨涅槃的那個境界，那還是有個我所証，那是想像來的，不是親証。真如本身不說我清清楚楚明明白白，真如本身不說我証得清淨涅槃，更何況是這個喝茶時清楚明白寂照之心？那更是我相。

第二點：天台家講中道實相觀，近年來也有禪師採用。在禪七裡面，他就教導禪子們先用數息法淨心，然後再用所謂的參話頭使人心定下來。最後兩天，他就教人家用中道實相觀，就開示說：「這時候要放下，不要數息，不要參話頭，狂心頓歇，歇即菩提。無功可用，保持正念。心當中沒有雜念沒有妄想，契入中道實相，不落兩邊，沒有喜怒哀樂，不落明暗動靜乃至沒有取捨等等相對的境界。而實相就是我們當前這一念心，實實在在的心境。保持一念不生就是真用功。」

禪子們聽到這一段開示時，他就保持當前這一念心一念不生，當做是真如。他不知道這還是識神，不是真如，不是實相，不是中道實相觀。當前一念不生之心—靈明覺了常寂常照，正是衆生輪迴生死之根本。要在這裡面求取圓覺之心，了不可得。

如果是研讀佛法而理解實相的人，不論他是中道實相觀，或者一心三觀—因成假、相待假、相續假的理論所獲得的中道，這都是意識思惟所得，不離識神的作用。這一類人，最後所得之中道實相不免落入識神的一念不生的靈覺心之中，既然沒有脫離六識六塵，那就不離生死輪迴。以此實實在在一念不生之靈覺心為真如的人，那就是因地發心不真，將來無常來到，身根四大散壞之時，當前一念不生靈覺的一念心也必定隨之煙消雲散。無明未除，不免要輪迴生死。

所謂狂心頓歇，歇即菩提，必須是先要一念相應，找到真如之後，狂心才能歇下來。一念相應之後已經明白真如了，自然歇卻狂心，方是菩提。如果還沒有參究到一念相應找到真如，而以佛法的思惟觀照做為禪法，然後就揣摩真如的如如不動、念而不念的境界，就去壓抑妄想、澄清妄念做為禪法，我們說這種修法「失之毫釐差之千里」。因為中道實相的真如佛性不可以用佛法思惟而獲得，也不是我們用放下參究的疑情、而以歇卻妄想澄清心念的方法可以獲得。

我們剛才講的這種毛病就是《圓覺經》裡面所講的止作任滅四種病

裡面的止病。如果停住了妄想澄清了當前這一念心就是中道實相真如，那麼妄想再生起來的時候又不是真如，昏沉無記的時候又不是真如啦！因為這一念心不見啦！睡著無夢的時候又不是真如啦！這一念常寂常照的心又不見啦！那這樣的話真如就變成時生時滅了。這種說法於理不相應，這不是中道實相。

譬如摩訶迦旃延尊者為比丘們說苦空無常無我的義理，最後導歸於寂滅，卻仍然還要被維摩大士所訶責。所以我們如果保持一念不生來用功，那是定法，不是大乘禪，不是禪宗的禪，而且也還沒有証得聲聞的寂滅。聲聞的寂滅是煩惱妄想永遠不起，斷盡一念無明。所以暫時有幾個小時乃至幾天一念不生，那還不是寂滅的境界，那還只是暫時的定境而已。

即使能夠用這種方法修得四禪八定，最後証入滅受想定而獲得寂滅，而把這寂滅的境界當做是中道實相的話，其實他仍然未破無始無明，還是落在寂滅的一邊，還是不免要被維摩大士所訶責。寂滅尚且不是中道實相，更何況是清楚明白實實在在的一念靈覺心還未到寂滅的境界？仍在一念無明之中，這又是另一邊。

取寂滅或者取一念靈覺之心都是取捨動靜，而自己說沒有取捨動靜，這都不是中道實相，不是真如法身。真如法身非覺非不覺，非寂滅非不寂滅，這不是由中道實相觀的理解可以得到的境界，更不是誤解中道實相觀的歇盡妄想妄念而保持一念不生的人可得而知。為人師者對於知識或學人的這一種過失，應當要很詳細的審查勘驗才好。

第三點：我們勘驗弟子們悟境的時候必須要問明他悟理的過程，避免某一些人跟別人打聽到密語密意之後，把它當成是悟，來要求印証。

如果有人用月溪法師所講的方法，向心裡面深處一直觀下去，想要去尋覓無始無明的話，大部份的人都會落到定境裡面去。這個方法跟默照禪相同，想要悟入非常困難。如果用這種方法一直修下去，有一天功夫成就，並且具備了參禪的知見的話，即使他能夠悟入，也只能見到佛性而無法明白真如，更不可能過牢關。然後就會學月溪法師毀謗祖師說：「禪只有一關，講三關那是後人偽造的。」便會學月溪法師把一切大悟徹底的人，全部推翻掉。然後用意識思惟，藉著眼見佛性所得的境界來揣摩真如，然後他就會把《華嚴經》裡面所講的：「譬如真如遍一切處」的佛地境界，拿來跟菩薩初悟的因地境界湊在一起，他就敢開大口說道：「我某某人遍滿虛空大自在。」他卻不知道世尊早就訶責這一種人，稱之為「執我常遍、量同虛空。」

後來的人不懂，也跟著學月溪法師這一些言語，就胡亂學他這樣亂講，將來就難免三途的果報了！因為有這種現象，所以我們將來當老師，勘驗學生悟境的時候，必須要問明他參悟的方法和過程，做為我們判斷的參考，可以免掉魚目混珠的弊病。

還有我們在勘驗人的時候應當在四下無人之處勘驗，避免不相干的人聽到。所以勘驗學生必須要注意這四種參禪的歧路。因為學禪的人和教禪的人，很多犯了以上這四種毛病。教的人不知道，學的人也不知道，便把這些誤解認為是悟，也用這樣的境界為人家印証。無怪乎「聖人滿街走，多如流浪狗！」

上面所講的這四種參禪歧路，我們當老師的人必須要很謹慎勘驗，千萬不要輕易就放過，以免自誤誤人。我們要記得一個典故，當年百丈野狐，過去生也是位大法師，因為錯說一個字：「不落因果，不昧因果」，一字之差便落得五百生當長壽野狐。所幸後來遇到了百丈人師為他下了一個轉語，才能夠脫得野狐之身。一字之差尚且如此，何況是在理上說法時一盲引衆盲？將來事上的因果，更是可畏啊！

所以如果自已還沒有確定是真正的悟，千萬不要故做悟狀而講悟後的事情，更不可以為人印證。否則就是沒有得而說他已經得，沒有証而說他已經証，這是大妄語。沒有悟的人也不可以輕率的否定祖師或當代的善知識，說哪一位祖師或善知識有沒有悟，也不可指名道姓或暗示說「某某人不可以為人印証」，因為未悟的人說這種話，也是大妄語。

如果是初發心菩薩，新悟不久，勘驗他人的悟境經驗不足，所以初為人師時偶然會失察，誤予印証。只要有一次失誤，就會有許多福德因緣不具足的衆生會懷疑你，不相信你。所以將來諸位出去度人的時候，應該要同樣的吩咐你的弟子學生—在當老師的時候勘驗人家的悟境時必須破除情面，一一仔細驗過，千萬不要疏忽遺漏了。我個人在初發心的時候也曾經有過這一種慘痛的經驗。所以學者發心之後，要出去當禪師時，就必需要特別的小心勘驗這四種歧路。

第四節　傳承慧命　燃無盡燈

第一目　授差別智　令透綱宗

如果嚴格勘驗確定已經明得根本，並且眼見佛性的弟子們，我們應該選擇隱密無人之處，不讓未悟的人聽聞，然後令這些人，對於古來祖師們的公案由淺至深、讓他一則一則陳述見地。一者以這些公案的淆訛之處勘驗這些弟子，對他們未到之處，隨時指戳，讓這些人可以透徹綱宗眼目；二者我們可以因此而迅速的啟發這些弟子們的「他受用功德」，這些人可以很迅速的具足了各種方便善巧，不久之後就可以利益廣大的禪子。這就是差別智的傳授，是諸位同修將來當老師以後度人見性時應該要盡的職責。

無門慧開大師云：「涅槃心易曉，差別智難明」。為了迅速廣泛利益衆生的緣故，所以我們應當傳授差別智。反之，如果弟子們還沒有明心見性，我們就為他講各種公案的密意，這樣師徒密授，當做禪法，那就是過頭禪，其實與了生脫死不相干。這種事情古來有之，所以大慧宗杲禪師曰：「近代佛法可傷，為人師者先以奇特玄妙蘊在胸襟，遞相沿襲，口耳傳授以為宗旨。如此之流，邪毒入心，不可治療，古德謂之謗般若人。千佛出世，不通懺悔。」所以為人師者接引學人時對這一點務必在意，否則將來宗門寂寥，弟子輩們將來難免會「披獅子皮，做野干鳴。」為人師者自然就免不了要擔負這個因果。如果正法因此永滅，我們做了這種事情，將來要如何了這個因果呢？

還有一些知識以思惟所得，自以為悟，便在報刊雜誌上解釋公案；或者著作書籍、研究解釋公案。雖然錯誤百出，貽笑方家，自曝其無；但是佛子們不知道，就信以為真，實在值得我們憐憫；但是我們當了老師以後，必須告誡弟子中之已悟者，千萬不要在對這些錯解公案的內容摧邪顯正時洩露密意。如果把這些錯解公案的內容拿來摧邪顯正，不慎洩漏公案的密意，一樣會導致宗門的斷絕。所以必須小心在意。

如果是真的善知識，也只對已經明心見性的弟子才傳授差別智，那個時候，才解釋祖師各種公案的密意。明心而尚未見性的弟子們，尚且不可得聞，怎麼可以在報刊雜誌上對一般人來公開解釋公案的密意呢？

為了讓將來的禪子們能有親自體驗證悟的機會，一切真善知識雖然沒有互相認識見面討論，但是必然會同樣的具備這種默契－絕對不明白說明真如的密意及佛性的密意，只會巧設方便機鋒，讓弟子們悟入。如果把真實悟得的意旨對一般人明白說破，乃至形諸文字的話，宗門必定從此斷絕，因為任何人聽了都不會相信。從此以後如果有人學禪的話，都不做功夫了，專門從事於談論研究就好啦！不能體驗的緣故，所以全部會成為解悟。不能眼見佛性的緣故，得不到功德受用。自以為悟、存我覺我的緣故，就會到處以聖人自居，廣泛的談論，形之於文字。禪學到這個地步可以說是登峰造極啦！但是正法卻從此永遠斷滅！

我們應當要知道，如果所遇到的人不是真正的根器，不可以為他說破，不可以勉強要他開悟。所以世尊說法四十九年，終究不肯明白指出眾生身中的真如；世尊四智圓明，具四無礙辯，一切法身大士及一切證悟祖師也都親証，這些人都是言說無礙，他豈無能力把真如說出來呢？為什麼不說？就是怕眾生不相信而毀謗正法流轉惡道；也害怕宗門斷絕，所以不明白說明。

可是近代竟然有人敢違逆世尊及諸大菩薩祖師之意，公然用語言文字明說真如，而不畏懼因此可能導致正法的斷絕。也不畏懼他自已及衆生聽聞不信毀謗之後，將來應受的慘痛果報。這種行為大快魔心，殊不可取。好在他所明說的密意不正確，所以還沒有對正法造成大傷害。

雖然不可明說密意，但是因為我們這個世界，歷代都有菩薩根性的佛子，信力慧力定力成熟，所以不得不傳此教外別傳的法，以免佛種永斷，所以才有教外別傳不假文字直指人心的法—禪，傳予大迦葉菩薩。所以歷代相傳都不明說，更不以文字明講廣泛流傳。真正悟的人必定會告誡他的弟子們，得法以後不可用語言文字流傳。向上一路千聖不傳，主要的就是要學人自參自悟。

《瑜伽師地論》卷51聖彌勒菩薩開示云：「此是佛世尊最深密記，是故不說，如世尊偈云：『阿陀那識甚深細，一切種子如瀑流。我於凡愚不開演，恐彼分別執為我。』」世尊又開示云：「我若說為真，其奈帶持種子；妄習不除，衆生將迷妄為真，未免瀑流漂轉。我若說為非真，其奈體即真如，離此無真，衆生將棄真為妄，未免向外馳求。由此真如真與非真，二俱難言，是故非時非機故，我常不開演。」世尊既然已經如此懇切的開示，彌勒菩薩又常常申明世尊的這種告誡，所以向上一路，自古以來千聖出世皆不明說，更不得以文字明說流傳，意旨就在這裡。

所以一切真知識必定會告誡他的弟子，不要對報刊上雜誌上錯解公案的內容摧邪顯正。知道那些公案講錯的人，就由他去知道。不知道那些公案講錯的人，就讓他不知道，隨緣就好，以免宗門慧命斷絕。

第二目　師友弟恭　弘佛遺教

師家應有慈悲，常勸弟子求悟，乃至恐嚇亦所不惜。因為有的人說：「我能不能悟，沒有關係。」這很奇怪啊！既然不求悟，那你來此處共修做什麼？不如去學聲聞法，何必一定要來學禪？來學禪又說不求悟，這叫做掩耳盜鈴。

所以玄沙師備禪師就恐嚇他的弟子們說：「父母放汝出家，十方施主供汝衣食，土地龍神護汝，也須具慚愧知恩始得，莫負人好。長連床上，排行著地銷將去，道是安樂未在，皆是粥飯將養得。汝爛冬瓜相似變將去，土裡埋將去，業識茫茫無本可據，沙門因什麼到恁麼田地？只如大地上蠢蠢者，我喚作地獄劫住。如今若不了，明朝後日看變入驢胎馬肚裡，牽犁拽耙，銜鐵負鞍，擣碓磨磨，水火裡燒煮去，大不容易受，大須恐懼好。是汝自累，知麼？」這就是恐嚇的話。

所以為人師者要常常勸勉弟子們求悟，精進參究。為人弟子者，也不要因為末學前面說的四種參禪歧路，就說參禪真是難，就退心了。我們應當知道：師家如果悟得真，弟子們要明心見性，其實易如反掌。所以為人徒弟者對於參學的善知識，應當要恭敬奉事，因為他能幫助我們明心見性，讓我們免去許多的冤枉路。

弘法度衆的過程中，有三種情形，師徒之間都應當要在意：

第一種：如有利根的弟子自參得悟，師家雖然聰明博學名聞四海徒衆廣大，但是因為自已尚未証悟，對於開悟的各種境界與過程不曾體驗，所以在弟子真悟的時候，沒有能力勘驗虛實，也沒有能力轉介真的知識來勘驗，這是為人師者本身未到。如果他沒有故作悟狀，也沒有覆藏自已未悟的事實，他就沒有過失。

第二種：我們上週談到當老師的人，跟弟子相處要注意的地方，說到有的老師自己還沒悟，結果弟子倒先悟了，所以他怕弟子的見地超過他，將來反而把他還沒悟的事實突顯出來，所以對弟子的悟，故意不去處理，反而向其他的人暗示這悟的弟子沒有悟，然後加以排擠；也禁止他的弟子們去跟這已悟的人學習，障了還沒悟的弟子的道業，這樣的過失很嚴重，將來果報現前的時候，再來後悔已來不及；所以為人師者特別要注意這一點。毀謗賢聖，障人證道，其罪甚重。

第三種：有時是因為師家自己悟境退失了，他不能隨時眼見佛性，性障未除，如果又碰上開悟的弟子心地耿直，不善逢迎，不會巴結，雖然悟得根本，師父卻將他擱置不理，不跟他勘驗，那就是為人師者的過失，未來的無量生行菩薩行時，難免有事上的果報。我們修禪的人如果已經明心或者已經見性，應該深入現觀真如實際無得無失的現量，斷除現業習氣，迅速進入修道位，把自己過去所有貪、瞋、癡、慢、疑，五種根本煩惱修除，避免將來為人師時，落入剛才所講的現象。一則我們修行會很迅速，二則可以免除未來生中行菩薩行的時候，事上果報如影隨形，所以我們大家都要謹慎借鑒。

將來我們出去弘法為人師的時候也要尊重弟子，雖然這些弟子現在的見性是因為我們度他而見性，但是在這些弟子之中，仍然可能有根性猛利的人，將來甚至於可能在我們之前解悟牢關或者先過牢關，這樣的話，這位弟子將來可能幫助我們過牢關。譬如古時候，巖頭全豁禪師幫助他的師父德山宣鑒禪師解悟牢關，是一樣的道理。

如果教禪的老師還沒明心見性的話，他若肯謙虛的向已經開悟的弟子探問入理開悟之道，這位弟子因為已經開悟而已經斷結的緣故，一定不會記恨，一定會在幾年之間幫他的老師開悟。所以為人師者應友愛提攜弟子，為人弟子者也一定要虔恭奉事和尚，師徒共同弘揚宗門與教門，生生世世互為師徒，互相扶持，共同弘揚佛陀的正教。

我們在許多寺院裡面常常看到牆壁、樹上掛著牌子：「僧讚僧，佛法興」。對於同門師兄弟以及教界人士，不需要諍勝，不可自讚毀他，以免佛法日漸衰頹。但是這件事情要和摧邪顯正分開處理。諍勝及自讚毀他，是說心中存有愛表現、爭高下的心態，這和摧邪顯正不一樣。

摧邪顯正只是針對錯誤的知見提出來做辨正，目的在導正知見，讓學禪的人不會走錯路。所以凡是對於尚未捨報的善知識錯誤的觀念，加以摧邪顯正的時候，不提地名、不提寺院、不提善知識的名字、或者他著作的書名，當然更不提他個人身口意的行為過失，只能純粹就他說法的錯誤提出辨正。如果要指名道姓、要說書名，那必須是這個善知識已經作古。我們提出批評時不能影響他在世時的名聞利養。但是如果有假名善知識，誣指我們所傳正法為不如法、為非法時，則不在此限。

佛法之興盛，必須靠大家互相讚嘆！所以如果有人教禪，說得正確，我們應該加以讚嘆，不管他講的與我們的行門一樣不一樣，只要講對，我們就讚嘆；同門師兄弟之間更應該互相讚嘆才對，如果一直保留悟前喜歡表現、爭高下的習氣，那就是我執習氣還沒斷除。我執的習氣如果不斷除，就很難修證到第四禪的境界，更難斷盡一念無明，取證涅槃就變成不可能了。所以我們主張應互相讚嘆、弘揚佛法。

第三目　當勸學子泯除宗派門戶之見

宗派門户師承之高下分別，是世間的施設，與真如佛性、了生脫死不相干。我們如果執著宗派門户的師承，那就是自己束縛自己，與解脫道背道而馳。各宗派門户有各自修持法門，各有其殊勝之處，也能接引不同根器的佛子們。這是世尊觀察衆生根器之不同，而方便說法，祖師因此方便開宗立派，各有不同存在的價值。不該因門户之見而毀謗他宗門户修持的方法，所以各宗派門户之間不應相非。

各宗派門户之內，因為各自有不同層次修持差別，而有各層次不同的善知識，個個都能接引不同層次的佛子，各自有他們不同的作用與貢獻，所以不可動輒以了義法門而加以輕賤。除非他宗他派之假善知識有「未悟言悟、未証謂証、誇大不實」之現象，否則不應加以批判。此外我們也不可輕視新學菩薩，因為每一個佛子們，他們過去生因緣不可思議的緣故。但是也不要對一切人期望過高，不必要求每一個人要在這一生中就證悟。

第四目　觀察解行遣子弘法

為人師者對於弟子，不僅要在悟前指導傳授功夫，還要教導弟子修證，經過一段時間後，這弟子們悟得根本，那就是金毛獅子出牛。接下來我們就觀察他的見地、他的功夫，如果因緣具足的話就指導他見性。見性之後再傳他差別智，差別智學完了，還要教他修學禪定三昧以及將來參究牢關。

我們平常應當要做身口意三種行為的觀察，如果這個弟子悟後行解相應，品德優良堪為人師的話，那就是金獅長成，已經能夠文武兼濟，已經能夠獅子吼，能夠摧邪顯正，我們就應當派遣他弘揚宗門與教門，續佛慧命，因此也不一定過牢關以後才出去弘法。那麼像這樣師徒之間互相友愛提攜，弘揚正法，這樣的師徒生生世世會被釋迦牟尼佛所護念，生生世世為觀音大士所護念，因此也能夠生生世世成為娑婆眾生的善知識；如果師徒之間能夠代代相傳，代代護持，那麼正法就能永駐世間，菩提心燈可以點傳無盡，這就是無盡燈。因此我在這裡祈求這無盡燈，每一燈各傳百千燈，永遠在這個娑婆世界常放光明，永無窮盡。

公案代跋

禪—講述到此圓滿了，我們將來整理成書本的時候，書後要附一篇跋，但是這一篇跋不想講太多，我們準備用公案來代替跋。因為一定有人會說我們老是批評人。可是為了摧邪顯正，我們不得不說了許多大師的不是，以致於我個人是落草和泥，渾身腥羶；之所以如此，乃因不忍廣大的禪子們被錯誤知見所誤導。因為老婆心切的緣故，所以明知講了這麼多的東西，對當代大善知識們必有得罪之處，卻又不得不說。

因此之故，這本書印行之後，必定有慢心很重的禪子們會前來問我，說：「蕭平實！你儘說別人的不是。如今我倒問問你，如何才是真如法身？你說給我聽聽。」到這個地步，雖不可明言，但是我們卻不可以沒有為人之處。所以我們就舉出五則公案，供諸位看倌大德們從此下手、明心。

第一則　道吾低頭：龍潭崇信禪師侍奉天皇道吾禪師數年，一日問曰：「某自到來，不蒙指示心要。」道吾云：「自汝到來，吾未嘗不指示心要。」崇信曰：「何處指示？」道吾曰：「汝擎茶來，吾為汝接；汝行食來，吾為汝受；汝和南時，吾便低頭。何處不指示心要？」崇信低頭良久。道吾曰：「見則直下便見，擬思便差。」崇信當下開解。

第二則　龍牙過板：龍牙居遁禪師問翠微無學禪師：「如何是祖師西來意？」翠微云：「與我過禪板來。」龍牙過禪板與翠微，翠微接得便打。龍牙後又問臨濟：「如何是祖師西來意？」臨濟云：「與我過蒲團來。」龍牙取蒲團過與臨濟，濟接得便打。

第三則　靈照歌舞：僧問：「草童能歌舞，未審今時還有無？」靈照禪師下座作舞，云：「沙彌會嗎？」僧曰：「不會。」靈照云：「山僧踏曲子，也不會。」

第四則　洞山三頓：雲門文偃禪師，因洞山守初禪師參請，雲門問：「近離什麼處？」洞山云：「查渡。」雲門問：「夏在什麼處？」洞山云：「湖南報慈。」雲門又問：「幾時離彼？」洞山云：「八月二十五。」雲門云：「放汝三頓棒。」洞山至明日上前問訊曰：「昨日蒙和尚賜三頓棒，不知過在何處？」雲門罵云：「飯袋子！江西湖南便恁麼去！」洞山言下大悟。

第五則　平實無字：若人向平實問道：「如何是真如法身？」平實便於虛空寫個「無」字，一手仰掌，緩緩托出云：「這個便是！」汝若道是無字，舌頭斷為三截。

若人會得前四則，便會平實無字。會得平實無字，便會前四則，真心頓時現前。前面五則公案，若會其一，五則是一則。若以無念為悟，以能知能聽之心為真如，以靈明覺了之心為真如，以虛空粉碎為悟者，此非真悟，五則依舊是五則。若有人見性而不明心的話，這五則依舊是五則。

在下於此和盤托出，禪子們若真會得，且莫向人明說，以免斷人慧命。何妨前來與平實相見，商量見性與牢關，豈非禪門美事？則未來無量生中，同學菩薩道，真乃平實之道侶也。

五祖云：「不識本心，學法無益。」若未能會得以上五則同是一則，就是不識本心、所悟不真。應該低下心來尋找善知識，否則不免還要輪迴。若未見性未明心的人，就不會知道悟後起修之道，就會跟人家說禪只有一關，就會說見性就是佛、悟後不用修行。這也是因地不真，果遭迂曲，將來要進入佛地，真是大難大難。

如果沒有真悟得根本，故做悟狀，強為人師，授人禪法，那就不免有差池之過。須知以盲引盲，因果可畏。禪子們欲為人師之前，應先明白這個道理，以免以盲引盲的重罪。如果不信此言，故做悟狀，乃至為人印證，不免犯下大妄語的果報。淩行婆云：「語不知偏正，理不識倒邪，為人即禍生也。」禪子欲為人師之前，務必戒慎恐懼。因以公案代跋如上。時在中華公元一九九五年十月十七日。

禪門摩尼寶聚—公案拈提

為諸方老宿中，有少數人或因身為老師、名師、大師，或因曾誹謗我，或因曾排擠我，便拉不下臉皮，不肯前來普照我；難破無始無明，未來生中不免輪轉。以悲憫故，不免為彼等入泥入水、撒土撒沙，指個入處。便從尚未出版之《禪門摩尼寶聚》書中，先選六則公案拈提，以供養諸方老宿。彼等若有因此入理者，則是衆生之福也。（編案：《禪門摩尼寶聚》—公案拈提第一輯，已於一九九七年九月出版後又改名宗門正眼）。

第10則　投子勿說

投子山大同禪師：菜頭入方丈室請益，師曰：「且去，待無人時來，為闍黎說。」菜頭明日伺得無人，又來請和尚說。師曰：「近前來。」菜頭近前，師曰：「輒不得舉似於人。」

平實云：《有知識云：「能聽能知之心便是真心。」又云：「清清楚楚、明明白白、處處做主之心即是菩提心。」以此自以為悟，並以此將人印證為開悟。又以六根能覺為佛性，亦以此為人印證，不知此等皆是識神。羅漢桂琛禪師云：「莫是汝見我，我見汝便是麼？莫錯會！若是這個我，我隨生滅；身有即有，身無即無。」清涼大法眼云：「奉勸諸上座，且明取道眼好。些子粥飯智慧不足可恃。若是世間造作種種非違之事，入地獄猶有劫數，且有出期。若是錯與他人開眼目，陷在地獄，冥冥長夜，無有出期。莫將為等閒。」若能聽能知之心是真；若清楚明白、處處做主之心是真，睡著無夢時便不見此心，卻成斷滅去。若此心是真，汝以此心如何會得此一公案？

且道：投子說了還是未說？若道有說，投子明明未說。若道無所說，卻又吩附菜頭道：「不可隨便向人說。」大凡為人師，欲為人開眼目者，須會得祖師千百則公案只是一則始得，須千百則公案互通不異始得。否則他時異日，閻王老子不放過汝，實不好玩。上座且道：投子說是未說？欲見投子麼？到正覺同修會來，佛堂禮佛去！》

第124則　永明禮拜

明州翠巖永明延壽禪師：僧問：「妙機言句，盡皆不當宗乘中事如何？」師曰：「禮拜著！」僧曰：「學人不會。」師曰：「出家行腳，禮拜也不會。」

平實云：《尋常有人來問祖師西來意，平實便教他禮佛去。只為天下禪子會禮佛者，百中無一。且道：永明教此僧禮拜著，卻是禮拜個什麼？欲會麼？禮佛去！》

第136則　雲門破相

韶州雲門山文偃禪師：開示云：「莫空游州獵縣，只欲捉搦閒話。待老和尚口動，便向禪師問道、向上向下、如何若何。大卷抄了，塞在皮袋裡卜度。到處火爐邊三個五個聚頭，口喃喃舉：更道這個是公才語、這個是從裡道出語、這個是就事上道底語、這個是體語。體爾屋裡老爺老娘！吃卻飯了只管說夢！便道我會佛法了也。將爾恁麼行腳，驢年得個休歇麼？」

平實云：《有一種學人不向本心識取，逢著知識亦不問本心，但問如何是三轉語？如何是三玄三要？四料簡？四賓主？於生死有什麼相干！譬如蓋房子，不打地基、不造一樓，便要蓋三樓。古來多有此等人，不但雲門罵，慧忠、玄沙、克勤、無門、雪嚴諸祖早皆罵了。無奈今時仍有此種人，每日以佛法正統自居，抱著佛學禪學不放，丟下自家寶藏不顧，儘學佛菩薩言語。哀哉！

只如阿哪個是上座本心？欲會麼？行堂去！》

第162則　玄則求火

金陵報恩院玄則禪師：師初參青峰，問云：「如何是佛？」青峰曰：「丙丁童子來求火。」師得此語藏之於心。及謁淨慧（即清涼大法眼）詰其悟旨，師對曰：「丙丁是火，而更求火，亦似玄則將佛問佛。」淨慧曰：「幾放過，原來錯會。」師雖蒙開發，頗懷猶豫，退思既殆，莫曉玄理，乃投誠請益。淨慧曰：「我與汝道。」師乃問：「如何是佛？」淨慧曰：「丙丁童子來求火。」師豁然知歸。

平實云：《報恩玄則悟得此語，亦是玄之又玄。前後問答，一字不易，因何前問錯會？後問得悟？諸方老宿還解得麼？學人欲會此事，須先學報恩玄則投誠淨慧故事，平實便有為汝處。屆時上座亦如是問，平實亦如是答，上座亦得似報恩玄則豁然知歸。且道：平實如何得見淨慧大師學此善巧方便來？還會麼？》

第165則　志逢問著

杭州五雲山志逢大師：僧問：「如何是如來藏？」師曰：「恰問著。」又上堂曰：「古德為法行腳，實不憚勤勞。如雪峰和尚三回到投子，九度上洞山。盤桓往返，尚求個入路不得。看汝近世參學人，才跨門來，便待老僧接引，指掌說禪。且汝欲造玄極之道，豈同等閒？況此事，悟亦有時，躁求焉得？」

平實云：《末法時期，工業社會，急功近利，每求速成。時人來覓平實者，或希冀一年見性，或期初會便得見性。不肯安下心來輸誠於我：不肯如我發願度人，不肯下心傾聽知見，不肯死心踏地做功夫。只求有得，不肯為衆生付出。

來人因緣若不具足，咱家雖有九牛，只拔一毛與他。因緣若具足，不但一毛，九牛皆送與他。須知無上甚深微妙之道，千聖不傳，豈可等聞得之？

僧問：「如何是如來藏？」志逢大師曰：「恰問著。」此僧雖然因緣不具，大師亦有為他之處。只如「恰問著」三字，上座作麼生會？莫道此語只是九牛之一毛，此一毛貴逾黃金千兩。且道上座作麼生會？》

第166則　概括事理

平實云：《諸方知識常道：「一句佛號概括事理。」只如諸方知識作麼生會得一句佛號概括事理？且道上座唸一句佛號中，何者是事？何者是理？

五雲山志逢大師云：「只如善財禮辭文殊，擬登妙峰山謁德雲比丘，及到彼所，德雲何以卻於別峰相見？夫教意祖意同一方便，終無別理。彼若明得，此亦昭然。」諸方知識或有說念佛法而排斥參禪者，或有說禪而排斥念佛者。或有迷執持名念佛而排斥持名念佛之一行三昧者，或有以聲聞禪為祖師禪者，或有將定法無念作為祖師禪正修者。此皆因彼未親證實相所致。

只如善財謁德雲比丘欲學念佛三昧，如何是念佛三昧？即是明心見性—見自性彌陀也。德雲比丘雖住妙峰山，然善財大士卻不得於妙峰山相見於他。莫說善財，十方諸佛亦不能於妙峰山上見德雲比丘，只好別峰相見。只如上座喚什麼做妙峰山？欲會此理麼？欲會一句佛號概括事理之旨麼？且到正覺同修會來，佛堂禮佛去！》

以上六則公案拈提，實乃禪門摩尼至寶，至誠供養於諸方老宿。諸方老宿若有會得以上公案拈提者，便是開悟明心，請重閱本書公案代跋及第三篇第三章第二節，然後請駕臨正覺同修會與平實歡聚禮佛，切磋道業。生生世世永為道侶，互相護持，廣利有緣，不亦美哉！

晚生末學　蕭平實　誠敬供養

（編案：《禪門摩尼寶聚》—公案拈提第一輯已於一九九七年九月出版。未來將改版重拈，更名爲《宗門正眼》，屆時將與讀者原有《禪門摩尼寶聚》免費換新。）

附錄二：明心之見道報告五篇

第一篇：（依見道時間之先後排序）

禪三明心報告

——釋正勤 法師——

一心皈命、頂禮本師釋迦牟尼佛

一心皈命、頂禮極樂世界阿彌陀佛

一心皈命、頂禮觀世音菩薩、大勢至菩薩

一心皈命、頂禮平實大和尚

從小就是家中的「叛逆分子」，腦袋瓜兒裡有著太多的為什麼：為什麼我是女生？為什麼會餓？被打會痛？

國民中學二年級時，迷上了古龍、金庸小說裡那些俠客：歸隱山林、老馬、古劍、落日斜陽、陽關道上獨自一人行俠仗義，路見不平、捨我其誰？少林、峨嵋修道人練龜息大法，可以一年半載不吃不喝不拉，真省事。尤其更甚者是喜歡倪匡的科幻小說。常懷疑自己腦袋瓜兒裡住著外太空來的小精靈，要不然，怎麼會有那麼多奇怪的想法？為什麼不能像姊姊般的乖巧、文靜、聽話呢？直到高中時上了佛光山，都還是嚮往著修行的生活；但是、什麼才是佛法？仍舊是不曉得。就在顛倒夢想的日子裡，結束了青少年的生活。

馬齒徒長，歷經了現實社會的不如意後，悲歡離合、生老病死，讓我警覺到人生的無常，驚慌之餘，算命之論便佔據了大半個日子：因為我想知道「過去的我、未來的我」。因為想知道，所以便去找答案。由於一次泰國緬甸之旅，結下了學佛出家的因緣，印象中最深刻的是：每到一間寺院參觀時，殿內都會畫著一幅幅的世尊成道圖，其中誕生時的佛一手指天、一手指地：「天上天下，唯我獨尊。」總覺得這個「我」有文章，一定不簡單。但究竟為什麼不簡單？卻不知道。還有竹林說法圖，在那鬱翠的竹林裡，彷佛自己就在其中，似曾相識的情景，讓我的心情激盪不已。

回國後，參加了氣功研習班，開始有了禮佛、打坐及接觸道場的因緣。回憶初次見到剃度恩師時，看到她潰爛見骨的傷口，而師父竟不以為痛（恩師當時已是乳癌末期患者），長庚醫院醫師開給她一天兩粒的止痛劑，師父不曾服用，疼痛難耐時，也只是一句「大慈大悲觀世音菩薩」就帶過了，我不禁懷疑是什麼樣的力量在支撐著她呢？所以當師父說：「小飛俠！來出家吧！」二話不說，回家稟明雙親後，處理了工作俗務，便到道場過起晨鐘暮鼓的生活，也陪伴師父走完這最後的一段路。

這期間，從接觸佛法到出家，時間不過六、七個月；經典也只看過《心經、金剛經》，記得氣功老師最喜歡說四句偈：一切有爲法，如夢幻泡影，如露亦如電，應作如是觀。但是，早晚課誦、佛事，並不能解決我的疑惑；於是便想進入佛學院研究經典，但是得戒師父並不認同。幾經掙扎後，只好毅然的離開常住：就算無法進入佛學院，也必須找到修行的法門，讓法身慧命有皈依處，而不願在佛教界的錯誤陋習中隨波逐流、虛度光陰！

離開常住後，輾轉來到了北部，參加了某禪林的禪坐班，認識了劉師姊，並至陽明精舍拜見了蕭老師。時值老師演說《楞伽經》，於課後師姊的引見下，請求參加新班共修，老師只說了一句話：「看因緣吧！也許一天，也許一年才能開班。」因為當時正覺同修會並沒有道場可以開班共修，借用陽明精舍的因緣似乎也即將結束。不料當晚卻接到通知，可至麗水街共修處參加共修。隔天，到了共修處才知道：由於郭理事長的發心，提供自家的大客廳做為共修場所。

但也許是因緣福報不具足吧！開始共修幾堂課後，宜蘭福嚴禪寺傳授三壇大戒，以前曾答應住持法師要前去幫忙，又因身為出家衆，戒場諸師及書記寮的法師得知我離開常住，又與在家眾學習佛法，皆不贊同；在諸師的規勸聲中，便至南部某道場的空中佛學院教務處，擔任文書的職事。初出家的人，的確該為常住及衆生服務，為自己修集福德資糧；但忙忙碌碌、天昏地暗的半年過去了，自己卻依舊落在逐風追月的情境中，仍然不能進一步在佛法上有所修證，心中的惶恐不安卻愈來愈甚：不能只做個穿著僧服的凡夫呀！

辭去了職事，回到台北後，時值正覺講堂第三期的初級班開課，可能也是自己過去的業力吧！初期遇到了一些障礙，令我對明心見性產生懷疑，幾乎退了道心；但　佛菩薩慈悲的加持冥佑，在一次殊勝的因緣下，解決了心中的疑團，這才開始用心的學習無相念佛。這一蹉跎，時間又過了一年，加緊腳步，安住身心以後，功夫才日漸增長。

感恩親教師的慈悲與護持，令我在佛法知見、功夫上獲益良多。因身著僧服，無形中總會給自己壓力；但愈是急，功夫卻愈無法增長，所以親教師常要我放輕鬆，告誡自己按部就班。剛看話頭時，偶而還會轉回去憶佛，親教師告訴我們：最好到户外看樹木、花草、人物、車子，在動中來增長功夫。因為聽話，放鬆心情，反而功夫容易上手。

有一次，騎車上課途中，只顧著看前面的話頭（把話頭放在前面車子的尾燈上），於紅燈時，緊急停車，突然一個疑問閃過：〇〇〇〇〇？又一次，發現前面急駛而來的卡車，掉轉頭，一閃而過的〇〇〇？見聞覺知是妄！可是在那不思議的情況裡，似乎有個不知的心同時和合運作，但功夫不夠，並沒有深入整理，也沒有找親教師小參。

禪三的時間到了，懷著忐忑不安的心情，上了石城道場；看到那麼多的護三菩薩忙裡忙外的，暗中告訴自己：放下萬緣，一切交給佛菩薩及蕭老師，只要一心參究即可。

晚間蕭老師開示：「此次禪三如有因緣悟入，實則可喜；但如無消息，也不必失望。古來多少高僧大德，唸佛、參究，直至老死，甚或著作等身，也沒有開悟呀！更何況你們修學無相念佛才多少時間呢？」這一聽，就更放心了。對於法門及蕭老師、親教師既然是深信不疑，這次沒有悟，那也還有下次，怕什麼呢？既來之，則安之；得之吾幸，不得吾命。

從此時開始，禮佛、懺悔、發願，都與在家中之時完全不同，蕭老師的慈悲攝受力，讓我們在二六時中都如臨深淵、如履薄冰般的專注。脫襪經行時，冷冷的地板觸及腳底，有覺有知是妄心，但○○○○中，又好像有個不知的心呀！中午老師慈悲，分配洗碗，並給與指導；於洗碗時，○○○、○○○、○○○○、還真○○，這時雖有觸及，但仍不能很清楚的知道真心在哪兒！

第一次進小參室時，還只是在總相上，模糊的抓到一點兒，並不確定；老師慈悲，要我以○○○○來體究：○○、○○，又轉回經行時，○○、○○、還有○○的○○，○○是誰？○○的又是誰？原來親教師上課時說：「身如段肉，○○○○○○

○○○，○○○○○○○○○，又有什麼差異呢？」原來呀！前七識時時觀察、作主、尋伺，而意識也只能去分別覺知、好壞、美醜呀！剩下的呢？由○○○？可是心裡又想：「有這麼簡單嗎？」再思惟整理後，報告監香老師，教我繼續深入整理。

當晚看到法智法師在白板上抄寫老師當晚所要解說的公案原文時，拿來與自己整理的真心印證，這才真的承擔下來，當下真是歡喜踴躍：不枉此生，不枉出家學佛了。古人說的：「朝聞道，夕死可矣！」但是不行，還要保住這臭皮囊，才能學一切種智呀！放香時，一面喝著茶，一面體究真妄和合運作；歡喜得合不攏嘴，掩不住的笑意，蕭老師走過來詢問時，就向蕭老師報告。

第二次輪到小參，坐在小參室備位時，親教師課中所講的：「無道人！只此一招！」拇指一豎，○○○，浮在眼前；真的沒有騙人，只此一招呀！進入小參室時，壓抑不住激盪的心情，老師問及真心在哪裡時，本想當胸一拳出去，又深恐對恩師不敬，改以豎起拇指說道：「無道人，只此一招！」心中又想哭、又想笑。老師便恭喜我：「是名符其實的大丈夫了，也不枉了你出家的法號。」本想告訴老師：我的內號是法悟—圓法覺悟，是我在戒場時的名牌上看見的。何其有幸呀！能夠在正覺講堂裡，達成這夢想與願望。感恩頂禮蕭老師、頂禮親教師。

出小參室後，要我們整理喝水時真心與妄心的和合運作內容，因為高興、歡喜踴躍，就忽略了別相上的整理；待再次進入小參室時，老師幫我們喝下這杯水時，這才知道悟後起修的路，才是正要開始呀！深感老師的智慧深不可測，簡單的喝水裡，竟然有這麼微細的真心妄心行相。

第二道題目的整理，仍舊是太粗糙了，老師說：由於時間不夠了，留待解三後，於二六時中自己慢慢整理體究真妄心的和合運作。第三道題目，老師說……。出來閉著眼睛體會真心妄心的運作有何不同時，又想到：閉眼時，如同盲人般一片黑暗，就好像在佛法的大道上，還沒有開悟的人，沒有明師指導，自己盲修瞎練，倒因為果，當然到最後必是落在溝渠裡呀！此時，更能感受到老師為利益眾生的悲心，為幫助眾生開眼，不畏艱險的摧邪顯正，救護眾生回歸正道。

解三回來後，拿起老師的書，一頁又一頁的讀下去：以前不懂的，現在竟然知道了。愈是整理，愈見智慧受用；時時受用真心離五蘊、十八界之清涼寂靜，對於五欲塵境的妄想也減少了。一面高興，更是一面慶幸自己找對了修行法門，依對了善知識；感恩佛菩薩之庇佑加持，以及護法龍天的護持，能安住在正覺講堂、得此了義大法，悟明真心。便在佛前發願：盡未來際追隨蕭老師學習一切種智，得見佛性，學習差別智，親證初地無生法忍，地地增上；並盡未來際護持蕭老師及本會正法，令正法久住人間，以接引一切有緣眾生同得契入正法，得明心見性。並感恩一切曾經幫助、護持、指導我學佛的同修、老師及善知識，願他們能生生世世生於如來家，相應了義大法，得不退轉地，共成佛道。

受業學僧 **釋正勤** 合十

二〇〇〇年十月二十八日

第二篇：

見道報告

——蔡禮政——

我的命運，有些像我的父親及二伯父（我是他的義子）的綜合體，他們的病苦癥狀，都集合在我的身上，我是因為一直想要改變如此痛苦的命運，而走上學佛的道路。我的父親服兵役前，因作農務，體格強健；服兵役時，因意外事件，整個小腿受火傷，在當時醫藥不發達的情形下，注射「世紀強藥」盤尼西林消炎，救回一命。但也因此體質大變，引發過敏，一生都在嚴重氣喘、胃出血等病痛下生活。

在我五歲時，一場肺積水的病，也在當時醫藥不發達的情形下，注射盤尼西林而救回一命；且因家境不好，未完全痊癒就出院，留下病根。自此以後，我就與病為友，一直嚴重的過敏：任何的灰塵、風、氣溫的變化，都非常容易引起感冒，幾乎全年都在感冒。尤其秋冬之季，出門常要手帕掩住口鼻，否則便無法呼吸；夜晚則加以胸悶、呼吸困難，無法臥睡；生命猶如風中之燭，隨時可能熄滅。

後來父母親因懊悔當年病未癒就讓我出院，便到處為我找醫生，吃各種偏方及進補，耗費很多金錢，都毫無改善。當同齡的朋友們在快樂享受人生時，我卻孤獨地在病魔的掌中掙扎。我發覺：我正在一步一步走著與父親相同的命運軌跡。

一九八五年，在服兵役報到途中，恰好與一位出家法師同車，當時好奇的是：出家師父也要當兵。攀談中說到：我近年來常常心中無緣由的煩悶，有一直放不下什麼東西的感受。這位法師是懺雲法師的弟子，就介紹我去找懺公，也就因此皈依了三寶。

然而因地利之便，皈依後常到華藏講堂親近淨空法師，學習念佛法門，參加第一屆的講經班，上台講《了凡四訓》。從《了凡四訓》中，我相信命運是可以改變的；也由於不斷的病苦，故厭惡此世五蘊色身，發願：願生西方極樂世界。然而我是初學佛，煩惱一堆，卻高坐在講台上講述要如何去惡行善；自己的命運不能改變，卻在告訴別人如何改變命運，因此生起大慚愧心。

另外，別人學持名念佛法門，念佛念得歡歡喜喜的，有各種好感應，我卻不喜以聲念佛，無法相應而深覺自身障重。所以，不數年間便離開華藏講堂，開始學習袁了凡，在生活中去惡念、多行善，面對境界去說服自己信受因果、想通因果，相信自己所受的不公平待遇及病苦，是以往所造，須甘心受報。見任何世事的現象，便思惟其因果關係，以佛教因果的觀念去解釋，勉力而為。

一九九一年，父親因意外而去世，我卻因此奇遇一位針灸醫師，在只針不藥的情形下，大大的改善了我的身體，並且告訴我：「剩下的要靠改變生活習慣。」便不再針治我了。

我感受到命運真的開始改變了，也就更加在生活上身體力行。遇上惡因緣，就念佛迴向給對方，惡因緣果然就遠離。也常思索財物的意義，慶幸生活在富裕的社會中，可以不貪取他人財物而生活無虞，能有財物可以布施，能有財物可以嚴持不盜戒。對於他人升官，而不是自己升官，原來會難過好久，就慢慢改進：從難過三兩天，到現在只會心跳一下，然後找機會恭喜他。醫師的緣也改變了，以前總是找不到好醫師來治病，現在也能碰到好的中醫師治療，能過著接近一般正常人狀況的生活。

一九九五年，同事孫師姊的母親過世，因而聊起佛法；她完全初學，所以我便提供一些入門書籍，供她學習佛學名相，及佛教基本教義。後來，在我去參加如本法師舉辦的第一次短期出家回來的前後時間，孫師姊陸續給我幾本佛教書籍，要我閱讀；然細問之下，是她跟一位居士學法的著作，由於當時如「清海無上師、妙天、宋七力……」等邪師說法者衆多，便收下書，但不想閱讀，以免被誤導。

直到一九九七年某日，清理書架時，隨興拿起《禪—悟前與悟後》翻閱，讀到說明定境與定力之差別時，突然警覺：這位蕭平實老師是真的修行者，否則一定無法說出如此的法，他就是我要找的老師。隔日，迫不及待的找孫師姊相詢，她說：「你終於看了我送給你的書。」便說這兩年來她的學習經歷。這一說，令人不得不刮目相看，兩年前的佛法門外漢，如今滔滔不絕，且見識不凡。因此就聽她的建議，開始讀蕭老師的著作，等待參加新班的共修。

以往因為思索自身的因緣果報，引發對於「因果成立的基礎是什麼」的疑問：譬如海星被分割成兩隻時，兩隻都活，這兩隻跟原來那一隻是同？或是不同？又如黑夜中，兩軍作戰，殺與被殺，兩不相知，因果如何能報償無亂？這些問題，問來問去，無人能答，有的善知識甚至不知所問之義。共修前，蕭老師正好在開講《真實如來藏》，第一次不限制聽講資格，讓我有機會親聆法音；多年不解的問題，蕭老師竟皆有解。

以前覺得佛法浩瀚，宗派又多，不知如何依止；聽講後，才知原來三乘佛法都匯歸如來藏，佛示現在人間的唯一大事因緣，也是如來藏。那時讀蕭老師的著作、上蕭老師的課、聽蕭老師講述《小止觀》錄音帶，所說妙理深廣微細，不同一般凡響，所言證量與體會，生動親切，令人神往。老師的文語常觸動我心弦，而令我泫然欲泣，甚至半夜裡時常夢醒，悲喜交織而流淚；時覺悲苦生死輪轉至今，時而欣喜此生終遇明師，尤其讀到老師在書中說「靜待有緣人相尋學法」時，竟一時無法遏抑地痛哭失聲（編案：當時蕭老師並不想破邪顯正，不想因此而讓佛教界都知道他，只是靜默地等待有緣人前來學法）。

一九九八年元月，開始共修學習無相念佛。一年多後，安住於淨念中，心開始靜下來，卻在日常生活中發現自己會不由自主的邪思惡念橫發，中斷憶佛淨念；且愈要壓抑，愈是現行，深為困擾。小參時，請問親教師，親教師說：「這就是累世的習氣。」此說震驚了我，原來深心裡的我和現實意識的我，是這麼截然不同；深潛的、過去世的我，是如此的卑劣，難怪這世會如此病苦。由此驗證因果真是絲毫不爽，只是一般人意識心粗糙，不能相應而已。

感謝無相念佛法門，讓我驗證了自身因果，對於病苦開始有不同的體會；病苦猶如鞭策，令我不能耽於世間五欲及名聞利養，只能在佛道上前進。今世若能選擇，我還是寧可選此病苦之身，否則若以我之邪念，加上強健之身，現在必然是在五欲中打滾，說不定還作奸犯科。此世若不能斷此邪念，來世又未離隔陰之迷，不知將伊於胡底，因此，斷除邪念，就成為我心心念念最重要之事。

如此困擾，一直到禪三將近，開始期待能藉由禪三明心的功德，斷此煩惱。並於佛前發願：此次禪三只求能真實觸證、真悟明心，絕不解悟；若是解悟，寧可不悟，願空手而還。禪三前數週，世間事特別多，公司還發生影響我頗大的事端，似乎是在障礙我；孫師姊還特別叮嚀我：功夫別掉了。實際上，心中是蠻亂的，但是心想：我真心求道，只有靠 佛菩薩慈悲了。

上了山，隨時警覺：要用心參究。老師特別慈悲，給我許多機鋒及方便，我竟是不識機鋒與方便，反倒是莫明所以的心中念念不忘：期待參究時的一時觸證，斷我煩惱。

時間真是難熬，原本輕鬆參究的心，因為第二晚講公案時，知道那麼多人都悟了，自己卻還茫然無緒而開始緊張起來。到了第三晚講公案時，更多人聽老師講公案而會心的哄堂人笑，自己卻還是莫名其妙。心中無奈，反倒坦然了，只怪自己邪思惡念如此重，所以可能沒有悟的因緣，只是要辜負老師了。但禪三尚未結束，也不能告訴老師此話，心中立定主意：今夜若不悟，就不睡了。以此盡人事而聽天命。

老師慈悲，要我思惟整理：為什麼給我那些方便法？我心中不決，自忖：如此不就是解悟了嗎？那麼觸證而斷身見我見，是什麼？那麼明心功德何在？老師開示說：「斷身見我見，也是智慧。」一語驚醒我，那我根本就弄錯方向了。

但是心中還是猶豫，再請示監香老師，監香老師說：「當時上課時，你在問問題時，早該給你三十棒了。把上課學的東西全部扔掉，跟它一刀兩斷。」至此終於死心參究整理。回座禮佛，不及半拜，倏然一念相應，恍然大悟，原來禪三前在公司的煩惱事件中，早已觸證，卻認祂不得：

某日中午午睡，一向憶佛，但當天心中生氣時，頓覺身中有物膨脹，猶如一團黑不見色的麻薯，柔韌有力的扯動背部，非常疼痛，趕緊回到憶佛念中，讓怒氣消滅，祂又猶如水蛭般緩緩縮回，鬆掉緊痛的背部，〇〇〇〇〇〇〇〇〇〇〇〇〇〇〇〇〇〇〇〇〇〇〇。此經歷極特殊，禪三開始第一次小參，我說祂時，落入境界法中，當時老師為我方便開示小品般若經文後，猶認祂不得。

此時心中自肯，承擔下來以後，禪宗「竪拂」公案、「香谿密露」公案，皆一時豁然而解，心中踴躍，即刻起座欲找監香老師小參，但見監香老師與老師正在議事，禪堂又不便虛晃，便去洗手，順便整理；匆忙便回，竟把浴室間的拖鞋都給穿了回來。也顧不得這，尋得監香老師報告觸證經過，果然是祂。

心中篤定下來以後，及至思惟檢查，原來祂根本從不煩惱，虛妄的靈知心所造一切罪業煩惱，還是要由虛妄的靈知心自己收拾面對，連要斷煩惱的心也是虛妄；了知以後，不由悲從中來、不能自已。至此方知功德豈只在一念相應？若無觸證後的自肯，若無正觀的思惟，功德將無能發起，一念相應慧終必退失。

禪三後回家，心中五味雜陳，觀自身猶如由水蛭附著般的行屍走肉，而祂（如來藏）竟是真正的我，靈知心好似機器人頭部的兩盞光亮的燈，權充眼睛般的虛假。抱著觸著兒了小身體時，小心呵護著，因他是（自性）佛所生；見一切有情形形色色的色身，均是佛，皆由各人如來藏含藏之業種不同所變現，這器世間還是由衆生的祂所共同變現。這世界真實存在的，只有祂，生命猶如群花亂舞；這一切猶如夢醒，都要重新去認識、去定義。以往對理一心的理解，總落入禪定境界，如今才啞然失笑：理一心純是智慧，且如字面般單純，不假思索想像。此刻對大乘佛法追求的心情，猶如飛蛾撲火—但見佛法光明，顧不得惋惜身財性命，奮勇直前。

感謝　佛菩薩在平常中顯大神通，讓我於禪三前觸證，更感謝老師及親教師的老婆心切，引導逼拶，否則如我貪著境界法者，豈會有悟的因緣？尤其像我這般邪思惡念這麼多，對教內又無多大貢獻，而能得諸佛祕密藏，實乃　佛菩薩悲心不捨所賜。我當如我所誓，護持正覺同修會，皈依同修會諸菩薩摩訶薩，盡未來際護持大乘宗門正法，永不退轉；庶幾報　佛菩薩、老師及親教師深恩於萬一。

弟子　蔡禮政　敬書

二〇〇〇年十一月

第三篇：見道報告

——甘十祺——

一心頂禮本師釋迦牟尼佛

一心頂禮禪三期間諸佛、菩薩、護法龍天

一心頂禮法身慧命父母 上平下實和上、親教師張老師

一心頂禮禪三期間諸護三菩薩

弟子於父親往生時（1989年），因為一位親戚——鍾老師的帶領，開始接觸佛法；在這之前，對佛法、佛教，完全一片空白，不排斥也沒有特別喜歡。而這位鍾老師親近高雄寶來妙通寺，平時帶人念佛，且以神通度人，因此週遭好多有求於他的人，對他十分恭敬。

1990年時，與二位大學同學（林〇豐、林〇章）前往妙通寺皈依。當天在觀音殿作晚課時，突然覺得同排前面一個人的背影好像另外一個同學——簡兆俊（約在1986年時在軍中喝鹽酸自殺身亡），但再仔細一看，就覺得不是；當時以為是妄念，也

就沒放在心上。第二天一早作完早課，用完早齋後，林○章又跑回寮房睡覺，在第一支香快開始時，林○豐叫林○章起床，當時林○章睜開眼睛看到的是簡兆俊叫他起床，當時他覺得奇怪，想出聲叫名字時，才發現是眼花了。這件事情，林○章在返回台北的車上才提起。當時弟子對兩個人分別感受到簡兆俊的出現，覺得非常不可思議，尤其是那時已將簡往生一事幾乎都忘記了。當時覺得對生命真的是無知，這個世界不是就眼睛所見、內心所想如此而已，而是背後隱藏著不可知的意義存在，當時就下定決心好好學佛，以找出生命的實相。沒想到回來後，鍾老師介紹了弟子現在的同修與弟子認識，並積極促成弟子的婚姻。在弟子訂婚的前一天，鍾老師就到妙通寺出家去了，法號傳放法師。

妙通寺以修苦行為主，住持傳聞法師以前是廣欽老和尚的侍者。妙通寺大約在1992年以前，都是單純教人念佛，求生西方極樂淨土。但在1992、93年左右，突然傳出住持師父（傳聞法師）因為出家弟子及在家信衆均不精進修行，所以要離開這個娑婆世界。當時大家都極力懇求師父住世，後來聽說師父願意留下來，而且是以「清淨法身毗盧遮那佛」的身分住世。以後幾次，住持師父要走，大衆都是如喪考妣般請「佛」住世。當時弟子覺得跟著這位據說證量、功德比 釋迦世尊還高的「法身佛」修行，真是辛苦；佛到世界度衆，不是依願力而來嗎？怎麼動不動就要走？真希望跟著慈悲的、不捨衆生的菩薩修學就好了；後來果然如願了。

傳聞法師的開示以聲聞乘為主，主要是要信衆趕快斷煩惱、了生死。方法就是念佛、拜經、懺悔、去貪瞋癡。但是她認為：「在家人是不可能修出什麼東西的；唯有出家且在佛祖（住持師父）的安排帶領下，才能了生死、證羅漢果。」要憑念佛往生極樂世界，也幾乎是不可能的，最好是先往生到師父安排的「轉投天」暫時安住，再投胎做人跟著師父修行。同學林〇豐就在 *1994* 年時，毅然拋妻棄子（三歲）出家去。當時週遭的朋友及引導入佛門的老師，均一個個出家去，弟子也覺得有一天也會出家，只是對佛法仍有許多疑慮，而不敢跨進去（還好那時候沒輕易跨進去）。當時弟子的同修情執較重，一直擔心我會出家去，因此生活得十分痛苦跟絕望。而弟子因想走修行路，在徵得母親及同修同意後，也就沒有準備生育後代。但是對「學佛只是在逃避生死輪迴」的事實狀況，覺得很無助、淒涼及無奈，一點兒都沒有喜悅的感覺。

在妙通寺這段時間，信衆間往來十分密切，是是非非也很多。信衆間互相借貸、投資，非常普遍。而因為佛寺法會很多，為了超度、消災、作「功德」，薪水根本入不敷出；而大護法們往往得到師父們多方禮遇，包括住宿、師父加持及隨時可請教問題等。當時就起了虛榮心，想躋身入大護法行列，於是向銀行貸款，高利借予佛寺內有錢的大護法，賺取利差，再拿來作功德。當時想：這些護法都得到神通廣大住持師父這麼多的照顧，錢擺在她們那邊一定沒問題。沒想到當時的貪念，竟會造成未來我參加第一次禪三失敗的痛苦原因。

*1996*年左右，我拿到第一本導師寫的書《無相念佛》，當時弟子看完就會無相念佛，也積極的在妙通寺師父與信衆間熱心介紹，結果居然沒有一個人能接受。甚至傳放法師只看了第一頁就批評：「這是魔寫的書。」真的是福薄。隨著導師的書陸續出版，公司附近素食餐廳都有擺放，越看真的越歡喜。當時還請

了一套導師開示的「修習止觀坐禪法要」錄音帶，拿到時真的是如獲至寶。還沒到講堂聽課，已經將導師的聲音聽得一分熟悉。

隨著知見逐步建立，漸漸發現妙通寺的法有問題。像是住持師父再三強調：人有三魂，她可以用神通將往生墮地獄者之三魂集合。然後表示：依附於牌位及骨頭上之二魂會不相信墮地獄之第三魂所受之極重苦果。

她也曾表示：她在第十八層地獄看到日相東條英機在受苦報，而東條英機地獄苦報受完後，**魂魄將被打成二十萬隻蚊子，永生不得再當人**。而眾生於世界剛開始時，只像花生米般人小，是由毗盧遮那佛慈悲加持才變成人，得以修行。凡此種種多神教或一神教思想，出現在佛教法師的口中，均令弟子十分疑惑。佛寺內的出家眾們口口聲聲說：「修行是在修無我，也就是什麼事都不要去分別。」另一方面又說修行很微細，然後在意識上刻意去深思熟慮。許多相互矛盾的地方，令弟子十分困惑又不知所以然。

由於種種不相應，*1997* 年時就想找正覺講堂共修，沒想到當時鄰居一對夫妻出家後，因妻子精神異常而還俗。他們的朋友林○政（法鼓山信衆，據說與聖嚴法師很熟）來看他們後，拜託弟子開車載他們到北投佛恩寺找通度法師化解。去了佛恩寺幾次後，也就跟著通度法師學密法（編案：通度法師的密法即是元音老人的心中心法）。甚至隔年還陪他去大陸成都，參訪他的密法祖師爺，向他求法。只是我對密法一點兒都不相應，而且覺得密法誇大不實。在猶豫不決是否應離開時，剛好看到導師公案拈提開示說：對不合適的師父，應該殺然決然離開，不可爲情所困。因此就決心離開佛恩寺，連個道別都不說。

1998 年底，依書上地址取得報名表後隨即報名，接到上課通知時，真是喜出望外，手還會發抖呢！

1999 年元月開始上課，每次上課真的是享受，佛法的觀念逐漸貫通，只差不明白如來藏的體驗，無法一以貫之。由於很早便會無相念佛，在將《禪―悟前與悟後》這本書看了十幾遍後，便開始揣摩思惟觀的方法。後來上課聽了親教師說明後，便開始學習以思惟觀的方式思考。日常生活中如果有比較特別的意念或問題，均把它濃縮或打包成一個念，不時拿出來掛著

思惟。這種思考方式真的是奇妙而且好用，弟子看話頭的功夫就
是以思惟觀為入門的方法。

2000年浴佛節時，在講堂樓下門口當接待，當時跟同修聊
天提及思惟觀方法的好用，同修勸告：要專心照顧話頭，不要
玩東玩西。當時想想也對，就將時時以思惟觀去思索各種問題
的作法放下，專心照顧話頭去。現在回想，思惟觀是很好的參
究方法，尤其在帶著濃濃的疑情，在行住坐臥中長久仍觸不到
如來藏時，思惟觀是很好的尋找及整理方法。

在上課時，弟子對親教師傳授的內容均全部信受，有不瞭解
的地方就打包下來思索。記得有一次親教師上課說：「眼識辨青
黃赤白，意識分別長短方圓。」當時覺得：眼睛一看，不都了
知了嗎？怎麼會是意識分別形狀？因此就把這問題打包。有天
靜靜望著辦公桌上同事送的不同顏色的小老鼠時，發現眼識對
顏色是十分自然的接受，而對老鼠的形狀卻是由意識令眼睛焦
點環繞老鼠一週後，才了知老鼠的形狀。當時的體會，令弟子對
親教師更加佩服。也因為這種體驗，這次破參喝水時，還知道
整理的方向。不過，現在回想，當時若福德、知見具足，早就

觸到如來藏了。

跟著親教師的教導，每天作功課，日子過得好快。當準備全力衝刺禪三時，業障從以前種的惡因中爆發。在禪三前二個月，過去向弟子借款的妙通寺大護法，資金週轉不靈而跳票，連合作投資的公司都受拖累。財產從虛幻的好幾千萬，一下子變成銀行實際負債三千多萬。當時心情受影響很大，雖然評估後仍然生活得下去，也決心以願力來拼業力，但是週遭受拖累的親戚朋友們卻是群情激動，憤恨難平。禪三前請假一個月拜佛，但是功夫卻是提升不起來。禪三前都只是帶著濃濃的疑情，等待如來藏的出現。現在回想：福德那麼不具足，業障又重，怎麼可能觸證得到？

上山前一點兒把握都沒有，但是想到世間的財富已經一無所有，不知能否在出世間法上有些成就，也就放下一切去參加禪三。沒想到禪三第二天就看到主三和尚跌跤昏倒被扶出齋堂，當時心情真的難過到極點；弟子業障真的這麼重，參加禪三都會讓主三和尚出意外？而當週遭參加禪三的同學，一個個開始喝水，自己卻一點兒消息都沒有時，心裡早就投降了，只是為了不敢違背親教師的叮嚀，堅持到最後。禪三期間，主三和尚在弟子洗碗時、在經行時、在拜佛時、及弟子自己○○○○時，不知多少次來協助啟發，居然就是不相應。當時主三和尚身體虛弱、疲累，還為頑劣的弟子這麼操心，內心真的好難過、好懺悔。

第一次禪三回來，心情真的惡劣到極點，好像在狂風暴雨的海上漂流，抓不到一片浮木。還好弟子天性樂觀，韌性強，二、三個星期後，就打起精神準備第二次禪三。而這一年來承蒙佛菩薩幫忙，也還了半數的債務。

第一次禪三的失敗，令弟子感受到業障的深重，因此任何可能的罪業都時時懺悔。像往世曾為盜匪的罪業、殺生的罪業，將導師的書放在床頭的罪業。甚至想到：被林○政居士誤導二年，是不是九百年前也是跟林居士及導師相識？當時是不是對導師有不恭敬的地方？凡此種種都時時懺悔。由於弟子為庶出，從小必須自己力爭上游，因此養成個性強、瞋心重、慈悲心少的習性。這一年來懺悔，居然在第三次禪三前一、二個月，禮佛時自己會掉眼淚，拜懺時更會痛哭流涕，弟子自己也覺得奇怪；這種狀況，在以前是不可能發生的事，是不是現在心性有改了？

2002年四月份禪三雖然有報名，但心裡還沒準備好，沒有錄取也沒什麼感覺。打第二次禪三前一個月左右，又發生了一些障礙，弟子家裡同修將身邊僅剩的一百多萬，委託一位朋友操作期貨，居然全部賠光光。而家母當時也莫名其妙的亂發脾氣；當這些障礙發生時，直覺得禪三會被錄取，但這一年來拜佛的功夫雖然有進步，可是仍然只能帶著濃濃的疑情，相應不到如來藏。因此趕快打電話向張老師求助。還好張老師建議在禪三前〇〇〇〇〇〇，可以累積不足的福德，當然就聽話照作。當時……。或許是這臨門一腳，禪三才能破參吧。禪三前一週，接到錄取通知時，當天下午很認真的拜了一堂水懺，並求冤親債主放過弟子，拜完時身心愉快，一點兒也不覺得累。當時就覺得這次禪三有把握多了。

禪三第一天，主三和尚並沒有給太大壓力，只在用晚齋時，對弟子說了一句「你又來回鍋了。」真是覺得不好意思，又佔了一次禪三名額；只是上次禪三又不是故意不破參，不再參加禪三，怎能破參呢？就請主三和尚原諒吧！第二天經行時，經過主三和尚面前，主三和尚又說了一句「你又來回鍋了，腦袋放靈光了一點兒！」然後要弟子〇〇、〇〇。當時覺得主三和尚這句話一定有特別意涵，參禪的方向，經過向張老師、監香老師請示後，應該沒錯。那是不是方法要修正？

過去總帶著濃濃的疑情，等待著與如來藏相應。就像以前上禪淨課程班時老師舉的一個例子：「在將如來藏的體性及相關知見建立完備後，對如來藏就像對自己的小孩般熟悉其外表。而參究時就像在學校門口，等待小孩子的出現；孩子（如來藏）一出現，馬上即能了知這是自己的孩子。」只可惜弟子福德、因緣不具足，孩子就是不出現在校門口；或者是孩子玩得髒兮兮的，雖然在校門口逛來晃去，卻也不認得他了。

當主三和尚要弟子腦袋放靈光一點兒時，弟子決定進入校園去找孩子。經行完，靜坐時，就以主三和尚前晚開示的〇〇法，來將〇〇、〇〇體會一番。當時只覺得主三和尚一句「〇〇」，〇〇〇〇；一句「放下」，〇〇〇，妄心、真心就這麼交錯著，只是真心在哪裡？參了一個早上沒有結果，快中午時輪到第一次小參，當時想：腦袋要靈光一點兒，是不是可以套套主三和尚？看會不會說溜嘴？

進了小參室，頂禮完主三和尚，主三和尚又說：「你又來回鍋了，什麼都沒有，怎麼辦？」當時覺得什麼也沒有，只好回答：「怎麼都切不進去。」主三和尚回答：「這不是世間有境界的法，沒有所謂切進去可說。」弟子又請問：「不是要一念相應嗎？」主三和尚回答：「明心是找到自己本來就有的如來藏，而不是去等什麼觸電或特殊的感覺。」主三和尚又慈悲的以摩尼珠為譬喻，向弟子開示一番。

弟子接著就把早上〇〇〇〇的體會拿出來請示，並且說明真心、妄心就這麼環環相扣著，那要怎麼去分出來？沒想到主三和尚回答：「是你在參禪？還是我在參禪？」主三和尚接著說：「不要求我，我不會告訴你。」當時弟子也不服輸的回答：「那下次禪三再來。」弟子對破參沒有把握，但對努力發心作義工，爭取參加禪三的機會卻是有把握。主三和尚趕快要弟子將這個念頭打消，並且以牛奶為例，要弟子將水跟奶分出，也就是將真妄心分開。當時聽完主三和尚的開示，似乎蠻有信心的。退出小參室時，只覺得監香張老師怎麼在旁邊笑得那麼開心？

下午繼續參究，又陷入了壁立千仞的感覺，拜了一個下午，實在很痛苦。晚上開示公案時，突然聽到主三和尚一句話：「有人找到如來藏了，卻還在等一念相應。」當時覺得：「是我嗎？在哪裡？」當晚跟佛菩薩發了個願：「……。」跟冤親債主們則溝通：「如果我能破參，將燒錫箔十萬張（以前在妙通寺常燒，弟子的冤親債主可能執著這種方式），並誦地藏經十遍迴向。」

第三天早上起床，有點兒睡過頭了；但是眼睛睜開時，居然帶著一個很清楚的念：「一切皆如來藏所生。」當時覺得亂奇怪的，就帶著這個念進禪堂禮佛。這時主三和尚過來，要弟子○○○。過一陣子，主三和尚就來引導，○○、○○、然後突然○○○，主三和尚就離開了。當時也沒觸到什麼。

用早齋時，主三和尚的機鋒我都會了，只是主三和尚都不點名弟子回答了。經行完，靜坐時，將早上的狀況仔細整埋。突然發現主三和尚的竹如意（主三和尚以竹如意引導○○○○○）可以代表弟子的妄心（因為它有所作為），而弟子的○○○○○○，代表了弟子的真心，因為妄心起意，○○○○，○○○○。

在這種情形，真心介於妄心與色身間。若以《維摩詰經》之「……」「法離見聞覺知」等經文來比對，完全符合。再以《心經、金剛經》的經文印證，發現都沒錯。心裡想：大概就是祂了。

當時就趕快找監香陸老師報告，報告中，發現陸老師一直笑，內心就篤定多了。為了趕快知道是不是找到了，跟陸老師報告了重點後，就停下來問陸老師：是不是？對不對？結果欲速則不達，陸老師要弟子整理詳細點，才能再跟主三和尚小參。回到坐位上，真的好高興。慢慢回想，才發現：前一日小參時，張老師笑得那麼開心；這兩天過堂時主三和尚都不叫弟子吃水果，是有原因的。那個找到如來藏，還在等一念相應的，真的是弟子嘍！唉！腦袋真的是很不靈光。

坐在座位上慢慢的體會拜佛時，妄心並未○○○○的○○○○，……。而眼識、耳識等所分別的東西，也是經由祂的作用，轉化成意識了知的事情。所以祂不知六塵，不會六入，卻了知眾生六七識心行，祂無所住卻能生其心。祂真的好平凡實在。

整理到下午，再次跟監香張老師報告，報告時張老師臉上一點兒表情都沒有，由於已經蠻確定的，所以也不會覺得緊張。當把經典的印證，行住坐臥間的體會報告完畢後，老師才說：「這麼簡單，爲什麼拖這麼久才找出來？」或許弟子外表看起來比實際聰明吧！也只能回答老師一句：「笨嘛！」然後腦袋挨老師敲了一記，不過被敲得好高興。只是同時感覺到辜負了老師的期盼，也多一次浪費了同修會禪三的資源。張老師同時也提醒：主三和尚引導弟子〇〇〇〇〇〇〇〇〇。老師同時交待：再多整理一番，小參時不要讓主三和尚講太多話而浪費體力。弟子也明瞭：某些自己悟入的人可能悟得深入；弟子在主三和尚引導下破參，日後必定要更加努力整理、體驗，才能彌補不足。

第三天下午快傍晚時，才輪到第二次跟主三和尚小參。一進了小參室，主三和尚又說了：「你又來回鍋了，有什麼體會？」弟子趕快將早上〇〇〇〇後，一連串的整理及心得一一報告。只是仍遺漏部份的體會，而讓主三和尚補充說明，但主三和尚一點出，弟子即能將之融會貫通。當主三和尚詢問：「現在你是不是菩薩了？」弟子回答得心安理得，但是同時也覺得責任重大。弟子平時發的誓願：要荷擔如來家業。現在真的要挑起這個責任了。由於自己覺得能力還不足甚多，也唯有比以往更加精進用功才行。

出了小參室，終於可以喝等待一年的無生茶了，喝茶前先向張老師報告；老師也好高興。當時覺得在導師及張老師座下修學佛法，真的是福報。從初入佛門時，經常感覺到無助、徬徨及淒涼，這刻起，卻覺得很實在、很篤定，未來將走的路，也充滿自信。

強忍著興奮的感覺，要求自己好好體驗喝茶。剛開始時發現，從起個意念要喝茶，到手伸出前，短短一剎那間，眼識、意識、意根及如來藏間，互動相當複雜。而心念目前仍很粗糙，無法體驗這一剎那間心行的全部變化。光在這裡就整理了老半天，最後落入想像中。直到主三和尚跟大家提醒：「要體驗，不是去想像。」才趕快跳過這一小段，先整理後面的〇〇。可是每喝一次茶，便會發現真心、妄心及真妄間更深細的配合。到最後反而因為太微細，整理完就忘記了。只能片段片段的深入體會。

還好，進入小參室報告整理心得時，主三和尚只要求就〇

○○○○到○○○這一小段來說明。主三和尚請一位法師學員代表報告整理心得時，法師可能還沒抓到方向，一直沒辦法說到重點。弟子當時就好雞婆，舉手自告奮勇要說明，只是說出來的還是好粗糙，主三和尚又有條理、又微細的補充說明了許多。這個第八識「心」真的是很微細，對自己的「心」體會得越徹底的人，才是越瞭解生命實相的人。在意識上刻意去深思熟慮，都還只是世間法的分別而已，離修行的真正意義，還差個十萬八千里。

回想弟子以前的同參道友們，為求法，拋家棄子、出家修行。每天拜《華嚴經》五六百拜，還有法會、建寺等繁重的寺務工作及其他功課。這麼辛苦的修行，主要目的**只是要降伏語言文字妄想**。他們不知道無明的實性即佛性，不知道：親證實相後，斷三縛結，並轉依如來藏體性修行，才是去除妄想的根本方法，也是斷除虛妄之想的根本辦法。他們對其師公廣欽老和尚的一句「沒來、沒去、沒代誌」，不是解釋為「一切因緣所生，不去執著，天下就太平」，不然就認為那是一種很高的境界，根本達不到。他們認為：心明而後性見。對菩薩們「不斷煩惱而證菩提」，覺得很不可思議。對「心」只知道肉團心及意識心兩種。對其現任的住持師父，均以神通代表其證量。神通不準的時候，都是歸因於因緣改變。每想到他們，內心真的很沉重。也只能希望以過去曾供養他們的因緣，將來有機會引導他們回歸佛法正道。

弟子何其有幸能破參明心，對法身慧命父母蕭導師及親教師張老師，僅能以將來努力修行來回報感恩。弟子將努力修學佛法，消除性障，此生將努力：以能擔任親教師為目標，生生世世將弘揚正法，護持正法；即使為正法喪身捨命，亦無反顧。

南無本師釋迦牟尼佛

南無觀世音菩薩

弟子 甘十祺

公元二〇〇二年十一月

第四篇：

見道報告

——釋淨光 法師——

持名念佛三十載　慶能轉折悟無生
當來蓮池登上品　禪淨圓融眞見證

童年時（已忘幾歲），一位親戚帶著末學至一處茅蓬禮佛，上過香後，教末學邊拜邊念：南無觀世音菩薩。這是此生首次稱念聖號，感受極為奇妙，至今仍然印象深刻，當日午休時即夢見人山人海。直至一九七一年高中畢業後，始在水里蓮因寺歸依上懺下雲長老，正式開始學佛。初發心即甚勇猛，並經常至各道場聽經聞法。

一九八一年考上研究所後，因要撰寫碩士論文，不知如何確定題目，心中頗為煩惱；一日，突然從心中自然湧出一段極為契機的靈感，時間也極恰巧；心中大為驚奇，卻不知為何如此？當時只以印光大師的一段話作自我解釋：「思之思之，又重思之，思之不得，鬼神其將通之；非鬼神之與通，乃精誠之極也。」

今日回思，方知其所以然，真是不可思議。

一九八六年受五戒後更加精進，經常參加各道場所舉辦的法會、佛七、觀音七、大悲七、梁皇寶懺、朝山等活動，曾興起出塵之念，惟因緣尚未成熟。一九九二年受在家菩薩戒，一九九八年因緣成熟始披剃，並受三壇大戒。

因感於生死事大，輪迴路險，從歸依學佛以來三十一年，都是專修持名念佛，不敢另換題目。一九九九年在一處念佛會，對同修們開示念佛法門五週後，深感「學然後知不足」，興起應該瞭解念佛法門各家修法之念，或可揀擇作為開示內容，利益諸同修。正好一九九九年底在台北龍山寺結緣書架上，看到《無相念佛》一書；隨後又在中部一結緣書流通處，看到《念佛三昧修學次第》，心中大喜，請回後因事忙，至二○○○年初，始有機緣閱讀。

二千年一月底，有一善知識對末學言：「你有大願，你是乘願再來的……你和阿彌陀佛有很深的緣……」「怎麼說呢？」「你曾在阿彌陀佛面前發了大願，要弘揚阿彌陀佛的法門度眾生呀！」「是的，我和阿彌陀佛的緣很深，也曾發了大願要度有緣眾生成佛，……」「我送你六個字（便拿起一本準備送給末學的書，寫上：衆生緣，圓衆生。）你累世和眾生結的緣很深，你要去開創淨土世界。」「我去哪裏呀？」「只要你和你的願力到了，眾生就會來的，佛菩薩和護法龍天都會幫助你的。……以前我得腸炎，腸子都快爛掉了，看了《六祖壇經》後有很深的體會，並發大願要建道場度眾生，前後才三年時間，正殿已經落成了，現在正在進行正殿兩邊廂房的工程。……」（看了他的照片後，我說）「哇！你和道場都很莊嚴喔！眞是不可思議！」「你要去開創淨土世界，荷擔如來家業，才能圓滿一切眾生成佛的因緣。」不管那位善知識有沒有證悟，如今思及此段談話，卻成為末學參加大乘了義正法共修的前兆。

二〇〇〇年三月底，讀完《無相念佛》及《念佛三昧修學次第》後大為震驚，不但讚歎書的內容精闢，心想能寫出這麼好的行門方法書，眞是不可思議！學佛雖逾三十年，每感入處無門，五祖弘忍大師也說：「不識本心，學法無益。」怎可錯過這佛菩薩冥冥中安排的因緣，遂於二〇〇〇年四月正式報名上課；迄今正好兩年半，承蒙　導師慈悲錄取，參加禪三，非常感恩。

此次禪三通知收到之後，大為驚喜，因為這是法身慧命出生的因緣，但是到了道場，卻壓力極重。第一天參得昏天暗地、死去活來，透不出一線曙光，心中頗為惶恐，心想這樣子下去，三天很快就過去了，怎麼破參？又想：只有三天，再苦也得忍受，遂下定決心非拼個水落石出不可。第二天早上終於能夠契入，大約在上午九時有了消息，臉上綻露出笑容。監香老師說：「再作整理。」因心中篤定，看監香老師也沒有空檔；直到下午午休後，才通過監香老師這一關，並蒙安排主三和尚小參，主三和尚勘驗無誤，印證破參，從此能入內門廣修六度萬行。破參後即時回禪堂禮佛，非常感恩諸佛菩薩及導師、親教師，以及護三菩薩及一切眾生的恩德，誓願：盡未來際護持正法，普度眾生，續佛慧命；鞠躬盡瘁死而後已，努力精進上報宏恩。

佛在世時我沉淪，我出生時佛滅度；
懺悔此身多業障，今日始見佛法身。

此偈第四句原是「今生始見佛金身」，改寫成「今日始見佛法身」，見無所見是第一義諦。法身無形無相，視而不見，聽而不聞，言而無說，念而無念，作而無作，為而無為。不生不滅，不垢不淨，不增不減，不來不去。本來無一物，本來無事，本來是涅槃，本來是菩提，具足一切功德。如是自家寶藏，萬古長存，無始至今雖不曾失，即今證悟卻是未曾得。曠劫暗室一燈即明，智慧像活水源頭般的湧現，無門之門終於不開自開了，了知一切有為法皆是無常虛幻，變異不實；如《金剛經》所云：「凡所有相皆是虛妄，若見諸相非相，即見如來。」「一切有為法如夢幻泡影，如露亦如電，應作如是觀。」又如《心經》云：「色即是空，空即是色，受想行識亦復如是。」終於能解脫一切有為法的束縛，前後心境判若兩人，煩惱減少了，執著減輕了。無貪無厭，無愛無憎，無憂無喜。從前學佛臉像苦瓜，越修越長；現在臉像蘋果，越修越圓。真是「山窮水盡疑無路，柳暗花明又一村。」

《維摩詰經》云：「菩薩若應諸波羅蜜，教化眾生，諸有所作，舉足下足，當知皆從道場來，住於佛法矣！」以前不懂的，現在懂了；以前日用而不知，現在明白「夜夜抱佛眠，朝朝還共起」意旨。從前是「吃飯時不肯吃飯，千般需索；睡覺時不肯睡覺，萬般計較。」現在能領會「飢來食，睏來眠」的禪機。以及「終日吃飯，未嘗嚼到一粒米，終日穿衣未嘗觸到一縷紗」的深義。「諸仁者欲會麼？阿哪個是天下人大善知識？」

宋永明延壽禪師〈四料簡〉云：「有禪有淨土，猶如帶角虎；現世為人師，來生作佛祖。有禪無淨土，十人九蹉路；陰境若現前，瞥爾隨他去。無禪有淨土，萬修萬人去；但得見彌陀，何愁不開悟？無禪無淨土，鐵床並銅柱，萬劫與千生，沒個人依怙。」禪淨課程破參後，當來往生西方，甚登上品；這是從前以「橫出三界」為目標時所難以想像的。**禪淨本圓融**，**功德難思議**，實在是當前最契機、最殊勝的法門，更是百千萬劫難值遇的「真正選佛場」，然而卻是不可以少善根福德因緣而能信受的。

反觀當前佛教界，正是「十人九蹉路」的現象，「邪師說法如恒河沙數」，諸方錯悟或未悟言悟，以及妄說佛法者，數不勝數；一盲引眾盲，相率入火坑，如何得了？因地不真，果招迂曲，令人浩嘆！

凡愚顛倒見，苦窟作歡場；眾生迷惑顛倒，渾然不知不覺；真見道後，悟後起修，才能漸次達到「遠離顛倒夢想，究竟涅槃」的境地。如是可知：**若不見道，要不顛倒也難**。因此，挽救眾生免於被邪師誤導，挽救佛教免於被邪師破壞消滅，實在是當前大家責無旁貸的艱鉅使命。

人間無正法，萬古如長夜；出苦無了期，成佛更遑論。

願長夜有燈放光明，願燈明普照十方，

願有緣皆得無盡燈，願燈燈無盡永不熄。

願一切眾生皆能分辨邪正，願一切邪見皆能煙消霧散。

願佛正法久住不斷，願佛慧命相續不絕。

願圓滿眾生成佛因緣，願一切眾生早成佛道。

末學 釋淨光 頂禮

公元二〇〇二年十一月二十一日

禪三日期：2002/11/8~11

見道報告

——翁銘紳——

我生長在一個佛化家庭，父母皆篤信佛教。祖母二十一歲就茹素（是另一個中國佛教會理事長釋心田法師的契母），往生火化有舍利子。母親二十八歲就持長齋，過午不食。父親六十歲從警政上退休以後，也致力弘法事業，曾經做過台南縣佛教會的理事；印象中，家中常有出家眾出入，父親常替他們排解困難和糾紛；目前在○○鎮○○寺教人研讀經典，有學生一百多人。我自幼熏陶，十三歲開始做早課、誦心經，十四歲開始背誦大悲咒，至今三十幾年，學佛意志堅定，從未退失過。

西元一九八六年左右，台灣佛教非常興盛，我經常朝山和參加法會，也陸續歸依了釋聖嚴、釋惟覺、釋懺雲、釋慧律……等不下十餘位有名的法師。其中比較護持萬里靈泉寺的惟覺和尚，當時他還未享有盛名，我經常在假日帶著兒子開車上山探望（1990年他名氣大了，正好我又婚變，因緣才中斷）。

一九八八年起，我開始深入經藏，第一部研讀的經典是《楞嚴經》，以抄寫和拜經為主。楞嚴咒似曾相識，也很快就能背誦了，當時似懂非懂，但不知為什麼就是喜歡它。由於當年的我，可以說是一個瘋狂激進的佛教徒：所有的一切，我都願意放棄，一心只想到美國萬佛城（編案：宣化法師之道場）出家；結果婚離了，出國手續也辦好了，因緣卻未成熟而作罷。

與先生離婚後，在台南的二年期間，每天的早課是十遍楞嚴咒加二十一遍的大悲咒，如此不到三個月，竟然變得敏感異常，可以感受到他人的不淨或不舒服；我不知道原因，更拼命地持楞嚴咒，一直以為：楞嚴咒是咒王，可以降伏邪魔；娑婆世界一天不持楞嚴咒，波旬就會擾亂，世界就會不得安寧。所以不自量力，以持楞嚴咒為己任，十幾年來幾乎未間斷，也因此讓我吃足了苦頭，不敢去那些有奉祀往生牌位的寺廟，或是參加一般的超度法會。

一九九三年，我在板橋的「妙法安心」道場當義工，有一位李師兄拿了幾本蕭老師的《無相念佛》來請教林老師，林老師說：「書寫得很好，無相念佛是實相念佛的基礎。」當時學員並無人在意。我很有心（因為我想學實相念佛），就拿了兩本回去自己練習（一本給家母）。

一九九四年三月到五股工業區〇〇公司上班，住在宿舍，當時聽說蕭老師在石牌有主持共修，很想去參加，可惜交通不便（當時無公車）而作罷，但自己竟然也把無相念佛鍛鍊起來了。

一九九九年底，逛誠品書局，發現了蕭老師的《悟前與悟後》，毫不猶疑地買回家閱讀，非常讚歎，欣喜異常，電話聯絡正覺同修會：想要馬上買到一整套蕭老師的大作。正巧碰上老師和師娘（當時並不知道是師母）慈悲地到講堂（在中山北路地下室）接見我，我順利地加入了會員，並且高興地抱回一整套的書，也期待地等上課的通知。

老師的書，除了三本公案拈提外，其餘的著作，當時的我自認為幾乎都可以看得懂，知見上非常信受。尤其在看《真實如來藏》的時候，更是一面看、一面頂禮，讚歎老師不是「人」，一定是佛菩薩的化身。從那天起，我就開始每天頂禮佛菩薩後，一定頂禮蕭老師一拜，至今從未間斷。

二〇〇〇年四月初，接到講堂的掛號信，通知四月十四日到中山北路的舊講堂上課，我很高興排除萬難，來上週一班張正圜老師的課。由於我在公司任職生管，非常忙碌，幾乎不可能在五點半準時下班，所以有一年半的時間，我是搭計程車到火車站轉捷運，來上週一和週二的課。也因為如此忙碌，所以經常沒時間無相拜佛；幸好我禪定功夫還好，加上知見正確，上課時我又很用心，所以在看話頭、參話頭的轉折上，老師隨講、我都能隨入，毫不費力。加上除了早課外，每週我都拜一部水懺，迴向給冤親債主，除了第二年色身摔倒的舊疾復發，有半年多無法無相拜佛外，一切都很平順。

我很喜歡上張老師的課，她的聲音非常響亮，音色非常的優美，語調聽起來非常有攝受力，內容更是由淺入深，非常有條理，我好生欣羨仰慕。可是不曉得為什麼，我就是很畏懼她，只要面對她，頭腦幾乎一片空白，語無倫次，事後非常懊惱。但是又覺得自己非常倚賴她，沒有她不行；所以上課時我都小心翼翼地聽講做筆記，做個聽話的好孩子。上課後張老師唸的「南無本師釋迦牟尼佛」最好聽了，每次我都久久不能釋懷，我學了二年半，怎麼學都不像。如今破參了跟著她再唸，才恍然大悟：原來她的唸，是包含了般若、慈悲和願力，不是心量廣大的菩薩，哪能唸出這麼大攝受力的佛號呢？

上《楞嚴經》導師的課，我都很認真的聽。導師有一次說：「到末法時，很多祖師都不願意再來。」我當下就發願：我願意來度末法一切眾生。導師說：「正覺講堂出家僧伽的力量太薄弱了。」我就發願：我願意出家莊嚴正覺講堂的僧伽團。禪三報名表求悟發願文的第一條，我寫上：「願盡形壽奉獻身心、弘揚護持正覺講堂所傳了義正法，摧邪顯正」，就隱藏了我要在正覺道場出家的密意。

遞上了禪三報名表，每天我都虔誠地在佛前發願，求佛世尊、觀世音菩薩加被，讓我能順利列入禪三。等待的滋味不好受，其間有兩天我失眠、睡不著覺，一天吃安眠藥；由於正覺講堂的門風是不攀緣，所以也無從打聽起。本來自心滿滿，四天下來幾乎崩潰。十一月一日下午六點多回家，打開信箱，正是正覺講堂的限時信，迫不及待的拆開：錄取了！我當場大哭出聲，不管他人的眼光，搭電梯直上十三樓住處，跪倒在佛菩薩像前哭個痛快。生平第一次喜極而泣，就是禪三的這張錄取通知書，太有意義了！隔天我就趕快稟報主管：我要請假。工作雖然很忙碌，一切也很順利，經理也沒刁難就准假了。這幾天就在家用功，調適身心。

禪三第一天：早上帶了行李，就坐計程車到講堂，經陸老師的安排，很快就坐上一位師兄的車子出發上山了。一路上非常平順，九點多就到慈願寺了。分派的工作做完之後，下午三點隨即灑淨起三，接著就開始拜懺，每個人都淚流滿面、至誠的懺悔；拜懺之後，我感覺通身舒暢。接著蒙山施食，我就感覺不太對勁了，可是我並不在意。晚齋後，入禪堂胡跪發願和禮佛。晚上導師講解公案時，就意志不能集中，聽得茫茫然，但我還是跟著大眾作息，不敢懈怠。回寮後整個晚上無法入睡，頻頻起身洗手，到凌晨三點半，乾脆起來禮佛。

第二天：感覺頭痛畏寒，趕快吃了包感冒藥，加二粒 A50 提神；入禪堂禮佛經行時，色身感覺愈不對勁；快到中午了，趕快跟監香老師報告：受到磁場的干擾，非常不舒服。張老師馬上跟蕭導師報告，導師只丟下「發願、迴向」兩句話就走了。我馬上照著做，請求這些無形的眾生：「不要干擾我了，我破參見道的功德，願意迴向給你們。如果是怨親債主，也懇求原諒」，並告知：「我生生世世都要來娑婆世界，欠的債一定可以要得到，請不要障礙我，希望轉而護持我，見道的功德願意迴向給你們，本金及利息皆可要得到。」

午休時，陸老師很慈悲的叫我到觀世音菩薩聖像前休息，那邊的磁場比較清淨，不受干擾；我跪在觀世音菩薩的面前，祈求觀世音菩薩的加持庇佑，果然好了許多。

下午經行時，由監香陸老師主持，他一直提醒我們注意腳跟：「菩薩○○○○○○○○，○○○○都是無生忍。」我很用心的走走看，但還是體會不出。下午三點多輪到我第一次小參，面對主三和尚及監香陸老師，我竟然一點兒也不害怕；我坦然告訴主三和尚：我沒有入處。和尚非常地慈悲，沒有一絲的責備，為我開示根塵觸的受，說明了祂的體性虛妄，要我好好地去思惟。晚齋時，導師都會利用機會使機鋒、引導，叫我們吃水果，然後一一點名問：「是什麼？」我被點到，回答：「是葡萄。」導師說該打三十板。從此每頓飯都吃得膽顫心驚、食不知味、坐立難安。晚齋後回到大殿，繼續禮佛思惟；晚上講解的公案，我聽了似懂非懂。由於昨天一整夜沒睡，所以覺得很累，安板時就吃了顆鎮靜劑，跑去睡覺了。

第三天：清晨四點就上大殿，禮佛發願完畢，坐下來時，突然一念感傷，想到今天是第三天了，明天禪三就要結束了，我還是一無進展；想到自己的願力，如果不識本心，如何能再踏出？　導師、監香老師的辛勞以及那麼多明心見性的菩薩的護持，還有家中弟弟及老母之期待與護持，我何德何能？趕快懺悔，祈求佛菩薩加持攝受，不敢再有一絲放逸的心態。

早齋完，回大殿，導師慈悲點名我和美燕師姊洗碗，我欣然的去廚房報到；洗碗時，高老師在旁邊提示我們：○○○○，○○○○○○○○，○○○○○，要好好地去體會。至此，我好像有個入處起疑了。早上經行完畢，導師又慈悲地問我：「有入處嗎？」我告知：好像有了；導師要我在座位上○○○○○○去參究。我照著做了，並且一直反復思惟真心和妄心的體性。

午齋時，主三和尚使的機鋒，我好像知道要怎麼回答；可是都沒問到我。回到大殿，我想找監香老師小參，看不到他們兩人；回頭看到蕭導師，我就舉手走過去跟他報告：「真如就在我○○○○，祂不知不覺，我要怎麼才能跟祂一念相應呢？」

導師很慈悲帶我到　佛前給我引導。他要我○○○○○○○○○○：○○○○○；另一方面同時引導我回答他的問題，我一一直接回答出，只記得最後一句我順口答：「如來藏！」導師竟然說：「你說的！我可沒說。」我當時一陣錯愕，導師叫我中午不要休息了，趕快去禮佛。我回到坐位，○○○○，心裏一閃，我楞住了，就是祂嗎？不錯！就是祂！我靜靜地看著祂，許久許久！不錯！就是祂！寂靜又寂靜。我舉手向張老師報告：「○○○○○○○。」並且把我所體會的「知是菩提，了眾生心行；不知是菩提，不會諸入故」，向她報告。

張老師給了我兩道題目：一、如何口說手呈？二、睡覺的時候，真心在哪裡？做了什麼？前後不到兩分鐘，我又走回坐位。剛坐下，我就知道答案了，可是張老師實在太忙了，我舉手，一直輪不到我。後來導師進來禪堂巡視時問我：如何？我告訴他：「知道了。」導師馬上安排我小參。

我很高興地入小參室，頂禮主三和尚一拜，導師親切地教我坐下，我雙盤恭敬地坐好，雙手合掌恭敬的呈出，並且把如來藏和七轉識六塵之間的關係說得清楚，導師非常高興地印證了我，並且要我承認自己已經是菩薩的事實。這時正好師娘也從山下上來了，我好高興；我告訴和尚：「您送我這麼至高無上的禮物，我也有一樣禮物回報，我願把我身心奉獻—將來正覺講堂有常住時剃度出家，莊嚴正覺講堂僧伽團的力量，護持弘揚老師的法。」導師高興的接受了「我」這個禮物，並且答應安排我未來在正覺道場的剃度。

回到座位上，喝水體驗真心與妄心的運作，祂們到底做了些什麼？由於一直在寂靜的狀態下，沒什麼體驗；晚齋後回寮房躺下，整個身心籠罩在一片寂然無念的靈知狀態中，我馬上坐起來，想想不對！躺下又是如此，而且歷歷分明，我茫然而且疑惑了。晚上導師講解公案，我都聽得懂，而且也講到：「祂才是眞正的離念心—永遠離念，而且靈知、歷歷分明，卻不在六塵之內」，我心頭突然釋懷了，好感恩導師啊！

第四天：早上醒來，怎麼沒境界呢？又是一個問號？早齋過後上堂，導師又開示：不要以為悟了會有什麼境界，明心是無境界法、無所得法。導師啊！您真是大慈大悲，又解了我的疑惑啊！然後又是喝茶，不知如何體驗，又不能講話，乾脆我就在座位上去瞭解《金剛經》在說什麼？原來這麼親切，都是在說祂啊！難怪導師說過：「金剛經其實無法註解。」原來全部都是明說密意呀！《楞嚴經》上的「知見立知，即無明本；知見無見，斯即涅槃無漏真淨」，我馬上知道了它真正的意義：覺知心是輪迴生死的根本。好法喜啊！看到還有好幾個人未悟，還在辛苦參究，我趕快祈求佛菩薩加被，讓大家都能快快證悟。

下午，導師為我們大家整理喝茶走路時真心與妄心的八識和合的運作，深入淺出，非常明瞭清楚。感謝導師的大智慧，引導我們這群剛破參的學員，從此不會迷失，走向佛菩提的康莊大道。

禪三結束了，從整個禪三的過程來看，要不是佛菩薩的加持及導師的引導，想要破參，門兒都沒有！導師慈悲施設了這個無相念佛的憶佛、拜佛、看話頭的法門，讓這麼多的佛子能親證生命的實相—如來藏，而且又把成佛之道有次第地鋪陳出來，不久的將來，又要開講唯識種智的課程，一步一步地引領我們進入初地。導師的智慧，除了釋迦牟尼佛外，當今的佛教界無人能做到，所以導師定是乘願再來的佛菩薩化身。我！何其幸運，能恭逢此時，得此無上甚深微妙法，即使粉身碎骨，也要報答佛恩、師恩—摧邪顯正—導正現今佛法的錯誤知見，回歸到當年佛陀在世時的正法時期。

後記：一、所謂一念相應，原來就是「突然間知道實相了。」在未上山前，自己曾觸證過，也曾經好幾次思惟是祂；現在破參，才知道當時的知，和現在的知，差了十萬八千里，真是「毫釐有差，天地懸隔」。雖然祂是這麼簡單、現成，但是，如果不是經過一番修行參究始得，焉得真功德受用？現在我終於明白不能明說的道理了。因為即使明白地告訴了答案，沒有功德受用現前，一定不能信受，反過來會誹謗而造了一闡提的大罪業。所以諸佛菩薩告誡：善護此密意。實在是慈悲，意義深重。

二、體驗真心的不入六塵（無住心）：到市場買花、水果，直接走到目的地，……（此段省略不載）。

三、從我報名禪三開始，弟弟就開始護持我，每天持楞嚴咒、金剛經，和每週拜一部水懺的功德，都迴向給我能順利參加禪三。接到通知後，更是改為每天加拜一部水懺，直至解三。家母亦是每天楞嚴咒及大悲咒迴向護持，所以當我告訴他們：我過關了。弟弟喜極而泣（我們有約定：破參後要出家，弘揚此法），母親亦喜極而泣，她說：「寧願當翁銘紳的母親，也不願意當陳水扁的媽媽。」改天弟弟要入禪三時，我也會同樣地護持。

四、現在坊間的佛法，真的是被扭曲得慘不忍睹，家弟自從在台南聽了導師講演的《心經密意》後，非常信受，研讀了導師的著作後，有條理的歸納分析老師所講的解脫道與佛菩提道。由於他口才好，思路清晰，能舉一反三，與家父辯了三回，家父默然而退，從此不敢再與弟弟討論佛法（雖然對導師的法還是不信受，但亦不敢誹謗）；與釋西定法師（留日博士，與印順派有淵源）幾回合討論下來，發現他們的知見真的是錯得一塌糊塗，同時亦知道當今台灣佛教內醜陋的一面；我們姊弟非常痛心，決定要以弘揚正法、摧邪顯正為今生之職志（請勿見笑我們不自量力）。

五、此次弟子能破參，全是佛菩薩的加被及導師所賜，想到我何德何能，而能入七住菩薩位，斷三縛結而永不入三惡道，此恩此德實難酬報。

惟願

生生世世追隨導師，奉獻身心於正法，報答佛恩、師恩，

惟願

佛菩薩、導師不捨。

南無本師釋迦牟尼佛（三稱三歸）！

弟子 翁銘紳 頂禮

二〇〇二年十一月二十五日

附錄三：眼見佛性之見道報告一篇

見性報告

—邱正鳳—

一心頂禮本師釋迦牟尼佛
一心頂禮禪三期間諸佛、菩薩、護法龍天
一心頂禮主三和尚蕭平實導師
一心頂禮監香老師及諸護三菩薩

這次的禪三，實在感恩諸佛菩薩的加被，以及蕭導師的慈悲接引，還有親教師一直以來的教導及鼓勵，才得以讓我在此次的禪三護三工作中，毫無準備的情況下，能眼見佛性。

自從二〇〇一年四月禪三破參明心至今，已一年半。這期間除了按時上每週二導師所主講的《楞嚴經》外，還有隔週六上的老參班課程《大智度論》，其他時間皆以導師及親教師所叮嚀的話來做功夫。每天早上的發願、拜佛、迴向及懺悔，雖然因為要趕著上班，所以拜佛的時間不長，但仍儘量做到；並於日常行、住、坐、臥中，時時將話頭帶住，來增長功夫。

也因為有感於自己在禪三參禪時，受護三菩薩們的辛勞護持，所以回來後連著二次報名護三，希望能有所回報，但皆無因緣錄取；直到這回第三次報名護三，才在禪三前幾天被通知錄取了，心裏好高興。

在護三會議時，也因為第一次參加，不瞭解狀況，反應較慢，所以很多工作皆由其他護三義工先行舉手認定，而待張老師問有沒有人願擔任糾察時，看看只有莊師姊舉手，就自然的舉手加入；雖然當時連糾察工作是做什麼都不清楚，但就在導師及張老師的認可下，完成分配工作。

到了禪三道場—慈願寺，因為是第一天，所以有很多的整理、歸位等工作，也由於尚未起三，所以先幫李訓仁師姊一起做一些指標、告示牌的工作，稍晚則幫莊師姊準備一些供佛用的供桌、供佛水的工作。雖然是護三，但是仍不敢稍有懈怠，話頭還是牢牢帶著。接著起三、過堂，晚上導師開示精彩的公案，欲罷不能，直到十點多才結束。開示結束後，把握時間留在大殿中拜佛，待梳洗完畢，已近午夜十二點鐘了。

第二天凌晨四點鐘，莊師姊即準時來叫醒我及劉金秀英師姊，讓我們幫忙擦大殿供桌，及上供果、供佛水，心中也因為有此殊勝因緣而感動莫名。一切就緒，已經快四點半了，這時學員也都陸續進入大殿，便是一天的開始；也由於擔任糾察的緣故，所以不敢輕忽大意，一直在大殿執行規矩，導師也一大早進大殿觀察學員參禪的情形。承蒙導師關愛，經過我身旁時問我平常功夫做得怎麼樣？回答：「還好！」導師又說：「還好，是不是『不怎麼好』？」我趕緊回答：「也不是。」導師又問：「話頭看出去，有沒有很○○？」雖回答有，但表達得不是很好。導師慈悲的吩咐我：雖然做糾察的工作，仍可利用某些時間多拜佛、做功夫；在大殿中看話頭，話頭放出去時，就往學員身上看。有了導師的鼓勵，就更加攝心做功夫了。

第三天，糾察的工作仍然如昨天一樣與林師兄分配，上午由他來負責安排學員小參，下午由我負責，所以有時可以利用時間到大殿外看話頭；進大殿禮佛時，就將無相念佛的念融入拜佛中。

中午學員過堂後，導師還特別下來看看我們護三的義工，並在我們桌旁指著許師姊及另一位義工師姊還有我，要找時間禮佛用功，看看有沒有機會過第二關。當時心裏還真有點兒不敢相信，因為來護三之前，心裏根本連想都沒有想過會有如此機緣。心裏不敢多想，還是做功夫要緊。

下午，導師小參休息時經過大殿，看我坐在大殿門邊蒲團上往外看話頭，慈悲的示意，叫我出去外面看；但因當時糾察工作輪到我，所以跟導師點頭示意：知道了！待晚齋過堂前，再利用時間到外面看話頭。

第四天早上禮佛後，出大殿看話頭，坐在走廊邊看樹，眼淚卻不自主的流出，拭了又流；心想：「再流淚，怎麼看得清楚？」剛拭完眼淚，剛好導師走過來，在旁邊木頭上坐下來問我：「怎麼樣？看得怎麼樣？除了看得○○、○○外，還要看得很○○。」還沒回答，眼淚就止不住的直流，掩不住的激動。

導師見我如此，有些嚴肅的告訴我：「眼見佛性這一關，不像明心一樣可以悟後再幫你們整理。見性要在總相上見，如同打牌九一樣，一翻兩瞪眼：在當下，見到就見到，看不到就永遠看不到，事後沒辦法再補救的。如果覺得功夫還不夠，可以半年後再來，沒關係，千萬不要冒險。」當時也沒多想，就告訴導師：「我要試試看，但是晚一點。」導師點點頭說：「好！那就晚一點兒，待下午小參結束時再看看。」滿臉淚水，趕緊回寮房拿了毛巾洗臉去，也讓心情平復，再繼續用功。

回大殿才剛拜下，莊師姊即彈指告之：「導師要你拜佛四、五十分鐘後，出去看話頭：不要○○○，去○○、○○看二十分鐘，再進來拜佛作功夫。」知道後，依照導師所指示的方式去看話頭。走下大殿，放眼望去，一切都變得好○○、好○○，不禁往下走，看一切的草、木，皆○○、○○，也體會到導師所說的話，打心裏不由自主的輕鬆愉悅起來。下午跟林師兄只說明要繼續作功夫，所以麻煩他來配合監香老師安排學員進小參室。非常感謝林師兄一口答應，並要我繼續用功加油。

很快的，下午的小參結束了，進入解三的儀軌，蒙山施食法會正要開始，就聽到導師叫我到大殿外等；導師也沒時間卸下海青與菩薩衣，指示我到大殿外去；跟著導師走下大殿前的階梯時，心裏才開始有些緊張；到了大殿外的廣場時，導師問我：「佛陀○○○○？」一時緊張，望著導師，答不出來。導師叫我不要緊張，放輕鬆，才想到回答：「○○○。」接著導師的引導以後，又用竹如意指著樹葉叫我再看！一剎那間一念相應，遍身皆發。

接著導師又叫我看花：「從花上見到自己的佛性如此清楚，如果地上有狗屎，可否從狗屎上看見自己的佛性？！」聽了這句問話，也是猛點頭，心裏很激動，眼淚又止不住的流下；接著導師又指著天邊的明月，問我佛性看得清楚嗎？然後又說要讓我看特別的東西，就叫我仔細的看著停在車門上的小飛蛾，我正專心的看著牠，導師緩緩的用竹如意去輕輕碰牠一下，小飛蛾就突然飛了起來；**天呀！太神奇了！從牠身上清楚的看見自己的佛性**，趕緊向導師禮拜感謝；拜下時，鼻碰地時聞到泥土的味道，而耳根亦聽到法會進行唱頌的聲音，吞下口水時舌根的微淡味道，竹如意碰到手臂的觸覺，真是一根見、六根俱見，心裏的撼動，實在無法形容。導師並囑咐：回家後沖澡，以後再告訴他。於是到大殿禮佛感恩，並在大家的道賀聲中，結束此次的禪三。

回到家，迫不及待的先沖澡；進了浴室，拿著蓮蓬頭，由頭上往下淋，從頭到腳，每個毛細孔都沉浸在強烈的佛性覺受中；真不可思議，那麼的清楚、明白，洗完後，更是無始以來的輕鬆、喜悅。

弟子此次能夠眼見佛性，完全感恩蕭導師的慈悲引導，弟子願以此**眼見佛性**的功德，迴向給導師，希望導師能健康長壽、長久住世，帶領有緣眾生來學習正法、弘揚正法，摧邪顯正，以助有緣眾生一樣悟明心性，共成佛道。

阿彌陀佛！

菩薩戒學子 **邱正鳳** 合十頂禮

公元二〇〇二年十一月二十六日

後記：禪三後，無意中看到出自《楞嚴經》的兩句經文，對於此次見性的體悟說得更貼切：

燈能顯色，如是「見」者，是眼非燈；

眼能見色，如是「見」性，是心非眼。

【對於想要在菩薩法道上迅速成就的人，不論是還沒有見道的人，或是已經明心及至見性的人，都應該依止善知識如法求受菩薩戒而獲得戒體，以增益自己未來無量世的道業。目前台灣佛教界有許多道場（包括法鼓山在內），否定菩薩戒戒體所依的菩薩藏—否定如來藏阿賴耶識真心，或已實地習行西藏密宗邪淫的雙身法，或犯未證言證的大妄語，都是嚴重毀破菩薩十重戒，他們實質上都已喪失聲聞戒及菩薩戒的戒體了！在這些佛道場中求受菩薩戒，都無法獲得菩薩戒的正受。想要求受菩薩戒的佛弟子應先探明傳戒者沒有上述毀戒的情形，方可前往求受；或者亦可直接參加正覺同修會每兩年一次菩薩戒的傳授（本會印行本書之時尚未開始傳受菩薩戒，故在書中推薦前往法鼓山求受菩薩戒）。2008/6/16】

佛菩提二主要道次第概要表——二道並修，以外無別佛法

佛菩提道——大菩提道

十信位修集信心 —— 一劫乃至一萬劫

資糧位

- 初住位修集布施功德（以財施爲主）。
- 二住位修集持戒功德。
- 三住位修集忍辱功德。
- 四住位修集精進功德。
- 五住位修集禪定功德。
- 六住位修集般若功德（熏習般若中觀及斷我見，加行位也）。

外門廣修六度萬行

遠波羅蜜多

見道位

- 七住位明心般若正觀現前，親證本來自性清淨涅槃。
- 八住位起於一切法現觀般若中道。漸除性障。
- 十住位眼見佛性，世界如幻觀成就。
- 一至十行位，於廣行六度萬行中，依般若中道慧，現觀陰處界猶如陽焰，至第十行滿心位，陽焰觀成就。
- 一至十迴向位熏習一切種智；修除性障，唯留最後一分思惑不斷。第十迴向滿心位成就菩薩道如夢觀。

內門廣修六度萬行

初地：第十迴向位滿心時，成就道種智一分（八識心王一一親證後，領受五法、三自性、七種第一義、七種性自性、二種無我法）復由勇發十無盡願，成通達位菩薩。復又永伏性障而不具斷，能證慧解脫而不取證，由大願故留惑潤生。此地主修法施波羅蜜多及百法明門。證「猶如鏡像」現觀，故滿初地心。

二地：初地功德滿足以後，再成就道種智一分而入二地；主修戒波羅蜜多及一切種智。滿心位成就「猶如光影」現觀，戒行自然清淨。

解脫道：二乘菩提

斷三縛結，成初果解脫 → 薄貪瞋癡，成二果解脫 → 斷五下分結，成三果解脫

入地前的四加行令煩惱障現行悉斷，成四果解脫，留惑潤生。分段生死已斷，煩惱障習氣種子開始斷除，兼斷無始無明上煩惱。

圓滿成就究竟佛果

近波羅蜜多

大波羅蜜多

圓滿波羅蜜多

修道位

三地：二地滿心再證道種智一分，故入三地。此地主修忍波羅蜜多及四禪八定、四無量心、五神通。能成就俱解脫果而不取證，留惑潤生。滿心位成就「猶如谷響」現觀及無漏妙定意生身。

四地：由三地再證道種智一分故入四地。主修精進波羅蜜多，於此土及他方世界廣度有緣，無有疲倦。進修一切種智，滿心位成就「如水中月」現觀。

五地：由四地再證道種智一分故入五地。主修禪定波羅蜜多及一切種智，斷除下乘涅槃貪。滿心位成就「變化所成」現觀。

六地：由五地再證道種智一分故入六地。此地主修般若波羅蜜多——依道種智現觀十二因緣一一有支及意生身化身，皆自心眞如變化所現，「非有似有」，成就細相觀，不由加行而自然證得滅盡定，成俱解脫大乘無學。

七地：由六地「非有似有」現觀，再證道種智一分故入七地。此地主修一切種智及方便波羅蜜多，由重觀十二有支一一支中之流轉門及還滅門一切細相，成就方便善巧，念念隨入滅盡定。滿心位證得「如犍闥婆城」現觀。

八地：由七地極細相觀成就故再證道種智一分而入八地。此地主修一切種智及願波羅蜜多。至滿心位純無相觀任運恆起，故於相土自在，滿心位復證「如實覺知諸法相意生身」故。

九地：由八地再證道種智一分故入九地。主修力波羅蜜多及一切種智，成就四無礙，滿心位證得「種類俱生無行作意生身」。

十地：由九地再證道種智一分故入此地。此地主修一切種智——智波羅蜜多。滿心位起大法智雲，及現起大法智雲所含藏種種功德，成受職菩薩。

究竟位

等覺：由十地道種智成就故入此地。此地應修一切種智，圓滿等覺地無生法忍；於百劫中修集極廣大福德，以之圓滿三十二大人相及無量隨形好。

妙覺：示現受生人間已斷盡煩惱障一切習氣種子，並斷盡所知障一切隨眠，永斷變易生死無明，成就大般涅槃，四智圓明。人間捨壽後，報身常住色究竟天利樂十方地上菩薩；以諸化身利樂有情，永無盡期，成就究竟佛道。

七地滿心斷除故意保留之最後一分思惑時，煩惱障所攝色、受、想三陰有漏習氣種子全部斷盡。 →

煩惱障所攝行、識二陰無漏習氣種子任運漸斷，所知障所攝上煩惱任運漸斷。 →

斷盡變易生死成就大般涅槃

佛子蕭平實 謹製
（二〇〇九、〇二 修訂）
（二〇一一、〇二 增補）

佛教正覺同修會〈修學佛道次第表〉

第一階段
* 以憶佛及拜佛方式修習動中定力。
* 學第一義佛法及禪法知見。
* 無相拜佛功夫成就。
* 具備一念相續功夫—動靜中皆能看話頭。
* 努力培植福德資糧，勤修三福淨業。

第二階段
* 參話頭，參公案。
* 開悟明心，一片悟境。
* 鍛鍊功夫求見佛性。
* 眼見佛性〈餘五根亦如是〉親見世界如幻，成就如幻觀。
* 學習禪門差別智。
* 深入第一義經典。
* 修除性障及隨分修學禪定。
* 修證十行位陽焰觀。

第三階段
* 學一切種智真實正理—楞伽經、解深密經、成唯識論…。
* 參究末後句。
* 解悟末後句。
* 透牢關—親自體驗所悟末後句境界，親見實相，無得無失。
* 救護一切眾生迴向正道。護持了義正法，修證十迴向位如夢觀。
* 發十無盡願，修習百法明門，親證猶如鏡像現觀。
* 修除五蓋，發起禪定。持一切善法戒。親證猶如光影現觀。
* 進修四禪八定、四無量心、五神通。進修大乘種智，求證猶如谷響現觀。

佛教正覺同修會 共修現況 及 招生公告　2023/02/14

一、共修現況：（請在共修時間來電，以免無人接聽。）

台北正覺講堂 103 台北市承德路三段 277 號九樓 捷運淡水線圓山站旁
Tel..總機 02-25957295（晚上）（**分機：九樓**辦公室 10、11；知客櫃檯 12、13。 **十樓**知客櫃檯 15、16；書局櫃檯 14。 **五樓**辦公室 18；知客櫃檯 19。**二樓**辦公室 20；知客櫃檯 21。）
Fax..25954493

第一講堂 台北市承德路三段 277 號九樓

禪淨班：週一晚班、週三晚班、週四晚班、週五晚班、週六下午班、週六上午班（共修期間二年半，全程免費。皆須報名建立學籍後始可參加共修，欲報名者詳見本公告末頁。）

增上班：**成唯識論釋**：單週六晚班。雙週六晚班（重播班）。17.50～20.50。平實導師講解，2022 年 2 月末開講，預定六年內講完，僅限已明心之會員參加。

禪門差別智：每月第一週日全天 平實導師主講（事冗暫停）。

解深密經詳解 本經從六度波羅蜜多談到八識心王，再詳論大乘見道所證眞如，然後論及悟後進修的相見道位所觀七眞如，以及入地後的十地所修，乃至成佛時的四智圓明一切種智境界，皆是可修可證之法，流傳至今依舊可證，顯示佛法眞是義學而非玄談，淺深次第皆所論及之第一義諦妙義。已於 2021 年三月下旬起開講，由平實導師詳解。每逢週二晚上開講，第一至第六講堂都可同時聽聞，歡迎菩薩種性學人，攜眷共同參與此殊勝法會現場聞法，不限制聽講資格。本會學員憑上課證進入第一至第四講堂聽講，會外學人請以身分證件換證進入聽講（此為大樓管理處安全管理規定之要求，敬請諒解）；第五及第六講堂（B1、B2）對外開放，不需出示任何證件，請由大樓側門直接進入。

第二講堂 台北市承德路三段 267 號十樓。

禪淨班：週一晚班。

進階班：週三晚班、週四晚班、週五晚班、週六早班、週六下午班。禪淨班結業後轉入共修。

增上班：**成唯識論釋**：單週六晚班，影音同步傳播。雙週六晚班（重播班）

解深密經詳解：平實導師講解。每週二 18.50~20.50 影像音聲即時傳輸。

第三講堂 台北市承德路三段 277 號五樓。

禪淨班：週六下午班。

增上班：**成唯識論釋**：單週六晚班，影音同步傳播。雙週六晚班（重播班）

進階班：週一晚班、週三晚班、週四晚班、週五晚班。

解深密經詳解：平實導師講解。每週二 18.50~20.50 影像音聲即時傳輸。

第四講堂　台北市承德路三段 267 號二樓。

進階班：週一晚班、週三晚班、週四晚班（禪淨班結業後轉入共修）。

解深密經詳解：平實導師講解。每週二 18.50~20.50 影像音聲即時傳輸。

第五、第六講堂

念佛班　每週日晚上，第六講堂共修（B2），一切求生極樂世界的三寶弟子皆可參加，不限制共修資格。

進階班：週一晚班、週三晚班、週四晚班。

解深密經詳解：平實導師講解。每週二 18.50~20.50 影像音聲即時傳輸。第五、第六講堂爲**開放式講堂**，不需以身分證件換證即可進入聽講，台北市承德路三段 267 號地下一樓、地下二樓。每逢週二晚上講經時段開放給會外人士自由聽經，請由大樓側面梯階逕行進入聽講。**聽講者請尊重講者的著作權及肖像權，請勿錄音錄影，以免違法；若有錄音錄影被查獲者，將依法處理。**

第七講堂　台北市承德路三段 267 號六樓。

解深密經詳解：平實導師講解。每週二 18.50~20.50 影像音聲即時傳輸。

正覺祖師堂　大溪區美華里信義路 650 巷坑底 5 之 6 號（台 3 號省道 34 公里處 妙法寺對面斜坡道進入）電話 03-3886110　傳眞 03-3881692 本堂供奉 克勤圓悟大師，專供會員每年四月、十月各三次精進禪三共修，兼作本會出家菩薩掛單常住之用。開放參訪日期請參見本會公告。教內共修團體或道場，得另申請其餘時間作團體參訪，務請事先與常住確定日期，以便安排常住菩薩接引導覽，亦免妨礙常住菩薩之日常作息及修行。

桃園正覺講堂（第一、第二講堂）：桃園市介壽路 286、288 號 10 樓（陽明運動公園對面）電話：03-3749363（請於共修時聯繫，或與台北聯繫）

禪淨班：週一晚班（1）、週一晚班（2）、週三晚班、週四晚班、週五晚班。

進階班：週四晚班、週五晚班、週六上午班。

增上班：成唯識論釋。雙週六晚班（增上重播班）。

解深密經詳解：平實導師講解。每週二晚上，以台北正覺講堂所錄 DVD 放映；歡迎會外學人共同聽講，不需出示身分證件。

新竹正覺講堂　新竹市東光路 55 號二樓之一　電話 03-5724297（晚上）

第一講堂：

禪淨班：週五晚班。

進階班：週三晚班、週四晚班、週六上午班。由禪淨班結業後轉入共修

增上班：成唯識論釋。單週六晚班。雙週六晚班（重播班）。

解深密經詳解：平實導師講解。每週二晚上，以台北正覺講堂所錄 DVD 放映。歡迎會外學人共同聽講，不需出示身分證件。

第二講堂：

禪淨班：週一晚班、週三晚班、週四晚班、週六上午班。

解深密經詳解：每週二晚上與第一講堂同步播放講經 DVD。

第三、第四講堂：裝修完畢，已經啓用。

台中正覺講堂　04-23816090（晚上）

第一講堂　台中市南屯區五權西路二段 666 號 13 樓之四（國泰世華銀行樓上。鄰近縣市經第一高速公路前來者，由五權西路交流道可以快速到達，大樓旁有停車場，對面有素食館）。

禪淨班：週四晚班、週五晚班。

進階班：週一晚班、週三晚班、週六上午班（由禪淨班結業後轉入共修）。

增上班：成唯識論釋。單週六晚班。雙週六晚班（重播班）。

解深密經詳解：平實導師講解。每週二晚上，以台北正覺講堂所錄 DVD 放映。歡迎會外學人共同聽講，不需出示身分證件。

第二講堂　台中市南屯區五權西路二段 666 號 4 樓

禪淨班：週一晚班、週三晚班。

第三講堂台中市南屯區五權西路二段 666 號 4 樓

禪淨班：週一晚班。

第四講堂台中市南屯區五權西路二段 666 號 4 樓。

進階班：週一晚班、週四晚班、週六上午班，由禪淨班結業後轉入共修

解深密經詳解：每週二晚上與第一講堂同步播放講經 DVD。

嘉義正覺講堂　嘉義市友愛路 288 號八樓之一　電話：05-2318228

第一講堂：

禪淨班：週四晚班、週五晚班、週六上午班。

進階班：週一晚班、週三晚班（由禪淨班結業後轉入共修）。

增上班：成唯識論釋。單週六晚班。雙週六晚班（重播班）。

解深密經詳解：平實導師講解。每週二晚上，以台北正覺講堂所錄 DVD 放映。歡迎會外學人共同聽講，不需出示身分證件。

第二講堂　嘉義市友愛路 288 號八樓之二。

第三講堂　嘉義市友愛路 288 號四樓之七。

禪淨班：週一晚班、週三晚班。

台南正覺講堂

第一講堂　台南市西門路四段 15 號 4 樓。06-2820541（晚上）

禪淨班：週一晚班、週三晚班、週四晚班、週五晚班、週六下午班。

增上班：成唯識論釋。單週六晚班。雙週六晚班（重播班）。

解深密經詳解：平實導師講解。每週二晚上，以台北正覺講堂所錄 DVD 放映。歡迎會外學人共同聽講，不需出示身分證件。

第二講堂　台南市西門路四段 15 號 3 樓。

解深密經詳解：每週二晚上與第一講堂同步播放講經 DVD。

第三講堂　台南市西門路四段 15 號 3 樓。

進階班：週一晚班、週三晚班、週四晚班、週五晚班（由禪淨班結業後轉入共修）。

解深密經詳解：每週二晚上與第一講堂同步播放講經 DVD。

高雄正覺講堂　高雄市新興區中正三路 45 號五樓 07-2234248（晚上）

第一講堂（五樓）：

禪淨班：週一晚班、週三晚班、週四晚班、週五晚班、週六上午班。

增上班：**成唯識論釋**。單週六晚班。雙週六晚班（重播班）。

解深密經詳解：平實導師講解。每週二晚上，以台北正覺講堂所錄 DVD 放映。歡迎會外學人共同聽講，不需出示身分證件。

第二講堂（四樓）：

進階班：週三晚班、週四晚班、週六上午班（由禪淨班結業後轉入共修）。

解深密經詳解：每週二晚上與第一講堂同步播放講經 DVD。

第三講堂（三樓）：

進階班：週四晚班（由禪淨班結業後轉入共修）。

香港正覺講堂

香港新界葵涌打磚坪街 93 號維京科技商業中心A 座 18 樓。

電話：(852) 23262231

英文地址：18/F, Tower A, Viking Technology & Business Centre, 93 Ta Chuen Ping Street, Kwai Chung, N.T., Hong Kong.

禪淨班：單週六下午班、雙週六下午班、單週日上午班、單週日下午班、雙週日上午班。

進階班：雙週六、日上午班（由禪淨班結業後轉入共修）。

增上班：每月第一雙週日下午及晚上班，以台北增上班課程錄成 DVD 放映之。

增上重播班：每月第二雙週日下午及晚上班，以台北增上班課程錄成 DVD 放映之。

不退轉法輪經詳解：平實導師講解。每週六、日 19:00～21:00，以台北正覺講堂所錄 DVD 放映；歡迎會外學人共同聽講，不需出示身分證件。

二、招生公告 **本會台北講堂及全省各講堂、香港講堂，每逢四月、十月下旬開新班，每週共修一次**（每次二小時。開課日起三個月內仍可插班）；**各班共修期間皆為二年半，全程免費，欲參加者請向本會函索報名表**（各共修處皆於共修時間方有人執事，非共修時間請勿電詢或前來洽詢、請書），**或直接從本會官方網站**

(http://www.enlighten.org.tw/newsflash/class)**或成佛之道網站下載報名表**。共修期滿時，若經報名禪三審核通過者，可參加四天三夜之禪三精進共修，有機會明心、取證如來藏，發起般若實相智慧，成為實義菩薩，脫離凡夫菩薩位。

三、新春禮佛祈福 農曆**年假**期間停止共修：自農曆新年前七天起停止共修與弘法，正月 8 日起回復共修、弘法事務。新春期間正月初一～初七 9.00～17.00 開放台北講堂、正月初一~初三開放新竹、台中、嘉義、台南、高雄講堂，以及大溪禪三道場（正覺祖師堂），方便會員供佛、祈福及會外人士請書。

密宗四大派修雙身法，是外道性力派的邪法；又以生滅的識陰作為常住法，是常見外道，是假的藏傳佛教。

西藏覺囊巴以他空見弘揚第八識如來藏勝法，才是真藏傳佛教

佛教正覺同修會　弘法行事表

2022/04/25

1、**禪淨班**　以無相念佛及拜佛方式修習動中定力，實證一心不亂功夫。傳授解脫道正理及第一義諦佛法，以及參禪知見。共修期間：二年六個月。每逢四月、十月開新班，詳見招生公告表。

2、**進階班**　禪淨班畢業後得轉入此班，進修更深入的佛法，期能證悟明心。各地講堂各有多班，繼續深入佛法、增長定力，悟後得轉入增上班修學道種智，期能證得無生法忍。

3、**增上班 成唯識論**詳解　詳解八識心王的唯識性、唯識相、唯識位，分說八識心王及其心所各別的自性、所依、所緣、相應心所、行相、功用等，並闡述緣生諸法的四緣：因緣、等無間緣、所緣緣、增上緣等四緣，並論及十因五果等。論中闡釋**佛法實證及成就的根本法即是第八識，由第八識成就三界世間及出世間的一切染淨諸法，方有成佛之道可修、可證、可成就，名為圓成實性**。然後詳解末法時代學人極易混淆的見道位所函蓋的眞見道、相見道、通達位等內容，指正末法時代高慢心一類學人，於見道位前後不斷所墮的同一邪謬處。末後開示修道位的十地之中，各地所應斷的二愚及所應證的一智，乃至佛位的四智圓明及具足四種涅槃等一切種智之眞實正理。由平實導師講述，每逢一、三、五週之週末晚上開示，每逢二、四週之週末為重播班，供作後悟之菩薩補聞所未聽聞之法。增上班課程僅限已明心之會員參加。未來每逢講完十分之一內容時，便予出書流通；總共十輯，敬請期待。（註：《瑜伽師地論》從 2003 年二月開講，至 2022 年 2 月 19 日已經圓滿，為期 18 年整。）

4、**解深密經**詳解　本經所說妙法極為甚深難解，非唯論及佛法中心主旨的八識心王及般若實證之標的，亦論及眞見道之後轉入相見道位中應該修學之法，即是七眞如之觀行內涵，然後始可入地。亦論及見道之後，如何與解脫及佛菩提智相應，兼論十地進修之道，末論如來法身及四智圓明的一切種智境界。如是眞見道、相見道、諸地修行之義，傳至今時仍然可證，顯示佛法眞是義學而非玄談或思想，有實證之標的與內容，非學術界諸思惟研究者之所能到，乃是離言絕句之第八識第一義諦妙義。重講本經之目的，在於令諸已悟之人明解大乘佛法之成佛次第，以及悟後進修一切種智之內涵，確實證知三種自性性，並得據此證解七眞如、十眞如等正理，成就三無性的境界。已於 2021 年三月下旬起每逢週二的晚上公開宣講，由平實導師詳解。不限制聽講資格。

5、**精進禪三**　主三和尚：平實導師。於四天三夜中，以克勤圓悟大師及大慧宗杲之禪風，施設機鋒與小參、公案密意之開示，幫助會員剋期取證，親證不生不滅之眞實心——人人本有之如來藏。每年四月、十月各舉辦三個梯次；平實導師主持。僅限本會會員參加禪淨班共修期滿，報名審核通過者，方可參加。並選擇會中定力、慧力、福德三條件皆已具足之已明心會員，給以指引，令得眼見自己無形無相之佛性遍佈山河大地，眞實而無障礙，得以肉眼現觀世界身心悉皆如幻，具足成就如幻觀，圓滿十住菩薩之證境。

6、**阿含經**詳解　選擇重要之阿含部經典，依無餘涅槃之實際而加以詳解，令大眾得以現觀諸法緣起性空，亦復不墮斷滅見中，顯示經中所隱說之涅槃實際—如來藏—確實已於四阿含中隱說；令大眾得以聞後觀行，確實斷除我見乃至我執，證得**見到**眞現觀，乃至**身證**……等眞現觀；已得大乘或二乘見道者，亦可由此聞熏及聞後之觀行，除斷我所之貪著，成就慧解脫果。由平實導師詳解。不限制聽講資格。

7、**精選如來藏系經典**詳解　精選如來藏系經典一部，詳細解說，以此完全印證會員所悟如來藏之眞實，得入不退轉住。另行擇期詳細解說之，由平實導師講解。僅限已明心之會員參加。

8、**禪門差別智**　藉禪宗公案之微細淆訛難知難解之處，加以宣說及剖析，以增進明心、見性之功德，啓發差別智，建立擇法眼。每月第一週日全天，由平實導師開示，僅限破參明心後，復又眼見佛性者參加(事冗暫停)。

9、**枯木禪**　先講智者大師的《小止觀》，後說《釋禪波羅蜜》，詳解四禪八定之修證理論與實修方法，細述一般學人修定之邪見與岔路，及對禪定證境之誤會，消除枉用功夫、浪費生命之現象。已悟般若者，可以藉此而實修初禪，進入大乘通教及聲聞教的三果心解脫境界，配合應有的大福德及後得無分別智、十無盡願，即可進入初地心中。親教師：平實導師。未來緣熟時將於正覺寺開講。不限制聽講資格。

註：本會例行年假，自 2004 年起，改爲每年農曆新年前七天開始停息弘法事務及共修課程，農曆正月 8 日回復所有共修及弘法事務。新春期間（每日 9.00~17.00）開放台北講堂，方便會員禮佛祈福及會外人士請書。大溪區的正覺祖師堂，開放參訪時間，詳見〈正覺電子報〉或成佛之道網站。本表得因時節因緣需要而隨時修改之，不另作通知。

佛教正覺同修會　贈閱書籍 目錄　　2021/8/30

1.**無相念佛**　平實導師著　回郵 36 元
2.**念佛三昧修學次第**　平實導師述著　回郵 52 元
3.**正法眼藏—護法集**　平實導師述著　回郵 76 元
4.**真假開悟簡易辨正法&佛子之省思**　平實導師著　回郵 26 元
5.**生命實相之辨正**　平實導師著　回郵 31 元
6.**如何契入念佛法門**（附：印順法師否定極樂世界）平實導師著　回郵 26 元
7.**平實書箋**—答元覽居士書　平實導師著　回郵 52 元
8.**三乘唯識**—如來藏系經律彙編　平實導師編　回郵 80 元
（精裝本　長 27 cm　寬 21 cm　高 7.5 cm　重 2.8 公斤）
9.**三時繫念全集**—修正本　回郵掛號 52 元（長 26.5 cm×寬 19 cm）
10.**明心與初地**　平實導師述　回郵 31 元
11.**邪見與佛法**　平實導師述著　回郵 36 元
12.**甘露法雨**　平實導師述　回郵 36 元
13.**我與無我**　平實導師述　回郵 36 元
14.**學佛之心態**—修正錯誤之學佛心態始能與正法相應　孫正德老師著　回郵52元
附錄：平實導師著**《略說八、九識並存…等之過失》**
15.**大乘無我觀**—《悟前與悟後》別說　平實導師述著　回郵 36 元
16.**佛教之危機**—中國台灣地區現代佛教之真相（附錄：公案拈提六則）
平實導師著　回郵 52 元
17.**燈　影**—燈下黑（覆「求教後學」來函等）　平實導師著　回郵 76 元
18.**護法與毀法**—覆上平居士與徐恒志居士網站毀法二文
張正圜老師著　回郵 76 元
19.**淨土聖道**—兼評**選擇本願念佛**　正德老師著　**由正覺同修會購贈** 回郵 52 元
20.**辨唯識性相**—對「紫蓮心海《辯唯識性相》書中否定阿賴耶識」之回應
正覺同修會 台南共修處法義組 著　回郵 52 元
21.**假如來藏**—對法蓮法師《如來藏與阿賴耶識》書中否定阿賴耶識之回應
正覺同修會 台南共修處法義組 著　回郵 76 元
22.**入不二門**—公案拈提集錦 第一輯（於平實導師公案拈提諸書中選錄約二十則，
合輯爲一冊流通之）平實導師著　回郵 52 元
23.**真假邪說**—西藏密宗索達吉喇嘛《破除邪說論》真是邪說
釋正安法師著　上、下冊回郵各 52 元
24.**真假開悟**—真如、如來藏、阿賴耶識間之關係　平實導師述著　回郵 76 元
25.**真假禪和**—辨正釋傳聖之謗法謬說　孫正德老師著　回郵 76 元
26.**眼見佛性**—駁慧廣法師**眼見佛性的含義**文中謬說
游正光老師著　回郵 52 元

27.**普門自在**—公案拈提集錦 第二輯（於平實導師公案拈提諸書中選錄約二十則，合輯爲一冊流通之）平實導師著　回郵 52 元

28.**印順法師的悲哀**—以現代禪的質疑為線索　恒毓博士著　回郵 52 元

29.**識蘊真義**—現觀識蘊內涵、取證初果、親斷三縛結之具體行門。

—依《成唯識論》及《唯識述記》正義，略顯安慧《大乘廣五蘊論》之邪謬

平實導師著　回郵 76 元

30.**正覺電子報** 各期紙版本　免附回郵　每次最多函索三期或三本。

（已無存書之較早各期，不另增印贈閱）

31.**現代人應有的宗教觀**　蔡正禮老師 著　回郵 31 元

32.**遠惑趣道**—正覺電子報般若信箱問答錄　第一輯　回郵 52 元

33.**遠惑趣道**—正覺電子報般若信箱問答錄　第二輯　回郵 52 元

34.**確保您的權益**—器官捐贈應注意自我保護　游正光老師 著　回郵 31 元

35.**正覺教團電視弘法三乘菩提 DVD 光碟（一）**

由正覺教團多位親教師共同講述錄製 DVD 8 片，MP3 一片，共 9 片。有二大講題：一爲「三乘菩提之意涵」，二爲「學佛的正知見」。內容精闢，深入淺出，精彩絕倫，幫助大眾快速建立三乘法道的正知見，免被外道邪見所誤導。有志修學三乘佛法之學人不可不看。（製作工本費 100 元，回郵 52 元）

36.**正覺教團電視弘法 DVD 專輯（二）**

總有二大講題：一爲「三乘菩提之念佛法門」，一爲「學佛正知見（第二篇）」，由正覺教團多位親教師輪番講述，內容詳細闡述如何修學念佛法門、實證念佛三昧，以及學佛應具有的正確知見，可以幫助發願往生西方極樂淨土之學人，得以把握往生，更可令學人快速建立三乘法道的正知見，免於被外道邪見所誤導。有志修學三乘佛法之學人不可不看。（一套 17 片，工本費 160 元。回郵 76 元）

37.**喇嘛性世界**—揭開假藏傳佛教譚崔瑜伽的面紗　張善思 等人合著

由正覺同修會購贈　回郵 52 元

38.**假藏傳佛教的神話**—性、謊言、喇嘛教　張正玄教授編著

由正覺同修會購贈　回郵 52 元

39.**隨 緣**—理隨緣與事隨緣　平實導師述　回郵 52 元。

40.**學佛的覺醒**　正枝居士 著　回郵 52 元

41.**導師之真實義**　蔡正禮老師 著　回郵 31 元

42.**淺談達賴喇嘛之雙身法**—兼論解讀「密續」之達文西密碼

吳明芷居士 著　回郵 31 元

43.**魔界轉世**　張正玄居士 著　回郵 31 元

44.**一貫道與開悟**　蔡正禮老師 著　回郵 31 元

45.**博愛**—愛盡天下女人　正覺教育基金會 編印　回郵 36 元

46.**意識虛妄經教彙編**—實證解脫道的關鍵經文　正覺同修會編印　回郵 36 元

47.**邪箭囈語**—破斥藏密外道多識仁波切《破魔金剛箭雨論》之邪説

陸正元老師著　上、下冊回郵各 52 元

48.**真假沙門**—依　佛聖教闡釋佛教僧寶之定義

蔡正禮老師著　俟正覺電子報連載後結集出版

49.**真假禪宗**—藉評論釋性廣《印順導師對變質禪法之批判

及對禪宗之肯定》以顯示真假禪宗

附論一：凡夫知見　無助於佛法之信解行證

附論二：世間與出世間一切法皆從如來藏實際而生而顯

余正偉老師著　俟正覺電子報連載後結集出版　回郵未定

★ 上列贈書之郵資，係台灣本島地區郵資，大陸、港、澳地區及外國地區，請另計酌增（大陸、港、澳、國外地區之郵票不許通用）。尚未出版之書，請勿先寄來郵資，以免增加作業煩擾。

★ 本目錄若有變動，唯於後印之書籍及「成佛之道」網站上修正公佈之，不另行個別通知。

函索書籍請寄：佛教正覺同修會　103 台北市承德路 3 段 277 號 9 樓
台灣地區函索書籍者請附寄郵票，無時間購買郵票者可以等值現金抵用，但不接受郵政劃撥、支票、匯票。大陸地區得以人民幣計算，國外地區請以美元計算（請勿寄來當地郵票，在台灣地區不能使用）。欲以掛號寄遞者，請另附掛號郵資。

親自索閱：正覺同修會各共修處。　★請於共修時間前往取書，餘時無人在道場，請勿前往索取；共修時間與地點，詳見書末正覺同修會共修現況表（以近期之共修現況表為準）。

註：正智出版社發售之局版書，請向各大書局購閱。若書局之書架上已經售出而無陳列者，請向書局櫃台指定洽購；若書局不便代購者，請於正覺同修會共修時間前往各共修處請購，正智出版社已派人於共修時間送書前往各共修處流通。 郵政劃撥購書及　大陸地區　購書，請詳別頁正智出版社發售書籍目錄最後頁之說明。

成佛之道　網站：http://www.a202.idv.tw　正覺同修會已出版之結緣書籍，多已登載於　成佛之道　網站，若住外國、或住處遙遠，不便取得正覺同修會贈閱書籍者，可以從本網站閱讀及下載。

＊＊假藏傳佛教修雙身法，非佛教＊＊

正智出版社 籌募弘法基金發售書籍目錄　2022/12/27

1.**宗門正眼**—公案拈提 第一輯 重拈　平實導師著　500 元
因重寫內容大幅度增加故，字體必須改小，並增爲 576 頁 主文 546 頁。比初版更精彩、更有內容。初版《禪門摩尼寶聚》之讀者，可寄回本公司免費調換新版書。免附回郵，亦無截止期限。（2007 年起，每冊附贈本公司精製公案拈提〈超意境〉CD 一片。市售價格 280 元，多購多贈。）

2.**禪淨圓融**　平實導師著　200 元（第一版舊書可換新版書。）

3.**真實如來藏**　平實導師著　400 元

4.**禪—悟前與悟後**　平實導師著　上、下冊，每冊 250 元

5.**宗門法眼**—公案拈提 第二輯　平實導師著　500 元
（2007 年起，每冊附贈本公司精製公案拈提〈超意境〉CD 一片）

6.**楞伽經詳解**　平實導師著　全套共 10 輯　每輯 250 元

7.**宗門道眼**—公案拈提 第三輯　平實導師著　500 元
（2007 年起，每冊附贈本公司精製公案拈提〈超意境〉CD 一片）

8.**宗門血脈**—公案拈提 第四輯　平實導師著　500 元
（2007 年起，每冊附贈本公司精製公案拈提〈超意境〉CD 一片）

9.**宗通與說通**—成佛之道 平實導師著 主文 381 頁 全書 400 頁售價 300 元

10.**宗門正道**—公案拈提 第五輯　平實導師著　500 元
（2007 年起，每冊附贈本公司精製公案拈提〈超意境〉CD 一片）

11.**狂密與真密 一～四輯**　平實導師著　西藏密宗是人間最邪淫的宗教，本質不是佛教，只是披著佛教外衣的印度教性力派流毒的喇嘛教。此書中將西藏密宗密傳之男女雙身合修樂空雙運所有祕密與修法，毫無保留完全公開，並將全部喇嘛們所不知道的部分也一併公開。內容比大辣出版社喧騰一時的《西藏慾經》更詳細。並且函蓋藏密的所有祕密及其錯誤的中觀見、如來藏見……等，藏密的所有法義都在書中詳述、分析、辨正。每輯主文三百餘頁　每輯全書約 400 頁　售價每輯 300 元

12.**宗門正義**—公案拈提 第六輯　平實導師著　500 元
（2007 年起，每冊附贈本公司精製公案拈提〈超意境〉CD 一片）

13.**心經密意**—心經與解脫道、佛菩提道、祖師公案之關係與密意　平實導師述　300 元

14.**宗門密意**—公案拈提 第七輯　平實導師著　500 元
（2007 年起，每冊附贈本公司精製公案拈提〈超意境〉CD 一片）

15.**淨土聖道**—兼評「選擇本願念佛」　正德老師著　200 元

16.**起信論講記**　平實導師述著　共六輯　每輯三百餘頁　售價各 250 元

17.**優婆塞戒經講記**　平實導師述著 共八輯 每輯三百餘頁 售價各 250 元

18.**真假活佛**—略論附佛外道盧勝彥之邪說（對前岳靈犀網站主張「盧勝彥是證悟者」之修正）　正犀居士（岳靈犀）著　流通價 140 元

19.**阿含正義**—唯識學探源　平實導師著　共七輯　每輯 300 元

20.**超意境** CD 以平實導師公案拈提書中超越意境之頌詞，加上曲風優美的旋律，錄成令人嚮往的超意境歌曲，其中包括正覺發願文及平實導師親自譜成的黃梅調歌曲一首。詞曲雋永，殊堪翫味，可供學禪者吟詠，有助於見道。內附設計精美的彩色小冊，解說每一首詞的背景本事。每片 280 元。【每購買公案拈提書籍一冊，即贈送一片。】

21.**菩薩底憂鬱** CD 將菩薩情懷及禪宗公案寫成新詞，並製作成超越意境的優美歌曲。 1.主題曲〈菩薩底憂鬱〉，描述地後菩薩能離三界生死而迴向繼續生在人間，但因尚未斷盡習氣種子而有極深沈之憂鬱，非三賢位菩薩及二乘聖者所知，此憂鬱在七地滿心位方才斷盡；本曲之詞中所說義理極深，昔來所未曾見；此曲係以優美的情歌風格寫詞及作曲，聞者得以激發嚮往諸地菩薩境界之大心，詞、曲都非常優美，難得一見；其中勝妙義理之解說，已印在附贈之彩色小冊中。 2.以各輯公案拈提中直示禪門入處之頌文，作成各種不同曲風之超意境歌曲，值得玩味、參究；聆聽公案拈提之優美歌曲時，請同時閱讀內附之印刷精美說明小冊，可以領會超越三界的證悟境界；未悟者可以因此引發求悟之意向及疑情，眞發菩提心而邁向求悟之途，乃至因此眞實悟入般若，成眞菩薩。 3.正覺總持咒新曲，總持佛法大意；總持咒之義理，已加以解說並印在隨附之小冊中。本 CD 共有十首歌曲，長達 63 分鐘。每盒各附贈二張購書優惠券。每片 320 元。

22.**禪意無限** CD 平實導師以公案拈提書中偈頌寫成不同風格曲子，與他人所寫不同風格曲子共同錄製出版，幫助參禪人進入禪門超越意識之境界。盒中附贈彩色印製的精美解說小冊，以供聆聽時閱讀，令參禪人得以發起參禪之疑情，即有機會證悟本來面目而發起實相智慧，實證大乘菩提般若，能如實證知般若經中的眞實意。本 CD 共有十首歌曲，長達 69 分鐘，每盒各附贈二張購書優惠券。每片 320 元。

23.**我的菩提路**第一輯　釋悟圓、釋善藏等人合著　售價 300 元

24.**我的菩提路**第二輯　郭正益等人合著　售價 300 元

（初版首刷至第四刷，都可以寄來免費更換爲第二版，免附郵費）

25.**我的菩提路**第三輯　王美伶等人合著　售價 300 元

26.**我的菩提路**第四輯　陳晏平等人合著　售價 300 元

27.**我的菩提路**第五輯　林慈慧等人合著　售價 300 元

28.**我的菩提路**第六輯　劉惠莉等人合著　售價 300 元

29.**我的菩提路**第七輯　余正偉等人合著　售價 300 元

30.**鈍鳥與靈龜**—考證後代凡夫對大慧宗杲禪師的無根誹謗。

平實導師著 共 458 頁 售價 350 元

31.**維摩詰經講記** 平實導師述 共六輯 每輯三百餘頁 售價各 250 元

32.**真假外道**—破劉東亮、杜大威、釋證嚴常見外道見　正光老師著　200 元

33.**勝鬘經講記**—兼論印順《勝鬘經講記》對於《勝鬘經》之誤解。
平實導師述　共六輯　每輯三百餘頁　售價250元

34.**楞嚴經講記**　平實導師述　共15輯，每輯三百餘頁　售價300元

35.**明心與眼見佛性**—駁慧廣〈蕭氏「眼見佛性」與「明心」之非〉文中謬説
正光老師著　共448頁　售價300元

36.**見性與看話頭**　黃正倖老師　著，本書是禪宗參禪的方法論。
內文375頁，全書416頁，售價300元。

37.**達賴真面目**—玩盡天下女人　白正偉老師　等著　中英對照彩色精裝大本800元

38.**喇嘛性世界**—揭開假藏傳佛教譚崔瑜伽的面紗　張善思　等人著　200元

39.**假藏傳佛教的神話**—性、謊言、喇嘛教　正玄教授編著　200元

40.**金剛經宗通**　平實導師述　共九輯　每輯售價250元。

41.**空行母**—性別、身分定位，以及藏傳佛教。
珍妮·坎貝爾著　呂艾倫　中譯　售價250元

42.**末代達賴**—性交教主的悲歌　張善思、呂艾倫、辛燕編著　售價250元

43.**霧峰無霧**—給哥哥的信　辨正釋印順對佛法的無量誤解
游宗明　老師著　售價250元

44.**霧峰無霧**—第二輯—救護佛子向正道　細説釋印順對佛法的各類誤解
游宗明　老師著　售價250元

45.**第七意識與第八意識？**—穿越時空「超意識」
平實導師述　每冊300元

46.**黯淡的達賴**—失去光彩的諾貝爾和平獎
正覺教育基金會編著　每冊250元

47.**童女迦葉考**—論呂凱文〈佛教輪迴思想的論述分析〉之謬。
平實導師　著　定價180元

48.**人間佛教**—實證者必定不悖三乘菩提
平實導師　述，定價400元

49.**實相經宗通**　平實導師述　共八輯　每輯250元

50.**真心告訴您(一)**—達賴喇嘛在幹什麼？
正覺教育基金會編著　售價250元

51.**中觀金鑑**—詳述應成派中觀的起源與其破法本質
孫正德老師著　分爲上、中、下三冊，每冊250元

52.**藏傳佛教要義**—《狂密與真密》之簡體字版　平實導師　著　上、下冊
僅在大陸流通　每冊300元

53.**法華經講義**　平實導師述　共二十五輯　每輯三百餘頁　售價300元

54.**西藏「活佛轉世」制度**—附佛、造神、世俗法
許正豐、張正玄老師合著　定價150元

55.**廣論三部曲**　郭正益老師著　定價150元

56.**真心告訴您(二)**—達賴喇嘛是佛教僧侶嗎？
—補祝達賴喇嘛八十大壽
正覺教育基金會編著　售價300元

57.**次法**—實證佛法前應有的條件

張善思居士著　分爲上、下二冊，每冊 250 元

58.**涅槃**—解說四種涅槃之實證及內涵　平實導師著 上、下冊 各 350 元

59.**山法**—西藏關於他空與佛藏之根本論

篤補巴・喜饒堅贊著　　傑弗里・霍普金斯英譯

張火慶教授、呂艾倫老師中譯　精裝大本 1200 元

60.**佛藏經講義**　平實導師述　共二十一輯　每輯三百餘頁 售價 300 元。

61.**成唯識論**　大唐 玄奘菩薩所著鉅論。重新正確斷句，並以不同字體及標點符號顯示質疑文，令得易讀。全書 288 頁，精裝大本 400 元。

62.**大法鼓經講義**　平實導師述 2023 年 1 月 30 日開始出版　共六輯 每二個月出版一輯，每輯 300 元

63.**成唯識論釋**—詳解大唐玄奘菩薩所著《成唯識論》，平實導師述著。共十輯，於每講完一輯的分量以後即予出版，預計 2023 年五月出版第一輯，以後每七到九個月出版一輯，每輯 400 元。

64.**假鋒虛焰金剛乘**—揭示顯密正理，兼破索達吉師徒《般若鋒兮金剛焰》

釋正安法師著 簡體字版 即將出版 售價未定

65.**廣論之平議**—宗喀巴《菩提道次第廣論》之平議　正雄居士著

約二或三輯　俟正覺電子報連載後結集出版　書價未定

66.**不退轉法輪經講義** 平實導師講述　《大法鼓經講義》出版後發行

67.**八識規矩頌**詳解　○○居士 註解　出版日期另訂　書價未定。

68.**中觀正義**—註解平實導師《中論正義頌》。

○○法師（居士）著　出版日期未定　書價未定

69.**中論正義**—釋龍樹菩薩《中論》頌正理。

孫正德老師著　出版日期未定　書價未定

70.**中國佛教史**—依中國佛教正法史實而論。○○老師 著　書價未定。

71.**印度佛教史**—法義與考證。依法義史實評論印順《印度佛教思想史、佛教史地考論》之謬說　正偉老師著　出版日期未定　書價未定

72.**阿含經講記**—將選錄四阿含中數部重要經典全經講解之，講後整理出版。

平實導師述　約二輯　每輯 300 元　出版日期未定

73.**實積經講記** 平實導師述　每輯三百餘頁 優惠價 300 元 出版日期未定

74.**解深密經講義**　平實導師述 約四輯　將於重講後整理出版

75.**修習止觀坐禪法要講記**　平實導師述　每輯三百餘頁

將於正覺寺建成後重講、以講記逐輯出版　出版日期未定

76.**無門關**—《無門關》公案拈提　平實導師著　出版日期未定

77.**中觀再論**—兼述印順《中觀今論》謬誤之平議。正光老師著 出版日期未定

78.**輪迴與超度**—佛教超度法會之真義。

○○法師（居士）著　出版日期未定　書價未定

79.**《釋摩訶衍論》平議**—對偽稱龍樹所造《釋摩訶衍論》之平議

○○法師（居士）著　出版日期未定　書價未定

80.**正覺發願文**註解—以真實大願為因 得證菩提

正德老師著　出版日期未定　書價未定

81.**正覺總持咒**—佛法之總持　正圜老師著　出版日期未定　書價未定

82.**三自性**—依四食、五蘊、十二因緣、十八界法，說三性三無性。

作者未定　出版日期未定

83.**道品**—從三自性說大小乘三十七道品　作者未定　出版日期未定

84.**大乘緣起觀**—依四聖諦七真如現觀十二緣起 作者未定　出版日期未定

85.**三德**—論解脫德、法身德、般若德。　作者未定　出版日期未定

86.**真假如來藏**—對印順《如來藏之研究》謬說之平議　作者未定 出版日期未定

87.**大乘道次第**　作者未定　出版日期未定　書價未定

88.**四緣**—依如來藏故有四緣。　作者未定　出版日期未定

89.**空之探究**—印順《空之探究》謬誤之平議　作者未定 出版日期未定

90.**十法義**—論阿含經中十法之正義　作者未定　出版日期未定

91.**外道見**—論述外道六十二見　作者未定　出版日期未定

正智出版社有限公司　書籍介紹

禪淨圓融：言淨土諸祖所未曾言，示諸宗祖師所未曾示；禪淨圓融，另闢成佛捷徑，兼顧自力他力，闡釋淨土門之速行易行道，亦同時揭櫫聖教門之速行易行道；令廣大淨土行者得免緩行難證之苦，亦令聖道門行者得以藉著淨土速行道而加快成佛之時劫。乃前無古人之超勝見地，非一般弘揚禪淨法門典籍也，先讀爲快。平實導師著　200元。

宗門正眼—公案拈提第一輯：繼承克勤圜悟大師碧巖錄宗旨之禪門鉅作。先則舉示當代大法師之邪說，消弭當代禪門大師鄉愿之心態，摧破當今禪門「世俗禪」之妄談；次則旁通教法，表顯宗門正理；繼以道之次第，消弭古今狂禪；後藉言語及文字機鋒，直示宗門入處。悲智雙運，禪味十足，數百年來難得一睹之禪門鉅著也。平實導師著　500元（原初版書《禪門摩尼寶聚》，改版後補充爲五百餘頁新書，總計多達二十四萬字，內容更精彩，並改名爲《宗門正眼》，讀者原購初版《禪門摩尼寶聚》皆可寄回本公司免費換新，免附回郵，亦無截止期限）（2007年起，凡購買公案拈提第一輯至第七輯，每購一輯皆贈送本公司精製公案拈提〈超意境〉CD一片，市售價格280元，多購多贈）。

禪—悟前與悟後：本書能建立學人悟道之信心與正確知見，圓滿具足而有次第地詳述禪悟之功夫與禪悟之內容，指陳參禪中細微淆訛之處，能使學人明自眞心、見自本性。若未能悟入，亦能以正確知見辨別古今中外一切大師究係眞悟？或屬錯悟？便有能力揀擇，捨名師而選明師，後時必有悟道之緣。一旦悟道，遲者七次人天往返，便出三界，速者一生取辦。學人欲求開悟者，不可不讀。　平實導師著。上、下冊共500元，單冊250元。

真實如來藏：如來藏眞實存在，乃宇宙萬有之本體，並非印順法師、達賴喇嘛等人所說之「唯有名相、無此心體」。如來藏是涅槃之本際，是一切有智之人竭盡心智、不斷探索而不能得之生命實相；是古今中外許多大師自以爲悟而當面錯過之生命實相。如來藏即是阿賴耶識，乃是一切有情本自具足、不生不滅之眞實心。當代中外大師於此書出版之前所未能言者，作者於本書中盡情流露、詳細闡釋。眞悟者讀之，必能增益悟境、智慧增上；錯悟者讀之，必能檢討自己之錯誤，免犯大妄語業；未悟者讀之，能知參禪之理路，亦能以之檢查一切名師是否眞悟。此書是一切哲學家、宗教家、學佛者及欲昇華心智之人必讀之鉅著。　平實導師著　售價400元。

宗門法眼—公案拈提第二輯：列舉實例，闡釋土城廣欽老和尚之悟處；並直示這位不識字的老和尚妙智橫生之根由，繼而剖析禪宗歷代大德之開悟公案，解析當代密宗高僧卡盧仁波切之錯悟證據，並例舉當代顯宗高僧、大居士之錯悟證據（凡健在者，爲免影響其名聞利養，皆隱其名）。藉辨正當代名師之邪見，向廣大佛子指陳禪悟之正道，彰顯宗門法眼。悲勇兼出，強捋虎鬚；慈智雙運，巧探驪龍；摩尼寶珠在手，直示宗門入處，禪味十足；若非大悟徹底，不能爲之。禪門精奇人物，允宜人手一冊，供作參究及悟後印證之圭臬。本書於2008年4月改版，增寫爲大約500頁篇幅，以利學人研讀參究時更易悟入宗門正法，以前所購初版首刷及初版二刷舊書，皆可免費換取新書。平實導師著　500元（2007年起，凡購買公案拈提第一輯至第七輯，每購一輯皆贈送本公司精製公案拈提〈超意境〉CD一片，市售價格280元，多購多贈）。

宗門道眼—公案拈提第三輯：繼宗門法眼之後，再以金剛之作略、慈悲之胸懷、犀利之筆觸，舉示寒山、拾得、布袋三大士之悟處，消弭當代錯悟者對於寒山大士……等之誤會及誹謗。　亦舉出民初以來與虛雲和尚齊名之蜀郡鹽亭袁煥仙夫子——南懷瑾老師之師，其「悟處」何在？並蒐羅許多眞悟祖師之證悟公案，顯示禪宗歷代祖師之睿智，指陳部分祖師、奧修及當代顯密大師之謬悟，作爲殷鑑，幫助禪子建立及修正參禪之方向及知見。假使讀者閱此書已，一時尚未能悟，亦可一面加功用行，一面以此宗門道眼辨別眞假善知識，避開錯誤之印證及歧路，可免大妄語業之長劫慘痛果報。欲修禪宗之禪者，務請細讀。平實導師著　售價500元（2007年起，凡購買公案拈提第一輯至第七輯，每購一輯皆贈送本公司精製公案拈提〈超意境〉CD一片，市售價格280元，多購多贈）。

楞伽經詳解：本經是禪宗見道者印證所悟眞僞之根本經典，亦是禪宗見道者悟後起修之依據經典；故達摩祖師於印證二祖慧可大師之後，將此經典連同佛缽祖衣一併交付二祖，令其依此經典佛示金言、進入修道位，修學一切種智。由此可知此經對於眞悟之人修學佛道，是非常重要之一部經典。此經能破外道邪說，亦破佛門中錯悟名師之謬說，亦破禪宗部分祖師之狂禪：不讀經典、一向主張「一悟即成究竟佛」之謬執。並開示愚夫所行禪、觀察義禪、攀緣如禪、如來禪等差別，令行者對於三乘禪法差異有所分辨；亦糾正禪宗祖師古來對於如來禪之誤解，嗣後可免以訛傳訛之弊。此經亦是法相唯識宗之根本經典，禪者悟後欲修一切種智而入初地者，必須詳讀。　平實導師著，全套共十輯，已全部出版完畢，每輯主文約320頁，每冊約352頁，定價250元。

宗門血脈—公案拈提第四輯：末法怪象—許多修行人自以爲悟，每將無念靈知認作眞實；崇尚二乘法諸師及其徒衆，則將外於如來藏之緣起性空—無因論之無常空、斷滅空、一切法空—錯認爲　佛所說之般若空性。這兩種現象已於當今海峽兩岸及美加地區顯密大師之中普遍存在；人人自以爲悟，心高氣壯，便敢寫書解釋祖師證悟之公案，大多出於意識思惟所得，言不及義，錯誤百出，因此誤導廣大佛子同陷大妄語之地獄業中而不能自知。彼等書中所說之悟處，其實處處違背第一義經典之聖言量。彼等諸人不論是否身披袈裟，都非佛法宗門血脈，或雖有禪宗法脈之傳承，亦只徒具形式；猶如螟蛉，非眞血脈，未悟得根本眞實故。禪子欲知　佛、祖之眞血脈者，請讀此書，便知分曉。平實導師著，主文452頁，全書464頁，定價500元（2007年起，凡購買公案拈提第一輯至第七輯，每購一輯皆贈送本公司精製公案拈提〈超意境〉CD一片，市售價格280元，多購多贈）。

宗通與說通：古今中外，錯誤之人如麻似粟，每以常見外道所說之靈知心，認作眞心；或妄想虛空之勝性能量爲眞如，或錯認物質四大元素藉冥性（靈知心本體）能成就吾人色身及知覺，或認初禪至四禪中之了知心爲不生不滅之涅槃心。此等皆非通宗者之見地。復有錯悟之人一向主張「宗門與教門不相干」，此即尚未通達宗門之人也。其實宗門與教門互通不二，宗門所證者乃是眞如與佛性，教門所說者乃說宗門證悟之眞如佛性，故教門與宗門不二。本書作者以宗教二門互通之見地，細說「宗通與說通」，從初見道至悟後起修之道、細說分明；並將諸宗諸派在整體佛教中之地位與次第，加以明確之教判，學人讀之即可了知佛法之梗概也。欲擇明師學法之前，允宜先讀。平實導師著，主文共381頁，全書392頁，只售成本價300元。

宗門正道—公案拈提第五輯：修學大乘佛法有二果須證—解脫果及大菩提果。二乘人不證大菩提果，唯證解脫果；此果之智慧，名爲聲聞菩提、緣覺菩提。大乘佛子所證二果之菩提果爲佛菩提，故名大菩提果，其慧名爲一切種智—函蓋二乘解脫果。然此大乘二果修證，須經由禪宗之宗門證悟方能相應。而宗門證悟極難，自古已然；其所以難者，咎在古今佛教界普遍存在三種邪見：1.以修定認作佛法，　2.以無因論之緣起性空—否定涅槃本際如來藏以後之一切法空作爲佛法，3.以常見外道邪見（離語言妄念之靈知性）作爲佛法。　如是邪見，或因自身正見未立所致，或因邪師之邪教導所致，或因無始劫來虛妄熏習所致。若不破除此三種邪見，永劫不悟宗門眞義、不入大乘正道，唯能外門廣修菩薩行。　平實導師於此書中，有極爲詳細之說明，有志佛子欲摧邪見、入於內門修菩薩行者，當閱此書。主文共496頁，全書512頁。售價500元（2007年起，凡購買公案拈提第一輯至第七輯，每購一輯皆贈送本公司精製公案拈提〈超意境〉CD一片，市售價格280元，多購多贈）。

狂密與眞密：密教之修學，皆由有相之觀行法門而入，其最終目標仍不離顯教經典所說第一義諦之修證；若離顯教第一義經典、或違背顯教第一義經典，即非佛教。西藏密教之觀行法，如灌頂、觀想、遷識法、寶瓶氣、大聖歡喜雙身修法、喜金剛、無上瑜伽、大樂光明、樂空雙運等，皆是印度教兩性生生不息思想之轉化，自始至終皆以如何能運用交合淫樂之法達到全身受樂爲其中心思想，純屬欲界五欲的貪愛，不能令人超出欲界輪迴，更不能令人斷除我見；何況大乘之明心與見性，更無論矣！故密宗之法絕非佛法也。而其明光大手印、大圓滿法教，又皆同以常見外道所說離語言妄念之無念靈知心錯認爲佛地之眞如，不能直指不生不滅之眞如。西藏密宗所有法王與徒眾，都尚未開頂門眼，不能辨別眞僞，以依人不依法、依密續不依經典故，不肯將其上師喇嘛所說對照第一義經典，純依密續之藏密祖師所說爲準，因此而誇大其證德與證量，動輒謂彼祖師上師爲究竟佛、爲地上菩薩；如今台海兩岸亦有自謂其師證量高於　釋迦文佛者，然觀其師所述，猶未見道，仍在觀行即佛階段，尚未到禪宗相似即佛、分證即佛階位，竟敢標榜爲究竟佛及地上法王，誑惑初機學人。凡此怪象皆是狂密，不同於眞密之修行者。近年狂密盛行，密宗行者被誤導者極眾，動輒自謂已證佛地眞如，自視爲究竟佛，陷於大妄語業中而不知自省，反謗顯宗眞修實證者之證量粗淺；或如義雲高與釋性圓…等人，於報紙上公然誹謗眞實證道者爲「騙子、無道人、人妖、癩蛤蟆…」等，造下誹謗大乘勝義僧之大惡業；或以外道法中有爲有作之甘露、魔術……等法，誑騙初機學人，狂言彼外道法爲眞佛法。如是怪象，在西藏密宗及附藏密之外道中，不一而足，舉之不盡，學人宜應愼思明辨，以免上當後又犯毀破菩薩戒之重罪。密宗學人若欲遠離邪知邪見者，請閱此書，即能了知密宗之邪謬，從此遠離邪見與邪修，轉入眞正之佛道。　平實導師著　共四輯　每輯約400頁（主文約340頁）每輯售價300元。

宗門正義—公案拈提第六輯：佛教有六大危機，乃是藏密化、世俗化、膚淺化、學術化、宗門密意失傳、悟後進修諸地之次第混淆；其中尤以宗門密意之失傳，爲當代佛教最大之危機。由宗門密意失傳故，易令 世尊本懷普被錯解，易令 世尊正法被轉易爲外道法，以及加以淺化、世俗化，是故宗門密意之廣泛弘傳與具緣佛弟子，極爲重要。然而欲令宗門密意之廣泛弘傳予具緣之佛弟子者，必須同時配合錯誤知見之解析、普令佛弟子知之，然後輔以公案解析之直示入處，方能令具緣之佛弟子悟入。而此二者，皆須以公案拈提之方式爲之，方易成其功、竟其業，是故平實導師續作宗門正義一書，以利學人。 全書500餘頁，售價500元（2007年起，凡購買公案拈提第一輯至第七輯，每購一輯皆贈送本公司精製公案拈提〈超意境〉CD一片，市售價格280元，多購多贈）。

心經密意—心經與解脫道、佛菩提道、祖師公案之關係與密意。 二乘菩提所證之解脫道，實依第八識心之斷除煩惱障現行而立解脫之名；大乘菩提所證之佛菩提道，實依親證第八識如來藏之涅槃性、清淨自性、及其中道性而立般若之名；禪宗祖師公案所證之眞心，即是此第八識如來藏；是故三乘佛法所修所證之三乘菩提，皆依此如來藏心而立名也。此第八識心，即是《心經》所說之心也。證得此如來藏已，即能漸入大乘佛菩提道，亦可因證知此心而了知二乘無學所不能知之無餘涅槃本際，是故《心經》之密意，與三乘佛菩提之關係極爲密切、不可分割，三乘佛法皆依此心而立名故。今者平實導師以其所證解脫道之無生智及佛菩提之般若種智，將《心經》與解脫道、佛菩提道、祖師公案之關係與密意，以演講之方式，用淺顯之語句和盤托出，發前人所未言，呈三乘菩提之眞義，令人藉此《心經密意》一舉而窺三乘菩提之堂奧，迥異諸方言不及義之說；欲求眞實佛智者、不可不讀！ 主文317頁，連同跋文及序文…等共384頁，售價300元。

宗門密意—公案拈提第七輯：佛教之世俗化，將導致學人以信仰作爲學佛，則將以感應及世間法之庇祐，作爲學佛之主要目標，不能了知學佛之主要目標爲親證三乘菩提。大乘菩提則以般若實相智慧爲主要修習目標，以二乘菩提解脫道爲附帶修習之標的；是故學習大乘法者，應以禪宗之證悟爲要務，能親入大乘菩提之實相般若智慧中故，般若實相智慧非二乘聖人所能知故。此書則以台灣世俗化佛教之三大法師，說法似是而非之實例，配合眞悟祖師之公案解析，提示證悟般若之關節，令學人易得悟入。平實導師著，全書五百餘頁，售價500元（2007年起，凡購買公案拈提第一輯至第七輯，每購一輯皆贈送本公司精製公案拈提〈超意境〉CD一片，市售價格280元，多購多贈）。

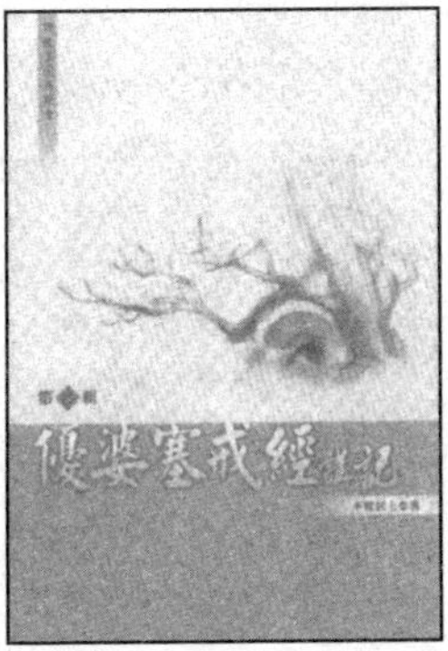

淨土聖道—兼評選擇本願念佛：佛法甚深極廣，般若玄微，非諸二乘聖僧所能知之，一切凡夫更無論矣！所謂一切證量皆歸淨土是也！是故大乘法中「聖道之淨土、淨土之聖道」，其義甚深，難可了知；乃至眞悟之人，初心亦難知也。今有正德老師眞實證悟後，復能深探淨土與聖道之緊密關係，憐憫衆生之誤會淨土實義，亦欲利益廣大淨土行人同入聖道，同獲淨土中之聖道門要義，乃振奮心神、書以成文，今得刊行天下。主文279頁，連同序文等共301頁，總有十一萬六千餘字，正德老師著，成本價200元。

起信論講記：詳解大乘起信論心生滅門與心眞如門之眞實意旨，消除以往大師與學人對起信論所說心生滅門之誤解，由是而得了知眞心如來藏之非常非斷中道正理；亦因此一講解，令此論以往隱晦而被誤解之眞實義，得以如實顯示，令大乘佛菩提道之正理得以顯揚光大；初機學者亦可藉此正論所顯示之法義，對大乘法理生起正信，從此得以眞發菩提心，眞入大乘法中修學，世世常修菩薩正行。平實導師演述，共六輯，都已出版，每輯三百餘頁，售價各250元。

優婆塞戒經講記：本經詳述在家菩薩修學大乘佛法，應如何受持菩薩戒？對人間善行應如何看待？對三寶應如何護持？應如何正確地修集此世後世證法之福德？應如何修集後世「行菩薩道之資糧」？並詳述第一義諦之正義：五蘊非我非異我、自作自受、異作異受、不作不受……等深妙法義，乃是修學大乘佛法、行菩薩行之在家菩薩所應當了知者。出家菩薩今世或未來世登地已，捨報之後多數將如華嚴經中諸大菩薩，以在家菩薩身而修行菩薩行，故亦應以此經所述正理而修之，配合《楞伽經、解深密經、楞嚴經、華嚴經》等道次第正理，方得漸次成就佛道；故此經是一切大乘行者皆應證知之正法。平實導師講述，每輯三百餘頁，售價各250元；共八輯，已全部出版。

真假活佛—略論附佛外道盧勝彥之邪說：人人身中都有真活佛，永生不滅而有大神用，但眾生都不了知，所以常被身外的西藏密宗假活佛籠罩欺瞞。本來就真實存在的真活佛，才是真正的密宗無上密！諾那活佛因此而說禪宗是大密宗，但藏密的所有活佛都不知道、也不曾實證自身中的真活佛。本書詳實宣示真活佛的道理，舉證盧勝彥的「佛法」不是真佛法，也顯示盧勝彥是假活佛，直接的闡釋第一義佛法見道的真實正理。真佛宗的所有上師與學人們，都應該詳細閱讀，包括盧勝彥個人在內。正犀居士著，優惠價140元。

阿含正義—唯識學探源：廣說四大部《阿含經》諸經中隱說之真正義理，一一舉示佛陀本懷，令阿含時期初轉法輪根本經典之真義，如實顯現於佛子眼前。並提示末法大師對於阿含真義誤解之實例，一一比對之，證實唯識增上慧學確於原始佛法之阿含諸經中已隱覆密意而略說之，證實 世尊確於原始佛法中已曾密意而說第八識如來藏之總相；亦證實 世尊在四阿含中已說此藏識是名色十八界之因、之本—證明如來藏是能生萬法之根本心。佛子可據此修正以往受諸大師（譬如西藏密宗應成派中觀師：印順、昭慧、性廣、大願、達賴、宗喀巴、寂天、月稱、……等人）誤導之邪見，建立正見，轉入正道乃至親證初果而無困難；書中並詳說三果所證的心解脫，以及四果慧解脫的親證，都是如實可行的具體知見與行門。全書共七輯，已出版完畢。平實導師著，每輯三百餘頁，售價300元。

超意境CD：以平實導師公案拈提書中超越意境之頌詞，加上曲風優美的旋律，錄成令人嚮往的超意境歌曲，其中包括正覺發願文及平實導師親自譜成的黃梅調歌曲一首。詞曲雋永，殊堪翫味，可供學禪者吟詠，有助於見道。內附設計精美的彩色小冊，解說每一首詞的背景本事。每片280元。【每購買公案拈提書籍一冊，即贈送一片。】

我的菩提路第一輯：凡夫及二乘聖人不能實證的佛菩提證悟，末法時代的今天仍然有人能得實證，由正覺同修會釋悟圓、釋善藏法師等二十餘位實證如來藏者所寫的見道報告，已爲當代學人見證宗門正法之絲縷不絕，證明大乘義學的法脈仍然存在，爲末法時代求悟般若之學人照耀出光明的坦途。由二十餘位大乘見道者所繕，敘述各種不同的學法、見道因緣與過程，參禪求悟者必讀。全書三百餘頁，售價300元。

我的菩提路第二輯：由郭正益老師等人合著，書中詳述彼等諸人歷經各處道場學法，一一修學而加以檢擇之不同過程以後，因閱讀正覺同修會、正智出版社書籍而發起抉擇分，轉入正覺同修會中修學；乃至學法及見道之過程，都一一詳述之。**本書已改版印製重新流通**，讀者原購的初版書，不論是第一刷或第二、三、四刷，都可以寄回換新，免附郵費。

我的菩提路第三輯：由王美伶老師等人合著。自從正覺同修會成立以來，每年夏初、冬初都舉辦精進禪三共修，藉以助益會中同修們得以證悟明心發起般若實相智慧；凡已實證而被平實導師印證者，皆書具見道報告用以證明佛法之眞實可證而非玄學，證明佛法並非純屬思想、理論而無實質，是故每年都能有人證明正覺同修會的「實證佛教」主張並非虛語。特別是眼見佛性一法，自古以來中國禪宗祖師實證者極寡，較之明心開悟的證境更難令人信受；至2017年初，正覺同修會中的證悟明心者已近五百人，然而其中眼見佛性者至今唯十餘人爾，可謂難能可貴，是故明心後欲冀眼見佛性者實屬不易。黃正倖老師是懸絕七年無人見性後的第一人，她於2009年的見性報告刊於本書的第一輯中，爲大衆證明佛性確實可以眼見；其後七年之中求見性者都屬解悟佛性而無人眼見，幸而又經七年後的2016冬初，以及2017夏初的禪三，復有三人眼見佛性，希冀鼓舞四衆佛子求見佛性之大心，今則具載一則於書末，顯示求見佛性之事實經歷，供養現代佛教界欲得見性之四衆弟子。全書四百頁，售價300元，已於2017年6月30日發行。

我的菩提路第四輯：由陳晏平等人著。中國禪宗祖師往往有所謂「見性」之言，所言多屬看見如來藏具有能令人發起成佛之自性，並非《大般涅槃經》中 如來所說之眼見佛性。眼見佛性者，於親見佛性之時，即能於山河大地眼見自己佛性，亦能於他人身上眼見自己佛性及對方之佛性，如是境界無法爲尚未實證者解釋；勉強說之，縱使眞實明心證悟之人聞之，亦只能以自身明心之境界想像之，但不論如何想像多屬非量，能有正確之比量者亦是稀有，故說眼見佛性極爲困難。眼見佛性之人若所見極分明時，在所見佛性之境界下所眼見之山河大地、自己五蘊身心皆是虛幻，自有異於明心者之解脫功德受用，此後永不思證二乘涅槃，必定邁向成佛之道而進入第十住位中，已超第一阿僧祇劫三分有一，可謂之爲超劫精進也。今又有明心之後眼見佛性之人出於人間，將其明心及後來見性之報告，連同其餘證悟明心者之精彩報告一同收錄於此書中，供養眞求佛法實證之四眾佛子。全書380頁，售價300元，已於2018年6月30日發行。

我的菩提路第五輯：林慈慧老師等人著，本輯中所舉學人從相似正法中來到正覺同修會的過程，各人都有不同，發生的因緣亦是各有差別，然而都會指向同一個目標——證實生命實相的源底，確證自己生從何來、死往何去的事實，所以最後都證明佛法眞實而可親證，絕非玄學；本書將彼等諸人的始修及末後證悟之實例，羅列出來以供學人參考。本期亦有一位會裡的老師，是從1995年即開始追隨 平實導師修學，1997年明心後持續進修不斷，直到2017年眼見佛性之實例，足可證明《大般涅槃經》中世尊開示眼見佛性之法正眞無訛，第十住位的實證在末法時代的今天仍有可能，如今一併具載於書中以供學人參考，並供養現代佛教界欲得見性之四眾弟子。全書四百頁，售價300元，已於2019年12月31日發行。

我的菩提路第六輯：劉惠莉老師等人著，本輯中舉示劉老師明心多年以後的眼見佛性實錄，供末法時代學人了知明心之異於見性本質，足可證明《大般涅槃經》中世尊開示眼見佛性之法正眞無訛。亦列舉多篇學人從各道場來到正覺學法之不同過程，以及如何發覺邪見之異於正法的所在，最後終能在正覺禪三中悟入的實況，以證明佛教正法仍在末法時代的人間繼續弘揚的事實，鼓舞一切眞實學法的菩薩大眾思之：我等諸人亦可有因緣證悟，絕非空想自思。約四百頁，售價300元，已於2020年6月30日發行。

我的菩提路第七輯：余正偉老師等人著，本輯中舉示余老師明心二十餘年以後的眼見佛性實錄，供末法時代學人了知明心異於見性之本質，並且舉示其見性後與平實導師互相討論眼見佛性之諸多疑訛處；除了證明《大般涅槃經》中世尊開示眼見佛性之法正真無訛以外，亦得一解明心後尚未見性者之所未知處，甚為精彩。此外亦列舉多篇學人從各不同宗教進入正覺學法之不同過程，以及發覺諸方道場邪見之內容與過程，最終得於正覺精進禪三中悟入的實況，足供末法精進學人借鑑，以彼鑑己而生信心，得以投入了義正法中修學及實證。凡此，皆足以證明不唯明心所證之第七住位般若智慧及解脫功德仍可實證，乃至第十住位的實證與當場發起如幻觀之實證，於末法時代的今天皆仍有可能。本書約四百頁，售價300元。

鈍鳥與靈龜：鈍鳥及靈龜二物，被宗門證悟者說為二種人：前者是精修禪定而無智慧者，也是以定為禪的愚癡禪人；後者是或有禪定、或無禪定的宗門證悟者，凡已證悟者皆是靈龜。但後者被人虛造事實，用以嘲笑大慧宗杲禪師，說他雖是靈龜，卻不免被天童禪師預記「患背」痛苦而亡：「鈍鳥離巢易，靈龜脫殼難。」藉以貶低大慧宗杲的證量。同時將天童禪師實證如來藏的證量，曲解為意識境界的離念靈知。自從大慧禪師入滅以後，錯悟凡夫對他的不實毀謗就一直存在著，不曾止息，並且捏造的假事實也隨著年月的增加而越來越多，終至編成「鈍鳥與靈龜」的假公案、假故事。本書是考證大慧與天童之間的不朽情誼，顯現這件假公案的虛妄不實；更見大慧宗杲面對惡勢力時的正直不阿，亦顯示大慧對天童禪師的至情深義，將使後人對大慧宗杲的誣謗至此而止，不再有人誤犯毀謗賢聖的惡業。書中亦舉證宗門的所悟確以第八識如來藏為標的，詳讀之後必可改正以前被錯悟大師誤導的參禪知見，日後必定有助於實證禪宗的開悟境界，得階大乘真見道位中，即是實證般若之賢聖。全書459頁，售價350元。

維摩詰經講記：本經係　世尊在世時，由等覺菩薩維摩詰居士藉疾病而演說之大乘菩提無上妙義，所說函蓋甚廣，然極簡略，是故今時諸方大師與學人讀之悉皆錯解，何況能知其中隱含之深妙正義，是故普遍無法為人解說；若強為人說，則成依文解義而有諸多過失。今由平實導師公開宣講之後，詳實解釋其中密意，令維摩詰菩薩所說大乘不可思議解脫之深妙正法得以正確宣流於人間，利益當代學人及與諸方大師。書中詳實演述大乘佛法深妙不共二乘之智慧境界，顯示諸法之中絕待之實相境界，建立大乘菩薩妙道於永遠不敗不壞之地，以此成就護法偉功，欲冀永利娑婆人天。已經宣講圓滿整理成書流通，以利諸方大師及諸學人。全書共六輯，每輯三百餘頁，售價各250元。

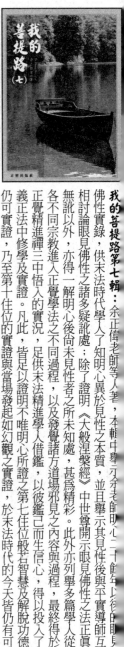

真假外道：本書具體舉證佛門中的常見外道知見實例，並加以教證及理證上的辨正，幫助讀者輕鬆而快速的了知常見外道的錯誤知見，進而遠離佛門內外的常見外道知見，因此即能改正修學方向而快速實證佛法。游正光老師著　。成本價200元。

勝鬘經講記：如來藏爲三乘菩提之所依，若離如來藏心體及其含藏之一切種子，即無三界有情及一切世間法，亦無二乘菩提緣起性空之出世間法；本經詳說無始無明、一念無明皆依如來藏而有之正理，藉著詳解煩惱障與所知障間之關係，令學人深入了知二乘菩提與佛菩提相異之妙理；聞後即可了知佛菩提之特勝處及三乘修道之方向與原理，邁向攝受正法而速成佛道的境界中。平實導師講述，共六輯，每輯三百餘頁，售價各250元。

楞嚴經講記：楞嚴經係大乘祕密教之重要經典，亦是佛教中普受重視之經典；經中宣說明心與見性之內涵極爲詳細，將一切法都會歸如來藏及佛性—妙眞如性；亦闡釋五陰區宇及五陰盡的境界，作諸地菩薩自我檢驗證量之依據，旁及佛菩提道修學過程中之種種魔境，以及外道誤會涅槃之狀況，亦兼述明三界世間之起源，具足宣示大乘菩提之奧祕。然因言句深澀難解，法義亦復深妙寬廣，學人讀之普難通達，是故讀者大多誤會，不能如實理解佛所說之明心與見性內涵，亦因是故多有悟錯之人引爲開悟之證言，成就大妄語罪。今由平實導師詳細講解之後，整理成文，以易讀易懂之語體文刊行天下，以利學人。全書十五輯，全部出版完畢。每輯三百餘頁，售價每輯300元。

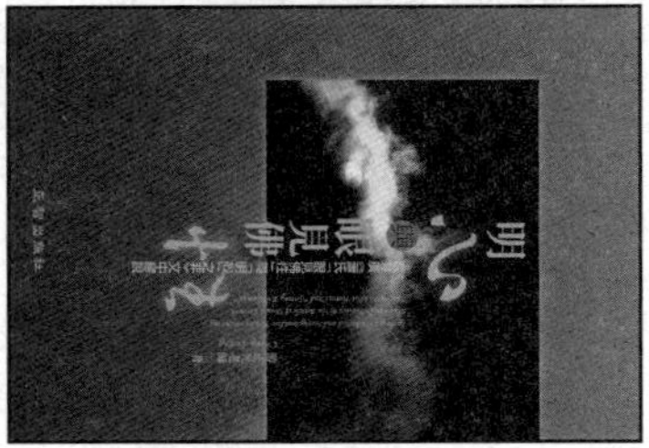

明心與眼見佛性：本書細述明心與眼見佛性之異同，同時顯示了中國禪宗破初參明心與重關眼見佛性二關之間的關聯；書中又藉法義辨正而旁述其他許多勝妙法義，讀後必能遠離佛門長久以來積非成是的錯誤知見，令讀者在佛法的實證上有極大助益。也藉慧廣法師的謬論來教導佛門學人回歸正知正見，遠離古今禪門錯悟者所墮的意識境界，非唯有助於斷我見，也對未來的開悟明心實證第八識如來藏有所助益，是故學禪者都應細讀之。 游正光老師著　共448頁　售價300元。

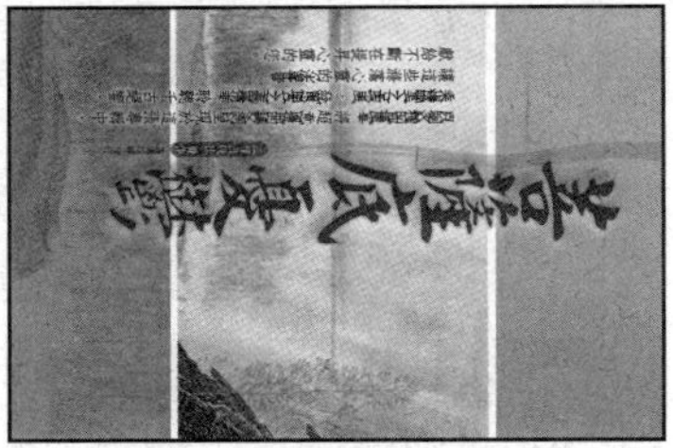

菩薩底憂鬱CD：將菩薩情懷及禪宗公案寫成新詞，並製作成超越意境的優美歌曲。 1.主題曲〈菩薩底憂鬱〉，描述地後菩薩能離三界生死而迴向繼續生在人間，但因尚未斷盡習氣種子而有極深沈之憂鬱，非三賢位菩薩及二乘聖者所知，此憂鬱在七地滿心位方才斷盡；本曲之詞中所說義理極深，昔來所未曾見；此曲係以優美的情歌風格寫詞及作曲，聞者得以激發嚮往諸地菩薩境界之大心，詞、曲都非常優美，難得一見；其中勝妙義理之解說，已印在附贈之彩色小冊中。 2.以各輯公案拈提中直示禪門入處之頌文，作成各種不同曲風之超意境歌曲，值得玩味、參究；聆聽公案拈提之優美歌曲時，請同時閱讀內附之印刷精美說明小冊，可以領會超越三界的證悟境界；未悟者可以因此引發求悟之意向及疑情，眞發菩提心而邁向求悟之途，乃至因此眞實悟入般若，成眞菩薩。 3.正覺總持咒新曲，總持佛法大意；總持咒之義理，已加以解說並印在隨附之小冊中。本CD共有十首歌曲，長達63分鐘，附贈二張購書優惠券。每片320元。

金剛經宗通：三界唯心，萬法唯識，是成佛之修證內容，是諸地菩薩之所修；般若則是成佛之道（實證三界唯心、萬法唯識）的入門，若未證悟實相般若，即無成佛之可能，必將永在外門廣行菩薩六度，永在凡夫位中。然而實相般若的發起，全賴實證萬法的實相；若欲證知萬法的眞相，則必須探究萬法之所從來，則須實證自心如來—金剛心如來藏，然後現觀這個金剛心的金剛性、眞實性、如如性、清淨性、涅槃性、能生萬法的自性性、本住性，名爲證眞如；進而現觀三界六道唯是此金剛心所成，人間萬法須藉八識心王和合運作方能現起。如是實證《華嚴經》的「三界唯心、萬法唯識」以後，由此等現觀而發起實相般若智慧，繼續進修第十住位的如幻觀、第十行位的陽焰觀、第十迴向位的如夢觀，再生起增上意樂而勇發十無盡願，方能滿足三賢位的實證，轉入初地；自知成佛之道而無偏倚，從此按部就班、次第進修乃至成佛。第八識自心如來是般若智慧之所依，般若智慧的修證則要從實證金剛心自心如來開始；《金剛經》則是解說自心如來之經典，是一切三賢位菩薩所應進修之實相般若經典。這一套書，是將平實導師宣講的《金剛經宗通》內容，整理成文字而流通之；書中所說義理，迥異古今諸家依文解義之說，指出大乘見道方向與理路，有益於禪宗學人求開悟見道，及轉入內門廣修六度萬行。已於2013年9月出版完畢，總共9輯，每輯約三百餘頁，售價各250元。

禪意無限CD：平實導師以公案拈提書中偈頌寫成不同風格曲子，與他人所寫不同風格曲子共同錄製出版，幫助參禪人進入禪門超越意識之境界。盒中附贈彩色印製的精美解說小冊，以供聆聽時閱讀，令參禪人得以發起參禪之疑情，即有機會證悟本來面目，實證大乘菩提般若。本CD共有十首歌曲，長達69分鐘，每盒各附贈二張購書優惠券。每片320元。

空行母—性別、身分定位，以及藏傳佛教：本書作者為蘇格蘭哲學家，因為嚮往佛教深妙的哲學內涵，於是進入當年盛行於歐美的假藏傳佛教密宗，擔任卡盧仁波切的翻譯工作多年以後，被邀請成為卡盧的空行母（又名佛母、明妃），開始了她在密宗裡的實修過程；後來發覺在密宗雙身法中的修行，其實無法使自己成佛，也發覺密宗對女性歧視而處處貶抑，並剝奪女性在雙身法中擔任一半角色時應有的身分定位。當她發覺自己只是雙身法中被喇嘛利用的工具，沒有獲得絲毫應有的尊重與基本定位時，發現了密宗的父權社會控制女性的本質；於是作者傷心地離開了卡盧仁波切與密宗，但是卻被恐嚇不許講出她在密宗裡的經歷，也不許她說出自己對密宗的教義與教制下對女性剝削的本質，否則將被咒殺死亡。後來她去加拿大定居，十餘年後方才擺脫這個恐嚇陰影，下定決心將親身經歷的實情及觀察到的事實寫下來並且出版，公諸於世。出版之後，她被流亡的達賴集團人士大力攻訐，誣指她為精神狀態失常、說謊……等。但有智之士並未被達賴集團的政治操作及各國政府政治運作吹捧達賴的表相所欺，使她的書銷售無阻而又再版。正智出版社鑑於作者此書是親身經歷的事實，所說具有針對「藏傳佛教」而作學術研究的價值，也有使人認清假藏傳佛教剝削佛母、明妃的男性本位實質，因此洽請作者同意中譯而出版於華人地區。珍妮·坎貝爾女士著，呂艾倫 中譯，每冊250元。

霧峰無霧—給哥哥的信 本書作者藉兄弟之間信件往來論義，略述佛法大義；並以多篇短文辨義，舉出釋印順對佛法的無量誤解證據，並一一給予簡單而清晰的辨正，令人一讀即知。久讀、多讀之後即能認清楚釋印順的六識論見解，與真實佛法之牴觸是多麼嚴重；於是在久讀、多讀之後，於不知不覺之間提升了對佛法的極深入理解，正知正見就在不知不覺間建立起來了。當三乘佛法的正知見建立起來之後，對於三乘菩提的見道條件便將隨之具足，於是聲聞解脫道的見道也就水到渠成；接著大乘見道的因緣也將次第成熟，未來自然也會有親見大乘菩提之道的因緣，悟入大乘實相般若也將自然成功，自能通達般若系列諸經而成實義菩薩。作者居住於南投縣霧峰鄉，自喻見道之後不復再見霧峰之霧，故鄉原野美景一一明見，於是立此書名為《霧峰無霧》；讀者若欲撥霧見月，可以此書為緣。游宗明 老師著 已於2015年出版 售價250元。

霧峰無霧—第二輯—救護佛子向正道　本書作者藉釋印順著作中之各種錯謬法義提出辨正，以詳實的文義一一提出理論上及實證上之解析，列舉釋印順對佛法的無量誤解證據，藉此教導佛門大師與學人釐清佛法義理，遠離岐途轉入正道，然後知所進修，久之便能見道明心而入大乘勝義僧數。被釋印順誤導的大師與學人極多，很難救轉，是故作者大發悲心深入解說其錯謬之所在，佐以各種義理辨正而令讀者在不知不覺之間轉歸正道。如是久讀之後欲得斷身見、證初果，即不爲難事；乃至久之亦得大乘見道而得證眞如，脫離空有二邊而住中道，實相般若智慧生起，於佛法不再茫然，漸漸亦知悟後進修之道。屆此之時，對於大乘般若等深妙法之迷雲暗霧亦將一掃而空，生命及宇宙萬物之故鄉原野美景一一明見，是故本書仍名《霧峰無霧》，爲第二輯；讀者若欲撥雲見日、離霧見月，可以此書爲緣。游宗明　老師著　已於2019年出版　售價250元。

假藏傳佛教的神話—性、謊言、喇嘛教：本書編著者是由一首名爲「阿姊鼓」的歌曲爲緣起，展開了序幕，揭開假藏傳佛教—喇嘛教—的神秘面紗。其重點是蒐集、摘錄網路上質疑「喇嘛教」的帖子，以揭穿「假藏傳佛教的神話」爲主題，串聯成書，並附加彩色插圖以及說明，讓讀者們瞭解西藏密宗及相關人事如何被操作爲「神話」的過程，以及神話背後的眞相。作者：張正玄教授。售價200元。

達賴真面目—玩盡天下女人：假使您不想戴綠帽子，請記得詳細閱讀此書；假使您不想讓好朋友戴綠帽子，請您將此書介紹給您的好朋友。假使您想保護家中的女性，也想要保護好朋友的女眷，請記得將此書送給家中的女性和好友的女眷都來閱讀。本書爲印刷精美的大本彩色中英對照精裝本，爲您揭開達賴喇嘛的眞面目，內容精彩不容錯過，爲利益社會大衆，特別以優惠價格嘉惠所有讀者。編著者：白志偉等。大開版雪銅紙彩色精裝本。售價800元。

童女迦葉考—論呂凱文〈佛教輪迴思想的論述分析〉之謬：童女迦葉是佛世率領五百大比丘遊行於人間的歷史事實，是以童貞行而依止菩薩戒弘化於人間的大菩薩，不依別解脫戒（聲聞戒）來弘化於人間。這是大乘佛教與聲聞佛教同時存在於佛世的歷史明證，證明大乘佛教不是從聲聞法中分裂出來的部派佛教的產物，卻是聲聞佛教分裂出來的部派佛教聲聞凡夫僧所不樂見的史實；於是古今聲聞法中的凡夫都欲加以扭曲而作詭說，更是末法時代高聲大呼「人乘非佛說」的六識論聲聞凡夫極力想要扭曲的佛教史實之一，於是想方設法扭曲迦葉菩薩爲聲聞僧，以及扭曲迦葉童女爲比丘僧等荒謬不實之論著便陸續出現，古時聲聞僧寫作的《分別功德論》是最具體之事例，現代之代表作則是呂凱文先生的〈佛教輪迴思想的論述分析〉論文。鑑於如是假藉學術考證以籠罩大眾之不實謬論，未來仍將繼續造作及流竄於佛教界，繼續扼殺大乘佛教學人法身慧命，必須舉證辨正之，遂成此書。平實導師 著，每冊180元。

末代達賴—性交教主的悲歌：簡介從藏傳僞佛教（喇嘛教）的修行核心—性力派男女雙修，探討達賴喇嘛及藏傳僞佛教的修行內涵。書中引用外國知名學者著作、世界各地新聞報導，包含：歷代達賴喇嘛的祕史、達賴六世修雙身法的事蹟，以及《時輪續》中的性交灌頂儀式……等；達賴喇嘛書中開示的雙修法、達賴喇嘛的黑暗政治手段；達賴喇嘛所領導的寺院爆發喇嘛性侵兒童；新聞報導《西藏生死書》作者索甲仁波切性侵女信徒、澳洲喇嘛秋達公開道歉、美國最大假藏傳佛教組織領導人邱陽創巴仁波切的性氾濫，等等事件背後眞相的揭露。作者：張善思、呂艾倫、辛燕。售價250元。

黯淡的達賴—失去光彩的諾貝爾和平獎：本書舉出很多證據與論述，詳述達賴喇嘛不爲世人所知的一面，顯示達賴喇嘛並不是眞正的和平使者，而是假借諾貝爾和平獎的光環來欺騙世人；透過本書的說明與舉證，讀者可以更清楚的瞭解，達賴喇嘛是結合暴力、黑暗、淫欲於喇嘛教裡的集團首領，其政治行爲與宗教主張，早已讓諾貝爾和平獎的光環染污了。本書由財團法人正覺教育基金會寫作、編輯，由正覺出版社印行，每冊250元。

第七意識與第八意識？—穿越時空「超意識」：「三界唯心，萬法唯識」是佛教中應該實證的聖教，也是《華嚴經》中明載而可以實證的法界實相。唯心者，三界一切境界、一切諸法唯是一心所成就，即是每一個有情的第八識如來藏，不是意識心。唯識者，即是人類各各都具足的八識心王——眼識、耳鼻舌身意識、意根、阿賴耶識，第八阿賴耶識又名如來藏，人類五陰相應的萬法，莫不由八識心王共同運作而成就，故說萬法唯識。依聖教量及現量、比量，都可以證明意識是二法因緣生，是由第八識藉意根與法塵二法為因緣而出生，又是夜夜斷滅不存之生滅心，即無可能反過來出生第七識意根、第八識如來藏，當知不可能從生滅性的意識心中，細分出恆審思量的第七識意根，更無可能細分出恆而不審的第八識如來藏。本書是將演講內容整理成文字，細說如是內容，並已在《正覺電子報》連載完畢，今彙集成書以廣流通，欲幫助佛門有緣人斷除意識我見，跳脫於識陰之外而取證聲聞初果；嗣後修學禪宗時即得不墮外道神我之中，得以求證第八識金剛心而發起般若實智。平實導師 述，每冊300元。

中觀金鑑—詳述應成派中觀的起源與其破法本質：學佛人往往迷於中觀學派之不同學說，被應成派與自續派所迷惑；修學般若中觀二十年後自以為實證般若中觀了，卻仍不曾入門，甫聞實證般若中觀者之所說，則茫無所知，迷惑不解；隨後信心盡失，不知如何實證佛法；凡此，皆因惑於這二派中觀學說所致。自續派中觀所說同於常見，以意識境界立為第八識如來藏之境界，應成派所說則同於斷見，但又同立意識為常住法，故亦具足斷常二見。今者孫正德老師有鑑於此，乃將起源於密宗的應成派中觀學說，追本溯源，詳考其來源之外，亦一一舉證其立論內容，詳加辨正，令密宗雙身法祖師以識陰境界而造之應成派中觀學說本質，詳細呈現於學人眼前，令其維護雙身法之目的無所遁形。若欲遠離密宗此二大派中觀謬說，欲於三乘菩提有所進道者，允宜具足閱讀並細加思惟，反覆讀之以後將可捨棄邪道返歸正道，則於般若之實證即有可能，證後自能現觀如來藏之中道境界而成就中觀。本書分上、中、下三冊，每冊250元，全部出版完畢。

人間佛教—實證者必定不悖三乘菩提：「大乘非佛說」的講法似乎流傳已久，卻只是日本人企圖擺脫中國正統佛教的影響，而在明治維新時期才開始提出來的說法；台灣佛教、大陸佛教的淺學無智之人，由於未曾實證佛法而迷信日本人錯誤的學術考證，錯認爲這些別有用心的日本佛學考證的講法爲天竺佛教的眞實歷史；甚至還有更激進的反對佛教者提出「釋迦牟尼佛並非眞實存在，只是後人捏造的假歷史人物」，竟然也有少數佛教徒願意跟著「學術」的假光環而信受不疑，亦導致部分台灣佛教界人士，造作了反對中國大乘佛教而推崇南洋小乘佛教的行爲，使台灣佛教的信仰者難以檢擇，亦導致一般大陸人士開始轉入基督教的盲目迷信中。在這些佛教及外教人士之中，也就有一分人根據此邪說而大聲主張「大乘非佛說」的謬論，這些人以「人間佛教」的名義來抵制中國正統佛教，公然宣稱中國的大乘佛教是由聲聞部派佛教的凡夫僧所創造出來的。這樣的說法流傳於台灣及大陸佛教界凡夫僧之中已久，卻非眞正的佛教歷史中曾經發生過的事，只是繼承六識論的聲聞法中凡夫僧，以及別有居心的日本佛教界，依自己的意識境界立場，純憑臆想而編造出來的妄想說法，卻已經影響許多無智之凡夫僧俗信受不移。本書則是從佛教的經藏法義實質及實證的現量內涵本質立論，證明大乘佛法本是佛說，是從《阿含正義》尚未說過的不同面向來討論「人間佛教」的議題，證明「大乘眞佛說」。閱讀本書可以斷除六識論邪見，迴入三乘菩提正道發起實證的因緣；也能斷除禪宗學人學禪時普遍存在之錯誤知見，對於建立參禪時的正知見有很深的著墨。 平實導師 述，內文488頁，全書528頁，定價400元。

喇嘛性世界—揭開假藏傳佛教譚崔瑜伽的面紗：這個世界中的喇嘛，號稱來自世外桃源的香格里拉，穿著或紅或黃的喇嘛長袍，散布於我們的身邊傳教灌頂，吸引了無數的人嚮往學習；這些喇嘛虔誠地爲大眾祈福，手中拿著寶杵（金剛）與寶鈴（蓮花），口中唸著咒語：「唵．嘛呢．叭咪．吽……」，咒語的意思是說：「我至誠歸命金剛杵上的寶珠伸向蓮花寶穴之中」！「喇嘛性世界」是什麼樣的「世界」呢？本書將爲您呈現喇嘛世界的面貌。當您發現眞相以後，您將會唸：「噢！喇嘛．性．世界，譚崔性交嘛！」作者：張善思、呂艾倫。售價200元。

見性與看話頭：黃正倖老師的《見性與看話頭》於《正覺電子報》連載完畢，今結集出版。書中詳說禪宗看話頭的詳細方法，並細說看話頭與眼見佛性的關係，以及眼見佛性者求見佛性前必須具備的條件。本書是禪宗實修者追求明心開悟時參禪的方法書，也是求見佛性者作功夫時必讀的方法書，內容兼顧眼見佛性的理論與實修之方法，是依實修之體驗配合理論而詳述，條理分明而且極為詳實、周全、深入。本書內文375頁，全書416頁，售價300元。

實相經宗通：學佛之目的在於實證一切法界背後之實相，禪宗稱之為本來面目或本地風光，佛菩提道中稱之為實相法界；此實相法界即是金剛藏，又名佛法之祕密藏，即是能生有情五陰、十八界及宇宙萬有（山河大地、諸天、三惡道世間）的第八識如來藏，又名阿賴耶識心，即是禪宗祖師所說的真如心，此心即是三界萬有背後的實相。證得此第八識心時，自能瞭解般若諸經中隱說的種種密意，即得發起實相般若——實相智慧。每見學佛人修學佛法二十年後仍對實相般若茫然無知，亦不知如何入門，茫無所趣；更因不知三乘菩提的互異互同，是故越是久學者對佛法越覺茫然，都肇因於尚未瞭解佛法的全貌，亦未瞭解佛法的修證內容即是第八識心所致。本書對於修學佛法者所應實證的實相境界提出明確解析，並提示趣入佛菩提道的入手處，有心親證實相般若的佛法實修者，宜詳讀之，於佛菩提道之實證即有下手處。平實導師述著，共八輯，已於2016年出版完畢，每輯成本價250元。

真心告訴您（一）—達賴喇嘛在幹什麼？這是一本報導篇章的選集，更是「破邪顯正」的暮鼓晨鐘。「破邪」是戳破假象，說明達賴喇嘛及其所率領的密宗四大派法王、喇嘛們，弘傳的佛法是仿冒的佛法；他們是假藏傳佛教，是坦特羅（譚崔性交）外道法和藏地崇奉鬼神的苯教混合成的「喇嘛教」，推廣的是以所謂「無上瑜伽」的男女雙身法冒充佛法的假佛教，詐財騙色誤導眾生，常常造成信徒家庭破碎、家中兒少失怙的嚴重後果。「顯正」是揭櫫真相，指出真正的藏傳佛教只有一個，就是覺囊巴，傳的是 釋迦牟尼佛演繹的第八識如來藏妙法，稱為他空見大中觀。正覺教育基金會即以此古今輝映的如來藏正法正知見，在真心新聞網中逐次報導出來，將箇中原委「真心告訴您」，如今結集成書，與想要知道密宗真相的您分享。售價250元。

法華經講義：此書為平實導師始從2009/7/21演述至2014/1/14之講經錄音整理所成。世尊一代時教，總分五時三教，即是華嚴時、聲聞緣覺教、般若教、種智唯識教、法華時；依此五時三教區分為藏、通、別、圓四教。本經是最後一時的圓教經典，圓滿收攝一切法教於本經中，是故最後的圓教聖訓中，特地指出無有三乘菩提，其實唯有一佛乘；皆因眾生愚迷故，方便區分為三乘菩提以助眾生證道。世尊於此經中特地說明如來示現於人間的唯一大事因緣，便是為有緣眾生「開、示、悟、入」諸佛的所知所見——第八識如來藏妙真如心，並於諸品中隱說「妙法蓮花」如來藏心的密意。然因此經所說甚深難解，真義隱晦，古來難得有人能窺堂奧；平實導師以知如是密意故，特為末法佛門四眾演述《妙法蓮華經》中各品蘊含之密意，使古來未曾被古德註解出來的「此經」密意，如實顯示於當代學人眼前。乃至〈藥王菩薩本事品〉、〈妙音菩薩品〉、〈觀世音菩薩普門品〉、〈普賢菩薩勸發品〉中的微細密意，亦皆一併詳述之，可謂開前人所未曾言之密意，示前人所未見之妙法。最後乃至以〈法華大義〉而總其成，全經妙旨貫通始終，而依佛旨圓攝於一心如來藏妙心，厥為曠古未有之大說也。平實導師述，共有25輯，已於2019/05/31出版完畢。每輯300元。

西藏「活佛轉世」制度—附佛、造神、世俗法：歷來關於喇嘛教活佛轉世的研究，多針對歷史及文化兩部分，於其所以成立的理論基礎，較少系統化的探討。尤其是此制度是否依據「佛法」而施設？是否合乎佛法真實義？現有的文獻大多含糊其詞，或人云亦云，不曾有明確的闡釋與如實的見解。因此本文先從活佛轉世的由來，探索此制度的起源、背景與功能，並進而從活佛的尋訪與認證之過程，發掘活佛轉世的特徵，以確認「活佛轉世」在佛法中應具足何種果德。定價150元。

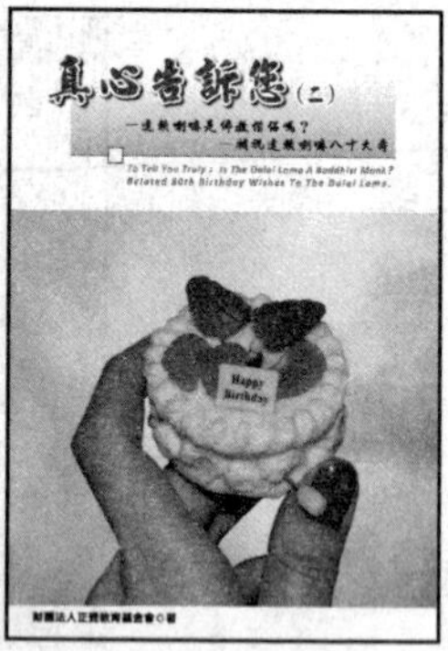

真心告訴您(二)—達賴喇嘛是佛教僧侶嗎？補祝達賴喇嘛八十大壽：這是一本針對當今達賴喇嘛所領導的喇嘛教，冒用佛教名相、於師徒間或師兄姊間，實修男女邪淫，而從佛法三乘菩提的現量與聖教量，揭發其謊言與邪術，證明達賴及其喇嘛教是仿冒佛教的外道，是「假藏傳佛教」。藏密四大派教義雖有「八識論」與「六識論」的表面差異，然其實修之內容，皆共許「無上瑜伽」四部灌頂為究竟「成佛」之法門，也就是共以男女雙修之邪淫法為「即身成佛」之密要，雖美其名曰「欲貪為道」之「金剛乘」，並誇稱其成就超越於（應身佛）釋迦牟尼佛所傳之顯教般若乘之上；然詳考其理論，則或以意識離念時之粗細心為第八識如來藏，或以中脈裡的明點為第八識如來藏，或如宗喀巴與達賴堅決主張第六意識為常恆不變之真心者，分別墮於外道之常見與斷見中；全然違背 佛說能生五蘊之如來藏的實質。售價300元。

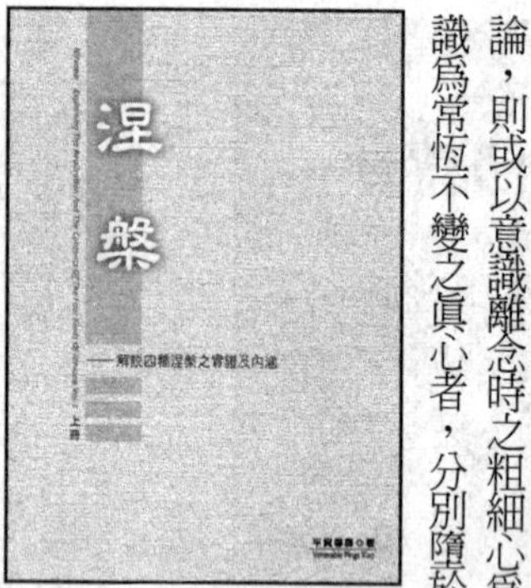

涅槃—解說四種涅槃之實證及內涵：真正學佛之人，首要即是見道，由見道故方有涅槃之實證，證涅槃者方能出生死，但涅槃有四種：二乘聖者的有餘涅槃、無餘涅槃，以及大乘聖者的本來自性清淨涅槃、佛地的無住處涅槃。大乘聖者實證本來自性清淨涅槃，入地前再取證二乘涅槃，然後起惑潤生捨離二乘涅槃，繼續進修而在七地心前斷盡三界愛之習氣種子，依七地無生法忍之具足而證得念念入滅盡定；八地後進斷異熟生死，直至妙覺地下生人間成佛，具足四種涅槃，方是真正成佛。此理古來少人言，以致誤會涅槃正理者比比皆是，今於此書中廣說四種涅槃、如何實證之理、實證前應有之條件，實屬本世紀佛教界極重要之著作，令人對涅槃有正確無訛之認識，然後可以依之實行而得實證。本書共有上下二冊，每冊各四百餘頁，對涅槃詳加解說，每冊各350元。

佛藏經講義：本經說明為何佛菩提難以實證之原因，都因往昔無數阿僧祇劫前的邪見，引生此世求證時之業障而難以實證。即以諸法實相詳細解說，繼之以念佛品、念法品、念僧品，說明諸佛與法之實質；然後以淨戒品之說明，期待佛弟子四眾堅持清淨戒而轉化心性，並以往古品的實例說明歷代學佛人在實證上的業障由來，教導四眾務必滅除邪見轉入正見中，不再造作謗法及謗賢聖之大惡業，以免未來世尋求實證之時被業障所障；然後以了戒品的說明和囑累品的付囑，期望末法時代的佛門四眾弟子皆能清淨知見而得以實證。平實導師於此經中有極深入的解說，總共21輯，已於

大法鼓經講義：本經解說佛法的總成：法、非法。由開解法、非法二義，說明了義佛法與世間戲論法的差異，指出佛法實證之標的即是法——第八識如來藏；並顯示實證後的智慧，如實擊大法鼓、演深妙法，演說如來祕密教法，非二乘定性及諸凡夫所能得聞，唯有具足菩薩性者方能得聞。正聞之後即得依於 世尊大願而拔除邪見，入於正法而得實證；深解不了義經之方便說，亦能實解了義經所說之眞實義，得以證法——如來藏，而得發起根本無分別智，乃至進修而發起後得無分別智；並堅持布施及受持清淨戒而轉化心性，得以現觀眞我眞法如來藏之各種層面。此爲第一義諦聖教，並授記末法最後餘八十年時，一切世間樂見離車童子以七地證量而示現爲凡夫身，將繼續護持此經所說正法。平實導師於此經中有極深入的解說，總共六輯，每輯300元，於2023/01/30 開始每二個月發行一輯。

成唯識論釋：本論係大唐玄奘菩薩揉合當時天竺十大論師的說法加以辨正而著成，攝盡佛門證悟菩薩及部派佛教聲聞凡夫論師對佛法的論述，並函蓋當時天竺諸大外道對生命實相的錯誤論述加以辨正，是由玄奘大師依據無生法忍證量加以評論確定而成爲此論。平實導師弘法初期即已依於證量略講過一次，歷時大約四年，當時正覺同修會規模尚小，聞法成員亦多尚未證悟，是故並未整理成書；如今正覺同修會中的證悟同修已超過六百人，鑑於此論在護持正法、實證佛法及悟後進修上的重要性，已於2022年初重講，並已經預先註釋完畢編輯成書，名爲《成唯識論釋》，總共十輯，每輯目次41頁、序文7頁、每輯內文至四百餘頁，並將原本13級字縮小爲12級字編排，以增加其內容；於增上班宣講時的內容將會更詳細於書中所說，涉及佛法密意的詳細內容只於增上班中宣講，於書中皆依佛誡隱覆密意而說，然已足夠所有學人藉此一窺佛法堂奧而進入正道、免入岐途。重新判教的〈目次〉已經詳盡判定論中諸段句義，用供學人參考；是故讀者閱完此論之釋，即可深解成佛之道的正確內涵。總共十輯，預定每一輯內容講述完畢時即予出版，第一輯將於2023年五月出版，然後每七至九個月出版一輯，每輯定價400元。

不退轉法輪經講義：世尊弘法有五時三教之別，分為藏、通、別、圓四教之理，本經是大乘般若期前的通教經典，所說之大乘般若正理與所證解脫果，通於二乘解脫道，佛法智慧則通大乘般若，皆屬大乘般若與解脫甚深之理，故其所證解脫果位通於二乘法教；而其中所說第八識無分別法之正理，即是世尊降生人間的唯一大事因緣。如是第八識能仁而且寂靜，恆順眾生於生死之中從無乖違，識體中所藏之本來無漏性的有為法以及真如涅槃境界，皆能助益學人最後成就佛道；此謂釋迦意為能仁，牟尼意為寂靜，此第八識即名釋迦牟尼，釋迦牟尼即是能仁寂靜的第八識真如；若有人聽聞如是第八識常住、如來不滅之正理，信受奉行之人皆有大乘實證之因緣，永得不退於成佛之道，是故聽聞釋迦牟尼名號而解其義者，皆得不退轉於無上正等正覺，未來世中必有實證之因緣。如是深妙經典，已由平實導師詳述圓滿並整理成書，預定於《大法鼓經講義》發行圓滿之後接著梓行，每二個月發行一輯，總共十輯，每輯300元。

解深密經講義：本經是所有尋求大乘見道及悟後欲入地者所應詳讀串習的三經之一，即是《楞伽經》、《解深密經》、《楞嚴經》三經中的一經，亦可作為見道真假的自我印證依據。此經是 世尊晚年第三轉法輪時，宣說地上菩薩所應熏修之無生法忍唯識正義經典；經中總說真見道位所見的智慧總相，兼及相見道位所應熏修的七真如等法；亦開示入地應修之十地真如等義理，乃是大乘一切種智增上慧學，以阿陀那識—如來藏—阿賴耶識為成佛之道的主體。禪宗之證悟者，若欲修證初地無生法忍乃至八地無生法忍者，必須修學《楞伽經、解深密經、楞嚴經》所說之八識心王一切種智。此三經所說正法，方是真正成佛之道；印順法師否定第八識如來藏之後所說萬法緣起性空之法，墮於六識論中而著作的《成佛之道》，乃宗本於密宗宗喀巴六識論邪思而寫成的邪見，是以誤會後之二乘解脫道取代大乘真正成佛之道，承襲自古天竺部派佛教聲聞凡夫論師的邪見，尚且不符二乘解脫道正理，亦已墮於斷滅見及常見中，所說全屬臆想所得的外道見，不符本經、諸經中佛所說的正義。平實導師曾於本會郭故理事長往生時，於喪宅中從首七開始宣講此經，於每一七起各宣講三小時，至十七而快速略講圓滿，作為郭老之往生後的佛事功德，迴向郭老早證八地、速返娑婆住持正法。茲為今時後世學人故，已經開始重講《解深密經》，以淺顯之語句講畢後，將會整理成文並梓行流通，用供證悟者進道；亦令諸方未悟者，據此經中佛語正義修正邪見，依之速能入道。平實導師述著，全書輯數未定，每輯三百餘頁，將於未來重講完畢後逐輯陸續出版。

修習止觀坐禪法要講記：修學四禪八定之人，往往錯會禪定之修學知見，欲以無止盡之坐禪而證禪定境界，卻不知修除性障之行門才是修證四禪八定不可或缺之要素，故智者大師云「性障初禪」；性障不除，初禪永不現前，云何修證二禪等？又：行者學定，若唯知數息，而不解六妙門之方便善巧者，欲求一心入定，未到地定極難可得，智者大師名之為「事障未來」：障礙未到地定之修證。又禪定之修證，不可違背二乘菩提及第一義法，否則縱使具足四禪八定，亦不能實證涅槃而出三界。此諸知見，智者大師於《修習止觀坐禪法要》中皆有闡釋。作者平實導師以其第一義之見地及禪定之實證證量，曾加以詳細解析。將俟正覺寺竣工啓用後重講，不限制聽講者資格；講後將以語體文整理出版。欲修習世間定及增上定之學者，宜細讀之。平實導師述著。

阿含經講記—小乘解脫道之修證：小乘解脫道之修證：數百年來，南傳佛法所說證果之不實，所說解脫道之虛妄，所弘解脫道法義之世俗化，皆已少人知之；阿含解脫道從南洋傳入台灣與大陸之後，所說法義虛謬之事，亦復少人知之；今時台灣全島印順系統之法師居士，多不知南傳佛法數百年來所說解脫道之義理已然偏斜、已然世俗化、已非眞正之二乘解脫正道，猶極力推崇與弘揚。彼等南傳佛法近代所謂之證果者皆非眞實證果者，譬如阿迦曼、葛印卡、帕奧禪師、一行禪師……等人，悉皆未斷我見故。近年更有台灣南部大願法師，高抬南傳佛法之二乘修證行門為「捷徑究竟解脫之道」者，然而南傳佛法縱使眞修實證，得成阿羅漢，至高唯是二乘菩提解脫之道，絕非究竟解脫，無餘涅槃中之實際尚未得證故，法界之實相尚未了知故，習氣種子待除故，一切種智未實證故，焉得謂為「究竟解脫」？即使南傳佛法近代眞有實證之阿羅漢，尚且不及三賢位中之七住明心菩薩本來自性清淨涅槃智慧境界，則不能知此賢位菩薩所證之無餘涅槃實際，仍非大乘佛法中之見道者，何況彼等普未實證聲聞果乃至未斷我見之人？謬充證果已屬逾越，更何況是誤會二乘菩提之後，以未斷我見之凡夫知見所說之二乘菩提解脫偏斜法道，焉可高抬為「究竟解脫」？而且自稱「捷徑之道」？又妄言解脫之道即是成佛之道，完全否定般若實智、否定三乘菩提所依之如來藏心體，此理大大不通也！平實導師為令修學二乘菩提欲證解脫果者，普得迴入二乘菩提正見、正道中，是故選錄四阿含諸經中，對於二乘解脫道法義有具足圓滿說明之經典，預定未來十年內將會加以詳細講解，令學佛人得以了知二乘解脫道之修證理路與行門，庶免被人誤導之後，未證言證，梵行未立，干犯道禁自稱阿羅漢或成佛，成大妄語，欲升反墮。本書首重斷除我見，以助行者斷除我見而實證初果爲著眼之目標，若能根據此書內容，配合平實導師所著《識蘊眞義》《阿含正義》內涵而作實地觀行，實證初果非爲難事，行者可以藉此三書自行確認聲聞初果爲實際可得現觀成就之事。此書中除依二乘經典所說加以宣示外，亦依斷除我見等之證量，及大乘法中道種智之證量，對於意識心之體性加以細述，令諸二乘學人必定得斷我見、常見，免除三縛結之繫縛。次則宣示斷除我執之理，欲令升進而得薄貪瞋痴，乃至斷五下分結…等。平實導師將擇期講述，然後整理成書。共二冊，每冊三百餘頁。每輯300元。

喇嘛教修外道雙身法，墮識陰境界，非佛教

弘揚如來藏他空見的覺囊派才是真正藏傳佛教

總經銷：聯合發行股份有限公司

231 新北市新店區寶橋路 235 巷 6 弄 6 號 4F

Tel.02－2917-8022（代表號） Fax.02－2915-6275（代表號）

零售：1.**全台連鎖經銷書局：**

三民書局、誠品書局、何嘉仁書店

敦煌書店、紀伊國屋、金石堂書局、建宏書局

諾貝爾圖書城、墊腳石圖書文化廣場

2.**台北市：**佛化人生 **大安區**羅斯福路 3 段 325 號 6 樓之 4　台電大樓對面

3.**新北市：**春大地書店 **蘆洲區**中正路 117 號

4.**桃園市：**御書堂 **龍潭區**中正路 123 號

5.**新竹市：**大學書局 **東區**建功路 10 號

6.**台中市：**瑞成書局 **東區**雙十路 1 段 4 之 33 號

佛教詠春書局 **南屯區**永春東路 884 號

文春書店 **霧峰區**中正路 1087 號

7.**彰化市：**心泉佛教文化中心 南瑤路 286 號

8.**高雄市：**政大書城 **前鎮區**中華五路 789 號 2 樓（高雄夢時代店）

明儀書局 **三民區**明福街 2 號

青年書局 **苓雅區**青年一路 141 號

9.**台東市：**東普佛教文物流通處 博愛路 282 號

10.**其餘鄉鎮市經銷書局：**請電詢總經銷**聯合**公司。

11.**大陸地區請洽：**

香港：樂文書店

銅鑼灣店 :香港銅鑼灣駱克道 506 號 2 樓

電話 :(852) 2881 1150 email: luckwinbs@gmail.com

廈門：廈門外圖臺灣書店有限公司

地址：廈門市思明區湖濱南路809 號 廈門外圖書城3 樓 郵編：361004

電話：0592-5061658（臺灣地區請撥打 86-592-5061658）

E-mail：JKB118＠188.COM

12.**美國：世界日報圖書部：**紐約圖書部　電話 7187468889#6262

洛杉磯圖書部　電話 3232616972#202

13.**國內外地區網路購書：**

正智出版社 書香園地　http://books.enlighten.org.tw/

（書籍簡介、經銷書局可直接聯結下列網路書局購書）

三民 網路書局　http://www.sanmin.com.tw

誠品 網路書局　http://www.eslitebooks.com

博客來 網路書局　http://www.books.com.tw

金石堂 網路書局　http://www.kingstone.com.tw

聯合 網路書局　http:// www.nh.com.tw

附註：1.請儘量向各經銷書局購買：郵政劃撥需要八天才能寄到（本公司在您劃撥後第四天才能接到劃撥單，次日寄出後第二天您才能收到書籍，此六天中可能會遇到週休二日，是故共需八天才能收到書籍）若想要早日收到書籍者，請劃撥完畢後，將劃撥收據貼在紙上，旁邊寫上您的姓名、住址、郵區、電話、買書詳細內容，直接傳眞到本公司 02-28344822，並來電 02-28316727、28327495 確認是否已收到您的傳眞，即可提前收到書籍。 2.因台灣每月皆有五十餘種宗教類書籍上架，書局書架空間有限，故唯有新書方有機會上架，通常每次只能有一本新書上架；本公司出版新書，大多上架不久便已售出，若書局未再叫貨補充者，書架上即無新書陳列，則請直接向書局櫃台訂購。 3.若書局不便代購時，可於晚上共修時間向正覺同修會各共修處請購（共修時間及地點，詳閱**共修現況表**。每年例行年假期間請勿前往請書，年假期間請見共修現況表）。 4.郵購：郵政劃撥帳號 19068241。 5.正覺同修會會員購書都以八折計價（戶籍台北市者爲一般會員，外縣市爲護持會員）都可獲得優待，欲一次購買全部書籍者，可以考慮入會，節省書費。入會費一千元（第一年初加入時才需要繳），年費二千元。**6.尚未出版之書籍，請勿預先郵寄書款與本公司，謝謝您！** 7.若欲一次購齊本公司書籍，或同時取得正覺同修會贈閱之全部書籍者，請於正覺同修會共修時間，親到各共修處請購及索取；**台北市讀者**請洽：103 台北市承德路三段 267 號 10 樓（捷運淡水線 圓山站旁）請書時間：週一至週五爲 18.00~21.00，第一、三、五週週六爲 10.00~21.00，雙週之週六爲 10.00~18.00 請購處專線電話：25957295-分機 14（於請書時間方有人接聽）。

敬告大陸讀者：

大陸讀者購書、索書捷徑（尚未在大陸出版的書籍，以下二個途徑都可以購得，電子書另包括結緣書籍）：

1.廈門外國圖書公司：廈門市思明區湖濱南路 809 號 廈門外圖書城 3F
郵編：361004　電話：0592-5061658　網址：http://www.xibc.com.cn/

2.電子書：正智出版社有限公司及正覺同修會在台灣印行的各種局版書、結緣書，已有『**正覺電子書**』陸續上線中，提供讀者於手機、平板電腦上購書、下載、閱讀正智出版社、正覺同修會及正覺教育基金會所出版之電子書，詳細訊息敬請參閱『正覺電子書』專頁：http://books.enlighten.org.tw/ebook

關於平實導師的書訊，請上網查閱：

成佛之道　http://www.a202.idv.tw

正智出版社 書香園地　http://books.enlighten.org.tw/

中國網採訪佛教正覺同修會、正覺教育基金會訊息：

http://foundation.enlighten.org.tw/newsflash/20150817_1

http://video.enlighten.org.tw/zh-CN/visit_category/visit10

★ 正智出版社有限公司售書之稅後盈餘，全部捐助財團法人正覺寺籌備處、佛教正覺同修會、正覺教育基金會，供作弘法及購建道場之用；懇請諸方大德支持，功德無量。

★ 聲　明 ★

本社於 2015/01/01 開始調整本目錄中部分書籍之售價，以因應各項成本的持續增加。

＊ 喇嘛教修外道雙身法、墮識陰境界，非佛教 ＊

＊ 弘揚如來藏他空見的覺囊派才是真正藏傳佛教 ＊

售後服務—換書啓事（免附回郵） 2017/12/05

《楞伽經詳解》第三輯初版免費調換新書啓事：茲因 平實導師弘法早期尙未回復往世全部證量，有些法義接受他人的說法，寫書當時並未察覺而有二處（同一種法義）跟著誤說，如今發現已將之修正。茲爲顧及讀者權益，已開始免費調換新書；敬請所有讀者將以前所購第三輯（不論第幾刷），攜回或寄回本公司免費換新；郵寄者之回郵由本公司負擔，不需寄來郵票。因此而造成讀者閱讀、以及換書的不便，在此向所有讀者致上萬分的歉意，祈請讀者大眾見諒！

《楞嚴經講記》第 14 輯初版首刷本免費調換新書啓事：本講記第 14 輯出版前因 平實導師諸事繁忙，未將之重新閱讀而只改正校對時發現的錯別字，故未能發覺十年前所說法義有部分錯誤，於第 15 輯付印前重閱時才發覺第 14 輯中有部分錯誤尙未改正。今已重新審閱修改並已重印完成，煩請所有讀者將以前所購第 14 輯初版首刷本，寄回本公司免費換新（初版二刷本無錯誤），本公司將於寄回新書時同時附上您寄書來換新時的郵資，並在此向所有讀者致上最誠懇的歉意。

《心經密意》初版書免費調換二版新書啓事：本書係演講錄音整理成書，講時因時間所限，省略部分段落未講。後於再版時補寫增加 13 頁，維持原價流通之。茲爲顧及初版讀者權益，自 2003/9/30 開始免費調換新書，原有初版一刷、二刷書籍，皆可寄來本公司換書。

《宗門法眼》已經增寫改版爲 464 頁新書，2008 年 6 月中旬出版。讀者原有初版之第一刷、第二刷書本，都可以寄回本公司免費調換改版新書。改版後之公案及錯悟事例維持不變，但將內容加以增說，較改版前更具有廣度與深度，將更能助益讀者參究實相。

換書者**免附回郵**，亦無截止期限；舊書請寄：111 台北郵政 73-151 號信箱 或 103 台北市承德路三段 267 號 10 樓 正智出版社有限公司。舊書若有塗鴨、殘缺、破損者，仍可換取新書；但缺頁之舊書至少應仍有五分之三頁數，方可換書。所有讀者不必顧念本公司是否有盈餘之問題，都請踴躍寄來換書；本公司成立之目的不是營利，只要能眞實利益學人，即已達到成立及運作之目的。若以郵寄方式換書者，免附回郵；並於寄回新書時，由本公司附上您寄來書籍時耗用的郵資。造成您不便之處，再次致上萬分的歉意。

正智出版社有限公司 啓

換書及道歉公告

《法華經講義》第十三輯初版免費調換新書啓事：本書因謄稿、印製等相關人員作業疏失，導致該書中的經文及內文用字將「**親近**」誤植成「清淨」。茲爲顧及讀者權益，自 2017/8/30 開始免費調換新書；敬請所有讀者將以前所購第十三輯初版首刷及二刷本，攜回或寄回本公司免費換新，或請自行更正其中的錯誤之處；郵寄者之回郵由本公司負擔，不需寄來郵票。同時對因此而造成讀者閱讀、以及換書的困擾及不便，在此向所有讀者致上最誠懇的歉意，祈請讀者大眾見諒！錯誤更正說明如下：

一、第 256 頁第 10 行~第 14 行：【就是先要具備「**法親近處**」、「**眾生親近處**」；法**親近**處就是在實相之法有所實證，如果在實相法上有所實證，他在二乘菩提中自然也能有所實證，以這個作爲第一個**親近**處——第一個基礎。然後還要有第二個基礎，就是瞭解應該如何善待眾生；對於眾生不要有排斥或者是貪取之心，平等觀待而攝受、親近一切有情。以這兩個**親近**處作爲基礎，來實行其他三個安樂行法。】。

二、第 268 頁第 13 行：【具足了那兩個「**親近處**」，使你能夠在末法時代，如實而圓滿的演述《法華經》時，那麼你作這個夢，它就是如理作意的，完全符合邏輯去完成這個過程，就表示你那個晚上，在那短短的一場夢中，已經度了不少眾生了。

《大法鼓經講義》第一輯初版免費調換新書啓事：本書因校對相關人員作業疏失錯失別字，導致該書中的內文 255 頁倒數 5 行有二字錯植而無發現，乃「『**智慧**』的滅除不容易」應更正爲「『**煩惱**』的滅除不容易」。茲爲顧及讀者權益，自 2023/2/15 開始免費調換新書，或請自行更正其中的錯誤之處；敬請所有讀者將以前所購第一輯初版首刷及二刷本，攜回或寄回本公司免費換新；郵寄者之回郵由本公司負擔，不需寄來郵票。同時對因此而造成讀者閱讀、以及換書的困擾及不便，在此向所有讀者致上最誠懇的歉意，祈請讀者大眾見諒！

正智出版社有限公司　敬啓

國立中央圖書館出版品預行編目資料

禪－悟前與悟後／平實導師講述；張鈴音等整理
－－再版，【台北市】；三寶弟子，民
冊；　公分

ISBN 957-98597-9-5（上冊：平裝）
ISBN 957-97840-0-0（下冊：平裝）

1. 禪宗

禪——悟前與悟後《下冊》

作　　者：平實導師
文稿整理：張鈴音 等二十二人
校　　對：張正圜 等四人
出 版 者：正智出版社有限公司
電話：〇二 28327495　28316727（白天）
傳真：〇二 28344822
111 台北郵政 73-151 號信箱
郵政劃撥帳號：一九〇六八二四一
正覺講堂：總機〇二 25957295（夜間）
總 經 銷：聯合發行股份有限公司
231 新北市新店區寶橋路 235 巷 6 弄 6 號 4 樓
電話：〇二 29178022（代表號）
傳真：〇二 29156275
初　　版：公元一九九七年十二月　二千冊
三版九刷：公元二〇二三年三月　二千冊
定　　價：二五〇元